Objetivo: WEB

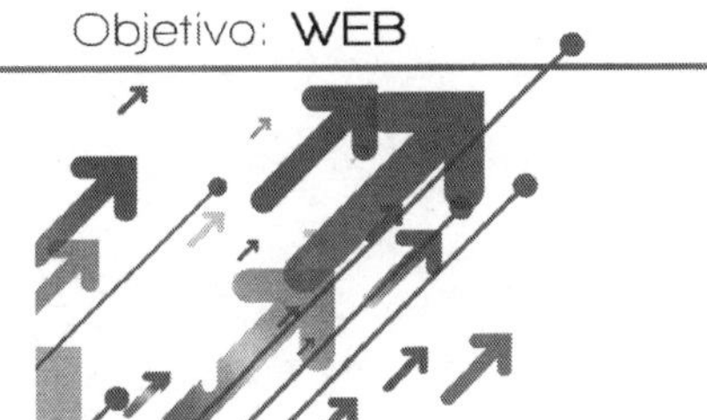

Diseño UI-UX

Diseño de sitios web y aplicaciones con y para los usuarios

Didier Mazier

ISBN: 978-2-409-04846-3
Edición original: 978-2-409-04162-4

Ediciones ENI

P° Ferrocarriles Catalanes, 97-117, 2a pl. of. 18
08940 - Cornellà de Llobregat (Barcelona)

Tel: 934 246 401
Fax: 934 231 576

e-mail: info@ediciones-eni.com
http://www.ediciones-eni.com

Autor: Didier MAZIER
Edición española: Beatriz GOYANES ARNEDO
Colección **Objetivo: Web** dirigida por Corinne HERVO

Prólogo

Capítulo 1: Fundamentos de la creación de prototipos

Capítulo 2: Entender al usuario

Capítulo 3: Conceptualización

Capítulo 4: Crear prototipos de estructuras

Capítulo 5: Prototipos funcionales

Capítulo 6: Realización de pruebas

Capítulo 7: Relaciones con el cliente: pruebas habituales

Prólogo

A. Nunca es demasiado tarde para crear un prototipo

El enfoque ergonómico de los sitios web no es nada nuevo desde que en 2000 Jakob Nielsen publicó *Usabilidad, diseño de sitios web* (*Designing Web Usability: The Practice of Simplicity*), en 2005 Steve Krug publicó *No me hagas pensar* (*Don't make me think*) y en Francia, Amélie Boucher lleva desde 2010 realizando un notable trabajo sobre la ergonomía de los sitios web.

En 1999, cursos como el ECMN (Comercio Electrónico y Marketing Digital) del Institut Universitaire de Technologie de Évry se propusieron hacer comprender a los estudiantes que la experiencia del usuario debía tener preferencia sobre los conceptos fantasiosos de los inicios de Internet, como las páginas de presentación, destinadas a contar una historia maravillosa para que el visitante de un sitio web se sienta unido a la marca como por arte de magia.

Pero aún queda trabajo por hacer, y si cree que se está quedando atrás y que se ha subido al tren de la ergonomía en marcha, considere que tiene una gran ventaja porque ahora el camino está muy marcado. Podrá emprender el camino hacia el diseño centrado en el usuario con confianza y utilizando métodos que han sido probados por sus predecesores.

A lo largo de los años, en plena efervescencia del desarrollo de sitios web en todas direcciones, los desarrolladores se han centrado mucho más en las tecnologías que en el simple hecho de la falta de fluidez de la experiencia de usuario y la insuficiencia de los sistemas que se atribuyen tantas proezas informáticas.

Sin embargo, todavía existen avatares de estas prácticas, como el «slider» de las páginas de inicio, ese magnífico y gigantesco pase de diapositivas (a veces incluso en vídeo) que abarrota innecesariamente la pantalla por encima de la línea de visión, en detrimento de lo que el usuario necesita para completar la transacción esperada.

El reciente entusiasmo por «UI-UX» (interfaz de usuario - experiencia de usuario) sigue recordando con demasiada frecuencia a épocas pasadas, con la presentación de maquetas en Photoshop en lugar de prototipos y la realización de pruebas improvisadas con amigos y colegas una vez terminado el sitio.

Probablemente recuerde haber estado sometido a normas pseudoergonómicas tan extrañamente perentorias como la de los «tres clics». Sin embargo, el sentido común dicta que nos hagamos esta pregunta obvia: ¿cómo pueden ser tres clics la solución si el usuario ni siquiera sabe dónde hacer el primero?

Este problema no era muy grave mientras las páginas web se limitaban a garantizar una simple presencia en Internet, con funciones parecidas a las de un folleto publicitario o incluso una tarjeta de visita sencilla. Cuando hay objetivos funcionales, la cuestión de la ergonomía ya no se plantea en los mismos términos porque repercute directamente en los resultados de la empresa.

En la última década, los empresarios comprendieron que necesitan poner en marcha despliegues basados en el diseño centrado en el usuario, con método y rigor. En la actualidad son los gigantes de Internet.

Las interfaces de los «GAFA» (Google, Facebook, Amazon) eran todo menos «sexis» y se basaban en la eficacia real, la que se prueba y luego se optimiza de manera iterativa en un proceso de mejora continua.

La propia noción de «disrupción» nació mucho antes de la aparición de las recientes plataformas para realizar transacciones como AirBnB o Uber. Desde el principio, el método de Google para triunfar en un mercado saturado fue claro: trabajar con los usuarios para identificar las irritaciones y los cuellos de botella de los clientes y, a continuación, ofrecerles las soluciones que buscaban.

En una época en la que proliferaban los directorios y portales que competían entre sí con sus abundantes contenidos, los fundadores de Google se plantearon una serie de preguntas sencillas: ¿cuál es el objetivo del usuario? Quieren encontrar algo. ¿Cuál es la forma más fácil para ellos de buscar y encontrar? Desde luego, no en las estructuras arborescentes de directorios o portales, explorando subcategoría tras subcategoría. Los usuarios quieren hacer una pregunta sencilla y obtener respuestas fiables.

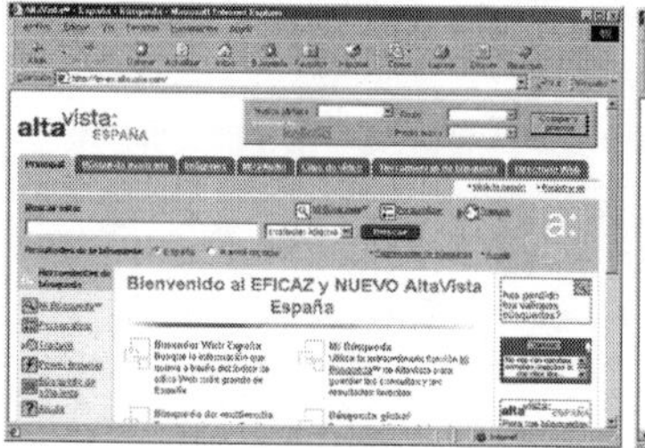

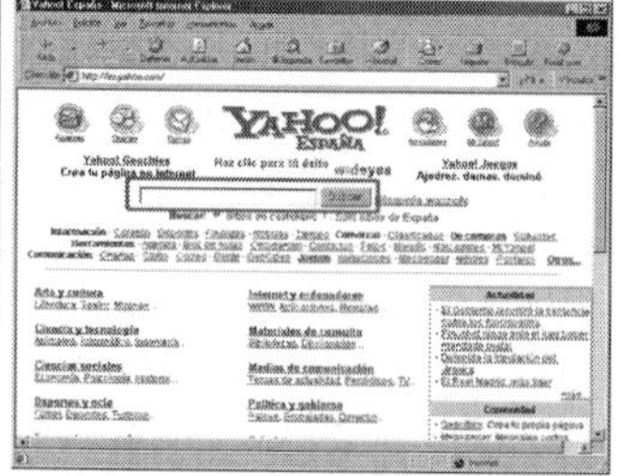

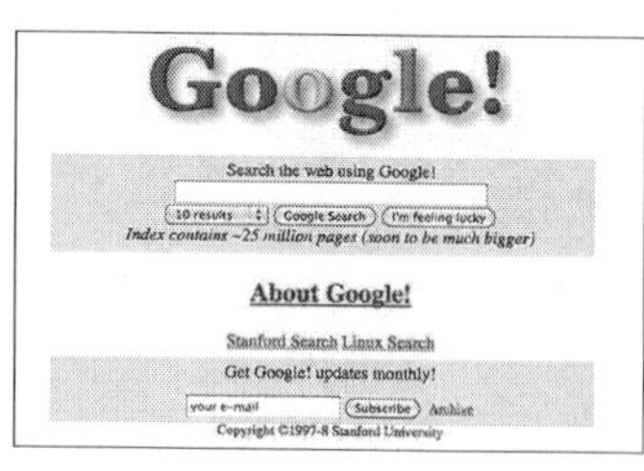

En retrospectiva, es fácil ver dónde se bloquearon estos portales, pero eran la norma antes de que Google hiciera la pregunta correcta para saber qué importaba a los usuarios y diera como resultado una interfaz satisfactoria.

Este tipo de razonamiento servía de base para la creación de los itinerarios y se basaba en la investigación y no en una intuición brillante o una revelación milagrosa. Como resultado, la iteración de los procesos de creación de prototipos y las pruebas asociadas hicieron que estos recorridos se optimizaran constantemente, evitando que las interfaces crecieran inmensamente o se complicaran a medida que se añadían nuevas funciones y mejoras.

No es demasiado tarde para aprender de este éxito: podemos aplicar el mismo rigor que los gigantes de la web. Al principio puede llevar más tiempo y puede parecer más difícil o menos atractivo para nuestros patrocinadores, pero funciona.

B. ¿Cuál es la mejor interfaz de usuario? Que no haya

«¿La mejor interfaz? No tener interfaz». Obviamente, este principio es más fácil de decir que de hacer. Si analizamos su significado, veremos que es la prolongación natural del planteamiento que ha llevado a los gigantes de la Web a ocupar su posición dominante, y en la actualidad indiscutible.

Ahora disponemos de un catálogo, probado sin sombra de duda, de mecanismos e interfaces que se han convertido en sistemáticos: menús desplegables, pestañas, validación de formularios, Captcha, FAQ (*Frequently Asked Questions*, preguntas frecuentes), etc.

Pero recurrir ciegamente a ellos no es la solución: en primer lugar, el diseñador actual debe volver a lo básico y plantearse las preguntas adecuadas.

¿Quién es el usuario? ¿Qué desea? ¿Cómo puede, y sobre todo quiere, conseguirlo lo más fácilmente posible? ¿Con qué dispositivo? ¿En qué contexto?

Todas las respuestas a estas preguntas deben visualizarse y modelizarse, y las interfaces, o la falta de interfaces, que propongamos a cambio deben probarse, optimizarse y volver a probarse de manera sistemática y así sucesivamente.

Como ya se habrá dado cuenta, la forma de conseguirlo es mediante la creación de prototipos, que se está convirtiendo en la herramienta esencial para el director del proyecto, diseñador y desarrollador.

En este libro veremos cómo crear prototipos eficaces de usuarios, recorridos y secuencias, interfaces e interacciones, cuando no se es ni diseñador gráfico ni ergonomista. Estudiaremos los métodos, herramientas y recursos que pueden usarse para diseñar **para** y, sobre todo, **con nuestros usuarios**.

Este concepto de cocreación se ha vuelto, si no sistemático, al menos muy presente en el núcleo de todas las iniciativas de marketing, ya sean digitales o desplegadas en el mundo real, en los puntos de venta por ejemplo.

C. Pensar en el recorrido del usuario como en un producto en sí mismo

Durante mucho tiempo, los minoristas y posteriormente los actores del comercio electrónico se centraron en los productos o servicios que ofrecían: calidad, amplitud y profundidad de gama adecuadas, precios atractivos y comunicación de promociones bien dirigidas. La relación con el cliente no se abandonaba por completo, pero era exclusiva del servicio posventa, dedicado principalmente a resolver fallos del sistema.

Y entonces los profesionales del marketing empezaron a interesarse de manera gradual en lo que podía constituir una ventaja competitiva con una simple pregunta:

«¿Qué razones harán que un usuario compre un producto o servicio de nuestra marca cuando puede encontrar el equivalente en precio y calidad en nuestros competidores?

Entonces se dieron cuenta de que, para la misma calidad, los precios que ya no difieren significativamente de una marca a otra habían dejado de ser el factor decisivo para elegir una marca.

Volveremos sobre el recorrido del usuario en detalle, pero ha quedado claro que ahora el cliente de la tienda, al igual que el visitante de una página web de comercio electrónico o un proveedor de servicios en línea, **evalúa toda su experiencia** durante el recorrido que conduce a una transacción. Un producto, aunque sea excelente en todos los sentidos, adquirido en circunstancias desagradables provocará desafección hacia la marca. Mientras que una experiencia de compra satisfactoria generará fidelidad a esa marca.

Así pues, la entrega del producto, el desembalaje y la puesta en servicio influyen más en la percepción global que tiene el cliente de nuestra empresa, sus productos y sus servicios que todas nuestras campañas de comunicación.

Por eso **el recorrido del cliente** ya no se considera solo un componente de la experiencia del usuario, sino **el producto principal de nuestra marca**.

El marketing moderno ha avanzado considerablemente en el cambio de enfoque de las empresas, que ahora emprenden una estrategia centrada en el cliente en lugar de los antiguos métodos, principalmente orientados al producto.

D. Diseño de servicios

Y lo que se aplica a los productos se aplica aún más a los servicios, sobre todo si se ofrecen en línea.

Una navegación difícil, la sensación de estar en un callejón sin salida o solicitudes de seguridad superfluas son motivos para que nuestros visitantes nos abandonen por un competidor más agradable, pero valorarán un sitio fluido.

En el contexto del diseño centrado en el usuario, ahora la creación de un sitio web o una aplicación se abordará desde el ángulo del diseño de servicios útiles y fáciles de usar.

El diseño gráfico pasará a un segundo plano y la forma estará al servicio de la funcionalidad desde el punto de vista del cliente.

Esta nueva disciplina del diseño de servicios se basa en la premisa de que el valor del servicio se mide según el uso que hace el cliente, para poder producir interfaces con cualidades esenciales como la utilidad, eficiencia y eficacia.

El diseño de servicios hace un uso extensivo de las técnicas de concepción y prototipado, que estudiaremos en este libro, para diseñar arquitecturas reales y poner en primer plano los escenarios de uso y las interacciones, independientemente del diseño gráfico.

¿Qué papel desempeña esta nueva disciplina en el enfoque UX? El diseño de experiencias consiste en diseñar y optimizar la experiencia global del usuario. Con el diseño de servicios, que es un componente importante del diseño de experiencias, se trata de diseñar específicamente los servicios que esperan los clientes.

No podemos considerar que una de estas dos especialidades tenga prioridad frente a la otra porque funcionan en estrecha sinergia y constituyen los dos pilares de la perspectiva UX.

E. Modelización de las expectativas

Desde el punto de vista de aplicar un diseño de servicios en el marco de una experiencia de usuario optimizada, es esencial empezar por modelar las expectativas de los usuarios.

En el caso de una página web o una aplicación de comercio electrónico o de servicios existente, es evidente que esto implica un seguimiento continuo de las interacciones y una medición detallada de las conversiones, que complementaremos con pruebas diarias. Las veremos en el capítulo dedicado a la relación con el cliente.

Pero cuando se lanza un nuevo negocio o servicio, hay que modelar las expectativas potenciales y eso es más difícil.

Hay un dicho que resume la esencia de la UX: «*You are not the user*», que en español sería «*Tú no eres el usuario*», para poner de relieve «el efecto de falso consenso», es decir, la tendencia de las personas a suponer que los demás comparten sus creencias y se comportarán de la misma manera en un contexto determinado.

Otros sesgos cognitivos, como el sesgo de disponibilidad (generalización basada en ejemplos disponibles), son una fuente de estereotipos y generalizaciones excesivas.

Incluso con la mejor intuición de un diseñador de talento, no debe limitarse a las conjeturas y las expectativas de los usuarios deben definirse de forma tangible.

Si una empresa emergente ya ha producido un MVP (*Minimum Viable Product*, Producto Mínimo Viable), servirá de base para las pruebas. Por otro lado, al desarrollar la propuesta inicial, la dificultad reside claramente en explorar vías que aún no existen y que luego tendrán que materializarse mediante prototipos.

Utilizaremos grupos de usuarios para desarrollar la cocreación. Pero, ¿cómo hacer que los participantes revelen sus verdaderas expectativas, a veces profundamente enterradas, para que podamos aprovechar al máximo estas sesiones para crear prototipos?

Utilizaremos principalmente **técnicas de creación** para conceptualizar y crear prototipos de una oferta que responda a las expectativas de los clientes, utilizando métodos que analizaremos en detalle en el capítulo Conceptualización, dedicado a la creación de prototipos de ideas.

Como ha podido comprobar, el Diseño UX-UI no se limita a la realización de prototipos o maquetas gráficas, sino que se basa en un riguroso análisis de las expectativas, comportamientos y recorridos de los usuarios, con el fin de proporcionarles un nivel óptimo de satisfacción que garantice su fidelidad a nuestra marca, empresa, negocio o servicio.

¡Manos a la obra!

Capítulo 1: Fundamentos de la creación de prototipos

A. Origen de los prototipos

La creación de prototipos nació mucho antes de la era digital y las interfaces vinculadas a pantallas. Los prototipos se remontan a la historia de la creación. Antes de empezar a trabajar, los pintores del Renacimiento estudiaban los personajes y escenarios haciendo bocetos, bosquejos y luego borradores. En los ámbitos técnicos, los prototipos también han desempeñado siempre un papel fundamental en el proceso de fabricación. Si nos fijamos en el periodo renacentista, fértil en el aspecto técnico, podemos, por ejemplo, consultar los planos y estudiar las maquetas de las máquinas inventadas por Leonardo da Vinci.

Si nos remontamos en el tiempo vemos que los ejemplos de creación de prototipos se han hecho omnipresentes, sobre todo desde que entramos en la era industrial. Por eso, en la industria automovilística actual, empezamos por imaginar un vehículo a partir de los bocetos de los diseñadores, y muy pronto pasamos a hacer esculturas del vehículo, luego maquetas a escala y, por último, prototipos funcionales no aptos para la circulación que culminan en prototipos aptos para la circulación.

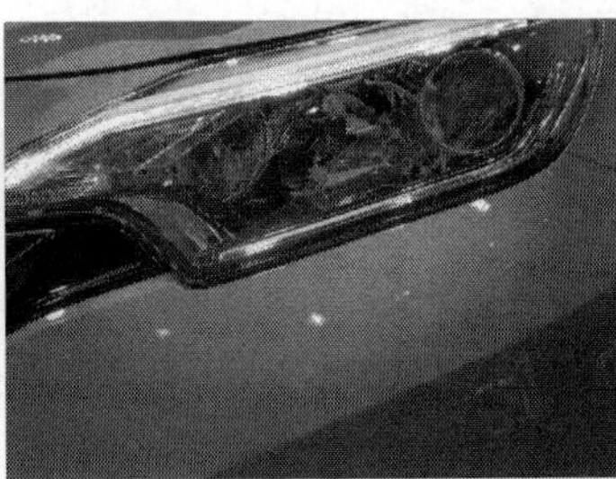

El diseño de un vehículo se basa en la creación de prototipos en todas las fases de desarrollo del proyecto

En el campo de la arquitectura, los planos y proyecciones de un proyecto de construcción o urbanismo siempre se completan con maquetas en volumen que permiten a los encargados de la toma de decisiones junto con los futuros compradores visualizar el proyecto en tres dimensiones.

Y si nos fijamos más detenidamente en las prácticas actuales de la comunicación visual impresa que precedieron a la llegada de los dispositivos digitales, encontramos la misma aplicación sistemática de la creación de prototipos en todas las etapas de la cadena gráfica: Borradores (maquetas dibujadas), documentos de ejecución (montajes en papel/películas), Cromalins o Matchprints (pruebas de control de fotograbado) y pruebas de impresión. Todas estas vistas previas del producto impreso en sus sucesivas fases de producción son prototipos que permiten controlar la calidad.

Estos pocos ejemplos demuestran claramente que todo proyecto debe tener «vistas previas» desde la fase de diseño, simplemente para facilitar la planificación de las herramientas y la aplicación de los procesos necesarios para su realización, así como la posterior comprobación de la conformidad del producto durante la fabricación.

Cuando se trata de lanzar la producción industrial de un producto en millones de unidades, obviamente es preferible asegurarse de antemano de que funciona correctamente.

No cabe ninguna duda de que esta capacidad de previsualizar un producto es una de las características fundamentales de un prototipo, pero no basta por sí sola para definirlo.

Los elementos que van a definir quién es realmente el prototipo son las **funciones** y su **modo de aplicación**, en particular para la creación de interfaces digitales.

La cuestión de definir un prototipo para un diseñador de interfaces se reduce a esta pregunta: ¿para qué se utilizará este prototipo?

B. Función actual de los prototipos

La creación de prototipos se desarrolló considerablemente durante la era industrial. El principal motivo fue la necesidad de aplicar ergonomía funcional. La interacción hombre-máquina es, naturalmente, el principal problema de las cuestiones de producción: las máquinas son alimentadas, accionadas y controladas por personas. Por eso la productividad está directamente vinculada a la adecuación entre herramienta, operador, función y contexto.

Así pues, el interés por la creación de prototipos ha pasado de la simple representación de un proyecto a servir de soporte para el ensayo y la experimentación, es decir, las pruebas de los dispositivos correspondientes.

Por lo tanto, el prototipo ya no se utiliza simplemente para representar un dispositivo, sino para mostrar cómo funciona. Todo ello con el fin de medir su eficacia y el nivel de satisfacción expresado por el usuario que lo prueba.

Con la generalización de la informática, los usuarios suelen trabajar sobre una representación calcada de la realidad. Aunque hoy en día las metáforas básicas WIMP (ventanas, iconos, ratón y menús) se aceptan de manera universal y se utilizan casi instintivamente, no siempre ha sido así.

No olvidemos que en los inicios de la autoedición, durante las sesiones de formación se dedicaba un día a explicar a los impresores cómo el cursor seguía los movimientos del ratón en la pantalla. Hoy en día puede parecer gracioso, pero no deja de ser indicativo de que, cuando se trata de interfaces, nada es intrínsecamente innato ni intuitivo de manera espontánea, a pesar de los discursos publicitarios de los fabricantes y los editores de software.

El desarrollo de funciones cada vez más avanzadas ha llevado a una representación alejada de la realidad de las herramientas de navegación y acción. El skeuomorfismo (imitación de la apariencia de un objeto real) de los primeros tiempos de Internet ha dado paso a diseños simbólicos que, aunque normalizados, no siempre los comprenden todos los usuarios.

¿Quién no se ha peleado alguna vez con una interfaz, ya sea al comprar por Internet o en un terminal interactivo? ¿Quién no se ha enfrentado nunca a un formulario muy poco intuitivo a la hora de validar los datos introducidos? ¿Y cuáles son las consecuencias en términos de irritación del cliente, o incluso de abandono de la transacción? El porcentaje de abandono derivado de estas dificultades sigue siendo muy elevado y repercute negativamente en los resultados de los sitios de comercio electrónico.

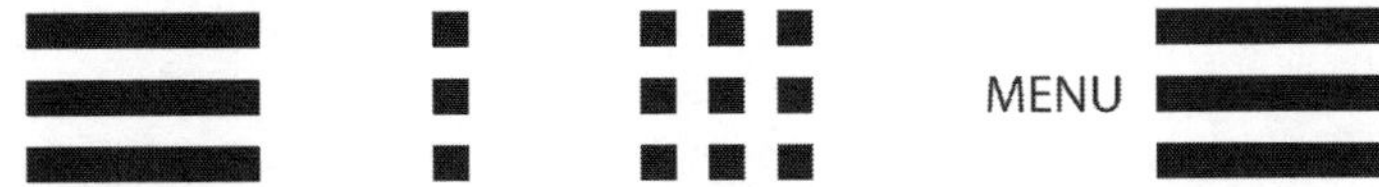

Las pruebas revelan, por ejemplo, que no todos los usuarios comprenden las representaciones de los menús (conocidos como «Burger», «Kebab» o «Bento»), aunque nos parezcan obvias, por lo que a menudo se sigue escribiendo la palabra «MENÚ» al lado del icono.

En un mundo regido por la interacción de un usuario que cada vez más soporta más presión, está constantemente conectado y tiene acceso inmediato a las propuestas de la competencia, la fluidez del recorrido del cliente se convierte en el elemento básico del rendimiento de las ventas.

Por lo tanto, la función principal de la creación de prototipos es permitir a los usuarios comprobar la adecuación de los contenidos ofrecidos, su organización y acceso y, en última instancia, la conclusión satisfactoria de las transacciones esperadas.

Los prototipos permiten probar lo que funciona y lo que no, antes de tomar la costosa decisión de empezar a escribir código o producir contenido definitivo.

La creación de prototipos es inseparable de las pruebas. En este libro veremos la creación de prototipos que acompaña a las distintas etapas del diseño de un sitio web o una aplicación, así como el uso de estos prototipos en las pruebas de usuario.

C. UI-UX y creación de prototipos

Empecemos por aclarar las definiciones de lo que entendemos por las siglas UI-UX y qué profesiones están asociadas a ellas.

UI: *User Interface* significa **Interfaz de usuario**. El **diseñador de UI** crea interfaces. Tiene conocimientos sólidos de ergonomía, pero ante todo es un diseñador gráfico que también posee conocimientos básicos de programación HTML.

UX: *User Experience* significa **Experiencia de Usuario**. En inglés, el término *Experience* se asocia principalmente a las sensaciones, a la satisfacción del usuario y a la evaluación que hace de su experiencia en términos de facilidad y comodidad. Un diseñador de UX no solo crea recorridos satisfactorios, sino que sobre todo mide la experiencia de los usuarios que siguen estos recorridos.

La **UI** se centra en la **creación**, mientras que la **UX** se dedica principalmente a la **medición**.

En el caso de estas dos profesiones complementarias, es evidente que la creación de prototipos es una preocupación fundamental. No se pueden diseñar interfaces o recorridos de usuario sin antes haber creado los prototipos y realizado las pruebas correspondientes.

Hay que señalar que se está desarrollando de forma significativa una profesión nueva: **Diseñador de interacción**. Se trata de un diseñador de UX especializado en interacciones que van más allá de la Web y las aplicaciones. Por ejemplo: trabaja en terminales interactivos, vehículos u objetos conectados. Al igual que para las funciones anteriores, es obvio que para esta profesión se requiere el dominio de la creación de prototipos.

D. Objetivos del prototipo

No definir los objetivos asignados a los prototipos significa invertir tiempo y recursos en producir prototipos ineficaces. Así que no vamos a hacer prototipos genéricos, sino que hay que empezar por especificar para qué se van a utilizar.

1. Perfeccionar el diseño

- Encontrar ideas nuevas
- Probar un recorrido o tarea

Los prototipos serán muy diferentes en función de sus objetivos. Pueden ser prototipos de gran exactitud para obtener información detallada sobre la naturaleza precisa de las interacciones, o prototipos más resumidos para abrir la puerta a la innovación.

2. Diseñar sin limitaciones técnicas

Con prototipos específicos en distintas fases del proyecto, no será necesario programar un sitio o una aplicación para probarlos. Así podrá concentrarse en la experiencia del usuario y no en la viabilidad técnica, evitando las restricciones impuestas por el código que tienen un efecto perjudicial en la ergonomía si el punto de vista es demasiado limitado.

3. Desarrollar el trabajo en colaboración

Siempre hay múltiples partes interesadas, por eso es vital romper silos y estimular la colaboración. Los prototipos pueden utilizarse como herramientas relacionales para establecer procesos claros que todos entiendan y basados en las premisas del proyecto.

4. «Vender» ideas

El sistema tradicional consistía en presentar a los clientes maquetas espléndidas realizadas en Photoshop de sus futuros sitios o aplicaciones. La seducción a través de lo visual ha llegado claramente a su límite, y ahora se presentan principalmente prototipos que se centran en los puntos fuertes del proyecto describiendo estructuras, procesos e interacciones en lugar de imágenes favorecedoras.

Además, estos prototipos suelen crearse conjuntamente con el cliente con una estrategia Ágil. Es mucho más fácil conseguir que un cliente adopte una idea si ha trabajado en el prototipo.

E. Creación de prototipos en la gestión de proyectos web

¿Cuándo debe incorporarse una fase de creación de prototipos y las pruebas asociadas a la gestión de un proyecto web? La respuesta es muy clara: desde el inicio del proyecto.

Como veremos, la creación de prototipos es pertinente desde la conceptualización, durante las fases de creación. Incluso cuando se diseña un sitio «escaparate» sencillo, definir el contenido, organizarlo y ponerle nombre, por ejemplo, puede ser mucho más fácil implantando la creación de prototipos del tipo *card sorting* (categorización por tarjetas), como veremos más adelante.

Los proyectos web ya no se gestionan según el modelo estrictamente secuencial que predominaba en el sector de la construcción y las obras públicas, sino que promueven:

- el desarrollo paralelo,
- los métodos Ágil,
- el modo colaborativo.

Las fases de un proyecto siguen el siguiente orden:

1. Diseño previo
2. Diseño estructural
3. Recorridos de usuario
4. Diseño gráfico
5. Desarrollo informático

Cada una de estas fases tiene su propia creación de prototipo funcional adaptado.

F. Creación de prototipos y diseño centrado en el usuario

Estas fases convergen en el principio de funcionamiento iterativo practicado por el diseño centrado en el usuario.

El desarrollo de sitios web, aplicaciones o cualquier producto interactivo se encuentra con estos conocidos problemas:

- El cliente no es el consumidor final.
- Las ideas suelen estar preconcebidas.
- La comunicación se centra en el producto.
- Las estructuras jerárquicas dictan las decisiones.

Pero sabemos que nuestro usuario no comparte nuestra perspectiva ni nuestra experiencia, y a menudo ni siquiera sabe lo que intentamos enseñarle.

Por lo tanto, tenemos que aceptar que no somos el usuario al que nos dirigimos y que tenemos que probar nuestras propuestas en cada fase del proceso de diseño para validar las soluciones consideradas mediante prototipos.

La creación de prototipos y los procedimientos de prueba asociados permitirán:

- validar el diseño,
- decidir entre opciones,
- optimizar la creación y
- reducir los costes de desarrollo.

Creamos un prototipo de la solución propuesta y lo probamos. A partir de la información recopilada, optimizamos las áreas de mejora y validamos su implementación. Si todo es correcto, salimos del bucle y pasamos a la siguiente fase. Si falla, retomamos el proceso al principio del bucle y creamos un prototipo de una solución alternativa.

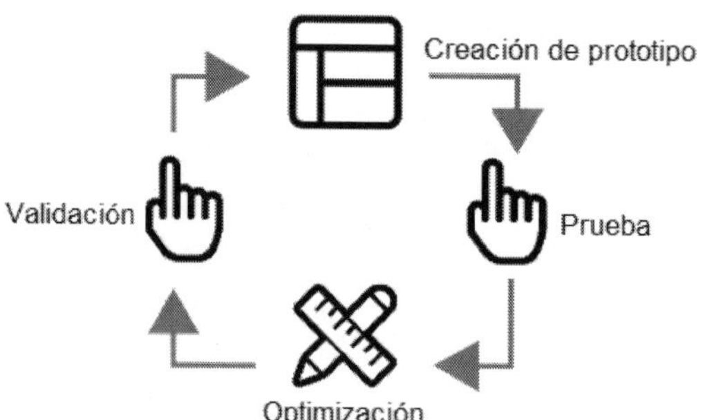

Una vez validada la optimización, podremos salir del bucle iterativo.

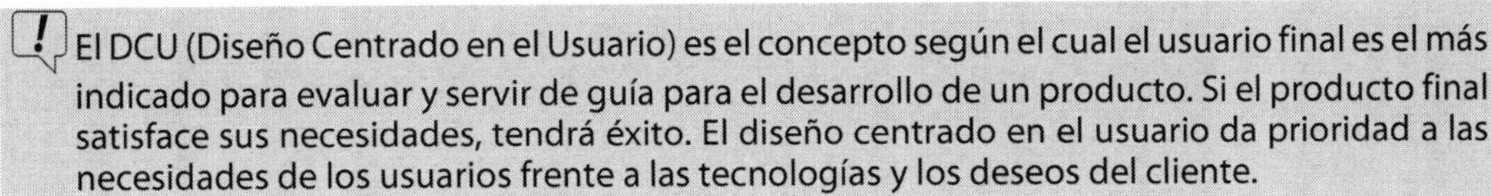
El DCU (Diseño Centrado en el Usuario) es el concepto según el cual el usuario final es el más indicado para evaluar y servir de guía para el desarrollo de un producto. Si el producto final satisface sus necesidades, tendrá éxito. El diseño centrado en el usuario da prioridad a las necesidades de los usuarios frente a las tecnologías y los deseos del cliente.

El DCU ha sido objeto de una norma desde 1999 (ISO 13407), que posteriormente evolucionó, se completó en 2010 (ISO 9241-210) y se volvió a examinar en 2015.

G. Creación de prototipos y estrategia Ágil

Para entender cómo se integra de manera natural la creación de prototipos con la estrategia Ágil, conviene recordar los principios fundamentales.

1. Enfoque Ágil

- Ágil es mucho más **un enfoque** que un método. El propósito de la estrategia Ágil nunca ha sido añadir una capa organizativa.
- Este enfoque sustituye el concepto **gestión de producto** por gestión de proyecto.
- El enfoque Ágil se basa en la **práctica empírica** en lugar de la predictiva.
- El enfoque Ágil favorece la **implicación** frente al contrato.
- El enfoque Ágil se basa en la **adecuación** entre **requisitos** a **funcionalidad**.

Todos estos principios hacen que, de manera natural, la creación de prototipos y la realización de pruebas sean herramientas obvias en esta estructura.

2. El manifiesto Ágil

El manifiesto Ágil cuestiona las prácticas de gestión tradicionales:

- En lugar de centrarse en procesos y herramientas, se da prioridad a las personas y sus interacciones.
- En lugar de una documentación exhaustiva, se despliega software operativo colaborativo.
- Se da prioridad a colaborar con los clientes en lugar de limitarse a negociar contratos.
- Seguir un plan va acompañado de la adaptación al cambio.

La creación de prototipos y la realización de pruebas convergen con el enfoque Ágil, tanto en lo que respecta a tener en cuenta a las personas y sus interacciones, como a la documentación o la adaptación al cambio.

La creación de prototipos de las soluciones desplegadas como resultado de cada *sprint* (fase) y durante las luchas diarias, desempeña un papel facilitador de manera natural. Por lo tanto, los *Scrum Masters* (garantes del método) y los *Product Owners* (responsables de producto) deben controlar la producción y el uso de prototipos.

H. Fidelidad de los prototipos

Debemos aclarar una ambigüedad en el concepto de fidelidad de un prototipo: la verdadera fidelidad de un prototipo no está vinculada a su nivel de acabado gráfico.

De hecho, el prototipo se basa en dos componentes: el acabado gráfico y la capacidad de modelar la interactividad.

Un prototipo en papel elaborado a partir de varias maquetas abreviadas de tipo *Wireframe* (maquetas de estructura alámbrica) puede ofrecer una representación muy fiel de la realidad de un recorrido de usuario durante una sesión de pruebas.

Por otro lado, es indiscutible que una maqueta terminada en Photoshop estará lograda gráficamente, pero no necesariamente ofrecerá una representación clara de las interacciones.

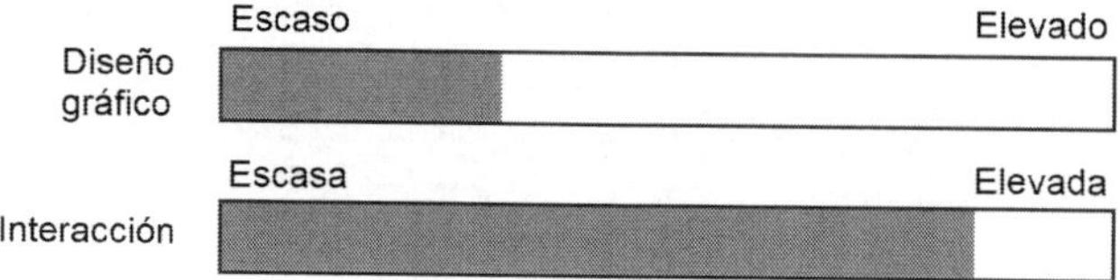

Se puede ver que un prototipo puede tener fidelidad baja en cuanto a los gráficos y, sin embargo, alta para las interacciones

Por abuso del lenguaje, a veces los prototipos con un diseño gráfico más básico se denominan de «baja fidelidad».

Pero en la práctica, los prototipos que representan fielmente el proceso que se va a probar son todos de alta fidelidad, sea cual sea su nivel de acabado gráfico.

Por el contrario, los prototipos de baja fidelidad, incluso con un nivel alto de acabado gráfico, no representan fielmente los procesos interactivos. El motivo puede ser porque aún no se ha trabajado sobre el tema. En este caso, pueden utilizarse durante las fases de prediseño, cuando el objetivo es recoger ideas o sugerencias sin sesgar las propuestas.

Por lo tanto, la fidelidad de un prototipo no está directamente relacionada con su nivel de acabado gráfico.

De esta manera, las distintas fases de diseño corresponderán a niveles distintos de fidelidad del prototipo:

Prediseño: los prototipos de baja fidelidad garantizan que las ideas no queden excluidas por un nivel de acabado que sería demasiado avanzado y, por tanto, restrictivo.

Diseño (antes del desarrollo): los prototipos de alta fidelidad permiten probar eficazmente dispositivos e interfaces. Además de proporcionar la información necesaria para el despliegue técnico.

Desarrollo: los prototipos funcionales permiten realizar pruebas en el contexto de uso final.

I. Prototipos en papel y prototipos en estaciones de trabajo

En lo que respecta al diseño web y de aplicaciones, podemos distinguir dos tipos de prototipos: los prototipos en papel, destinados a ser probados en entrevistas, y los prototipos funcionales que simulan interacciones durante las pruebas en diversas estaciones de trabajo o periféricos.

Los prototipos en papel pueden adoptar la forma de:

- maquetas de estructura alámbrica,
- bocetos,
- diagramas,
- diseño avanzado de interfaces.

Los prototipos funcionales son aplicaciones que pueden consultarse en una interfaz para simular, por ejemplo:

- recorridos completos,
- secuencias de recorridos,
- interacciones sencillas.

La ventaja de los prototipos en papel es que son más rápidos y baratos de diseñar que las simulaciones de estación de trabajo generadas con software. Por lo tanto, es mucho más fácil probarlos, sin equipos de consulta específicos y por eso en una fase más temprana del proceso de diseño.

Además, el bajo nivel de acabado gráfico de los prototipos en papel permite que las pruebas se centren en las interacciones fundamentales sin distraerse con consideraciones estéticas.

Las lecciones que pueden extraerse de pruebas sencillas basadas en prototipos de papel son notablemente significativas.

J. El entorno multicanal

Ya no diseñamos solo para la web, sino cada vez más en el marco de aplicaciones para dispositivos móviles. Ahora los sitios web y las aplicaciones se consultan en dispositivos que indudablemente tienen características comunes, pero a veces tienen variaciones importantes.

Por lo tanto, tendremos que evaluar el público objetivo y sus prácticas para determinar qué prototipos diseñar. Por ejemplo, para una misma aplicación podremos crear y probar prototipos que representen smartphones y tabletas por separado, porque más allá de las diferencias de tamaño de las pantallas, las funcionalidades nativas variarán. Si consideramos un smartphone, un enlace podrá activar una llamada telefónica pero eso no ocurrirá en una tableta.

Cuando consideramos la fase de pruebas de los prototipos funcionales, también es recomendable tener en cuenta el entorno del usuario. Un prototipo de aplicación móvil en un smartphone no se probará en un ordenador de sobremesa, sino en un dispositivo móvil en condiciones lo más parecidas posibles a la realidad: movimiento, entorno, ruido ambiental, iluminación, etc.

Así nos aseguramos de no producir interfaces que, aunque inteligentes y con recorridos fluidos, resulten ilegibles para el usuario en determinadas condiciones de consulta e iluminación.

Un prototipo probado en condiciones reales habría revelado que esta interfaz de pantalla es invisible cuando la ilumina el sol.

Capítulo 2: Entender al usuario

A. Introducción

Como vimos en el prólogo, sea cual sea su conocimiento de un mercado, su experiencia e incluso su legendaria intuición... «¡usted no es el usuario!»

Comprender a los usuarios, los estímulos a los que reaccionan, su estilo de vida y valores, su comportamiento, si pertenecen a una determinada generación o incluso las discapacidades que pueden afectarles, depende de un análisis exhaustivo de su audiencia. Así que vamos a seguir este camino examinando los puntos de vista bajo los que podemos estudiar al público al que vamos a ofrecer nuestros productos o servicios.

B. Profundizar en el comportamiento del usuario

Empecemos por definir el comportamiento del consumidor. Se refiere a los procesos que tienen lugar cuando individuos o grupos seleccionan, compran, utilizan o desechan productos, servicios, ideas o experiencias para satisfacer expectativas resultado de necesidades o deseos.

1. Estímulos

Aunque parece que nuestra conciencia dirige nuestro comportamiento, en realidad por naturaleza somos muy sensibles a los estímulos percibidos por nuestros cinco sentidos, que condicionan nuestras acciones, a veces en mayor medida que nuestro razonamiento.

Originalmente destinada a garantizar nuestra seguridad, la reacción a los estímulos está profundamente arraigada en nosotros porque nuestros receptores sensoriales responden inmediatamente a estímulos básicos como la luz, el color, el sonido, el olor y la textura.

El rojo se percibe como señal de peligro, un sonido nos pondrá en alerta, un roce nos deleitará o, por el contrario, nos disgustará y así sucesivamente.

Estudiar la reacción de nuestro objetivo ante los estímulos nos permitirá perfeccionar el entorno de nuestras propuestas y nos ayudará a definir el color de un objeto, la música ambiente de una tienda o incluso el nombre de un producto.

Por eso, durante las sesiones de prueba es oportuno incluir estos parámetros para comprobar las respuestas de los participantes a los estímulos sensoriales. Lo que no solo nos permitirá modular la recogida de información sobre la percepción de nuestra propuesta, sino también descubrir nuevas influencias de marketing para hacer más fluida la experiencia del usuario.

2. El proceso de aprendizaje

Las relaciones con los clientes están para cuidarlas. De hecho, es más económico y rentable apostar por el valor a largo plazo de un cliente que recurrir a la adquisición a toda costa de consumidores nuevos.

Los usuarios, sujetos tanto a la comunicación como a sus interacciones con las marcas, reaccionarán a los nombres de marcas, perfumes, jingles y otros estímulos de marketing en virtud de las conexiones que han adquirido y, en última instancia, asociándoles valores.

La evolución de las tecnologías comerciales es paralela al proceso continuo de aprendizaje de los usuarios.

Por ejemplo, desde la llegada de los restaurantes de comida rápida al sector de la restauración, los consumidores han aprendido gradualmente a hacer sus pedidos al cajero basándose en menús expuestos en carteles, mientras que antes, en un restaurante tradicional, un camarero se acercaba y les pedía que eligieran de un menú.

Más tarde, los avances tecnológicos (pantallas interactivas, conexiones Wi-Fi, etc.) permitieron pasar a los pedidos en un terminal interactivo. Así, el proceso de aprendizaje de los clientes dio un paso adelante.

Por último, la posibilidad de dejar de hacer el pedido a través de un terminal in situ para realizarlo mediante una aplicación antes de la visita y ahorrar aún más tiempo, ha sido una experiencia de aprendizaje nueva.

En este caso, el aprendizaje está motivado por un beneficio evidente para el consumidor: ahorrar tiempo y facilitar el acto de compra.

Cuando este beneficio no es tan perceptible, conviene asociar el aprendizaje con la idea de recompensa. Por lo tanto, hay que probar qué elementos son los más gratificantes para el usuario, que pueden ir desde un simple agradecimiento o reconocimiento y valoración (Mejor Cliente, V.I.P., etc.) hasta beneficios cuantificables como cupones o descuentos específicos.

En las sesiones de prueba siempre incluimos la cuestión del aprendizaje. ¿Una funcionalidad es evidente o requiere aprender a utilizarla? En caso de autoaprendizaje por parte del usuario, ¿cuál es el índice de apropiación, error o desviación de la funcionalidad que se está probando?

3. Identificación y concepto del yo

El concepto del «**yo**» se refiere a las creencias de una persona sobre sus propios atributos y la valoración de sus cualidades. Ni que decir tiene que en la mayoría de los casos este concepto de uno mismo es positivo, como demuestran los miles de *selfies* (autorretratos) en entornos ventajosos que se publican en las redes sociales, incluso con ayuda de filtros de realce artificial.

La positividad **engendra autoestima**. Es importante comprender cómo la búsqueda de la autoestima está detrás de la compra de productos que van desde los cosméticos hasta la ropa, pasando por el mobiliario doméstico e incluso los coches.

Por eso, al modelar a los consumidores incluiremos los objetos que influyen en la percepción que tienen de sí mismos y que consideran su «**yo ampliado**». Estudiaremos el modelado de consumidores de manera específica estableciendo personas (perfiles típicos).

4. Identidad de género

Lejos de dejarnos sorprender por los debates sociales sobre la cuestión del género, debemos incorporar este tema a nuestras investigaciones destinadas a comprender a los usuarios de nuestros productos y servicios, porque el género es un componente importante del concepto del «yo».

Tradicionalmente, en su forma de vestir, actuar y hablar, los consumidores se ajustan a los roles sexuales que les asigna su cultura.

Los profesionales del marketing han comprendido muy bien que determinados productos tienen una connotación más o menos femenina o masculina, y lo utilizan con habilidad adaptando sus productos, ya sea para que se identifique con ellos un sexo determinado o, por el contrario, para que lo hagan todos.

Los ejemplos son interminables:

- En Estados Unidos, las armas con connotación masculina se ofrecen en los llamados colores femeninos para facilitar su venta a las mujeres.
- Los filetes de soja, que tienen una connotación femenina, se decoran con marcas de parrilla para hacerlos más aceptables para los hombres, que se consideran carnívoros, para que acepten mejor un producto vegano.

Las cosas se están complicando con la aparición de géneros intermedios, no basados en el sexo biológico, sino en la autopercepción subjetiva de identificación con un género biológico diferente, o inclinaciones sexuales específicas.

El mercado gay dista mucho de ser insignificante y aunque no ofrezcamos productos especializados, nuestros estudios sobre el comportamiento de los usuarios se beneficiarán de incluir este componente en sus investigaciones. Ya no basta con preguntar cómo percibe un producto o servicio un hombre o una mujer. También tenemos que evaluarlo en relación con los miembros de la comunidad LGBTQI+ y, aunque siguen siendo muy minoritarios, las personas transexuales o no binarias, es decir, las personas que no se ven a sí mismas ni como hombres ni como mujeres.

Tenga en cuenta que, dependiendo de la legislación del país en el que opere, la selección de participantes para sesiones de cocreación o pruebas por su pertenencia a estos grupos puede estar penalizada. Por lo tanto, debe proceder con la máxima cautela a la hora de incluir a estos grupos en sus estudios.

5. Estilo de vida y valores

El **estilo de vida** o **modo de vida** describe esquemáticamente cómo decide gastar su tiempo y su dinero una persona. Estudiar y comprender el estilo de vida de nuestros destinatarios es fundamental porque nos permite ir más allá de la funcionalidad como única respuesta a una necesidad, para entender y modelar el contexto en el que se busca, compra y utiliza el producto.

Evaluamos nuestros productos no solo por su función, sino también por cómo encajan en un estilo de vida.

Debemos comprender que la combinación de objetos de distintas categorías para expresar un estilo de vida ideal está en la base de muchas decisiones de consumo.

No se trata de clasificar a los clientes con estereotipos, sino de esbozar una imagen completa de la identidad de estas personas identificando todos los productos, actividades y creencias asociados a ellas.

En este sentido, la creación de personas, que veremos más adelante será de gran ayuda para modelar los estilos de vida de nuestro público objetivo.

Este aspecto psicográfico es tan importante como los datos demográficos y no debemos relegarlo a un segundo plano. Por ejemplo, podemos clasificar a nuestros destinatarios en función de tres variables principales: actividades, intereses y opiniones.

Pero, una vez más, tenga cuidado y asegúrese de cumplir todos los aspectos del RGPD (Reglamento General de Protección de Datos) europeo, no recoja ni recopile datos personales de este tipo.

6. La decisión

Una compra o transacción no siempre es el resultado de una cuidadosa reflexión. También puede responder a simples prioridades fisiológicas o ser el resultado de un impulso. Igualmente está claro que algunas decisiones de compra son más importantes que otras, con implicaciones de distinta magnitud.

Por ejemplo, una persona puede pasarse varios meses reflexionando y comparar cuidadosamente sus respectivas prestaciones antes de efectuar la compra de un vehículo de menos de 20.000 euros. Esta misma persona decidirá la compra de una vivienda de varios cientos de miles de euros después de una visita de treinta minutos.

En el primer caso, los elementos de decisión serán racionales, mientras que en el segundo, la razón se verá neutralizada tanto por la sensación de bienestar del lugar como por el miedo a perder una oportunidad.

El corazón, la cabeza y la cartera son los tres pilares de nuestras decisiones. Optimizar la experiencia del usuario significa cumplir los tres criterios. Así que tenemos que encontrar una respuesta clara a esta pregunta:

¿Qué desencadenará la decisión de realizar la transacción prevista?

No espere identificar un criterio único, limítese a los más significativos, aplíqueles un porcentaje de importancia y luego priorice los esfuerzos que hay que hacer para responder a ellos de la manera más eficaz.

C. El recorrido del cliente: un producto en sí mismo

Tomemos un ejemplo del recorrido del cliente: la compra de una librería.

En pocas palabras: no se compra una librería, se va a [*inserte el nombre de su tienda favorita*] a comprar una librería.

Puede empezar haciendo una búsqueda del producto en Internet. No tiene por qué comprarlo, pero va a examinar el producto en la tienda para asegurarte de que ha hecho la elección correcta.

Entonces tendrá que viajar, a menudo con su familia y en un vehículo adecuado para transportar el producto que busca.

Dependiendo de la ubicación de la tienda, el trayecto y el acceso serán más o menos difíciles. Tendrá que aparcar el coche en un aparcamiento más o menos adecuado y recorrer el laberinto de la zona de exposición, comparar modelos y pedir ayuda a un vendedor. Una vez hecha la elección, la siguiente fase más o menos satisfactoria es pasar por caja y recoger el producto.

Por último, tendrá que cargar el producto adquirido en el vehículo, llevarlo a su casa y proceder a la fase de desembalaje y montaje.

1. Definición de secuencias

Se ha dado cuenta de que el recorrido del usuario no se limita únicamente a la transacción, sino que se compone de múltiples fases. Para modelizar el recorrido del usuario, tenemos que empezar por descomponerlo en secuencias. Para el ejemplo anterior podemos considerar, entre otras:

- **Acceso al punto de venta**: ubicación de la tienda, horarios de apertura y acceso al aparcamiento.
- **Desplazamiento**: accesibilidad, gestión de los flujos de visitantes, facilidad de uso, etc.
- **Elección**: puntos de información, etiquetado, asesores, etc.
- **Compra**: disponibilidad del producto y pago en la caja.

Lo que aquí es bastante evidente no lo es tanto en el caso de un sitio de comercio electrónico. No obstante, tendrá que hacer el mismo esfuerzo para descomponer el recorrido del visitante en secuencias mediante un análisis de los dispositivos vinculados a cada una de estas fases:

- **Consulta de los productos**: navegación por las categorías, búsqueda con motores de búsqueda, navegación filtrada, comparadores, etc.
- **Realización de pedidos**: colocación en el carrito, resumen, cupones de descuento, creación de cuentas frente a compra directa, entrega, costes adicionales, dispositivos de pago, etc.
- **Recepción de los productos**: seguimiento de la entrega, cita, recogida, embalaje, estado del producto, etc.

Todas estas secuencias se modelizarán para optimizarlas.

2. Identificación de los puntos de contacto

No podemos suponer que nuestros visitantes llegarán de manera sistemática y directa a la página de inicio de nuestro sitio web a través de su navegador de Internet y seguirán fielmente nuestra ruta de navegación.

Los usuarios están constantemente buscando y comparando productos, no paran de moverse, conectarse, comunicarse y compartir.

Los usuarios se conectarán utilizando dispositivos y en condiciones muy variables: pueden estar en el transporte público, con un smartphone y una conexión media. Pueden haber llegado a nuestro sitio web mediante un buscador o siguiendo un enlace sugerido por un amigo en una red social.

La cuestión de los puntos de contacto debe estudiarse a fondo y modelarse, con un mapa que muestre cómo se conecta nuestro dispositivo principal a estos puntos de contacto.

¿Cómo ha llegado el usuario a nuestro sitio web? ¿En qué motor de búsqueda se ha originado su visita? ¿En qué red social le sugirieron que nos visitara?

La experiencia del usuario comienza con estos puntos de contacto, que deben investigarse y optimizarse desde una perspectiva omnicanal.

¿Nuestro punto de venta muestra bien toda la información práctica en la ficha de Google Maps? En la señalización de nuestro punto de venta, ¿está suficientemente destacado nuestro *sistema click and collect* (pedidos en línea con punto de recogida)?

Elabore una lista de estos puntos de contacto con sus usuarios y compruebe que sus interfaces web, móvil y de aplicación los tienen todos en cuenta con respuestas adecuadas.

3. Asistencia al usuario

Por muy cuidadosamente que diseñemos nuestras interfaces, la ley de Murphy es implacable y si existe la más mínima posibilidad de que algo salga mal, **inevitablemente** saldrá mal.

En un sitio web o en una aplicación, nuestra lógica no siempre es la de nuestro visitante. En el punto de venta, a pesar de la información pertinente en el punto de venta (POS), los clientes siempre necesitarán en algún momento información que no es general, pero que sigue siendo un punto clave para ellos y, por tanto, repercute en su decisión de compra.

Por lo tanto, comprobaremos qué esperan los usuarios en cuanto a ayuda para comprar y utilizar los productos o servicios que ofrecemos.

En línea, se hará a través de:

- **navegación facetada** para seleccionar productos según características específicas (a determinar con los usuarios porque suelen estar demasiado orientados al producto),
- **búsqueda asistida**,
- **páginas de productos**: jerarquía de la información y medios de escenificación de situaciones con FAQ (preguntas frecuentes) integradas,
- **ayuda para la configuración**,
- **formularios asistidos**,
- **Chat**: conversación en línea con un asesor o *chatbot* (sistema automático con IA).

Ayudar al usuario va más allá de la simple resolución de problemas. En primer lugar, agiliza la transacción, pero sobre todo demuestra la consideración que se tiene por el cliente y contribuye a reforzar la relación con él y a fidelizarlo.

D. Enfoque generacional

La forma de percibir, aplicar y utilizar un producto varía en función de la edad del usuario. Se ha pensado mucho en optimizar las comunicaciones digitales para las personas de más edad o «personas mayores», dada su supuesta aprensión a los dispositivos digitales.

Esta etiqueta de «personas mayores» es reductora, genera ideas preconcebidas y ha llevado a errores en el diseño de experiencias de usuario. Así que tenemos que ir más allá de este concepto y fijarnos en el diseño generacional.

Empecemos dejando claro que generación no es lo mismo que edad. La edad solo es uno de los factores del comportamiento de una generación determinada. La edad de una persona es la cantidad de años transcurridos entre su nacimiento y un momento dado T, mientras que su **generación** es la pertenencia a un **grupo de personas que eran jóvenes al mismo tiempo**.

Así vemos que hay un efecto de época y de contexto.

Si comprendemos el lugar que ocupan las sucesivas generaciones en la evolución digital y segmentamos a nuestros usuarios en función del bagaje cultural de sus generaciones específicas, podremos adaptar nuestras interfaces a los sesgos cognitivos de estos segmentos respondiendo a sus expectativas.

1. Caracterización de las generaciones

Vamos a desarrollar un enfoque intergeneracional para llegar de verdad y convencer tanto a los *baby boomers* como a la *generación Alfa*.

Los problemas van mucho más allá de mejorar la interfaz para tener en cuenta la edad del usuario, como ocurre con el tamaño de las fuentes para compensar la disminución de la agudeza visual.

Dependiendo de la generación, los equipos de nuestros usuarios serán distintos, el software y, sobre todo, la forma de proceder e interactuar variarán considerablemente.

Un análisis de las interacciones en situaciones lo más cercanas posible a la realidad, y no sobre la base de una configuración estándar válida para todos, las pondrá de manifiesto para resolverlas.

El enfoque intergeneracional de la UX se centrará tanto en el contexto de uso como en el estado de ánimo y los sesgos cognitivos de las generaciones implicadas, con el objetivo de analizar los viajes de los usuarios secuencia a secuencia.

Optimizando las interacciones de este modo, podemos sentar las bases de una relación con el cliente que satisfaga a las generaciones a las que nos dirigimos.

Existen, pues, tres tipos de estrategia:

- **Intrageneracional**: se diseña específicamente para una generación concreta.
- **Transgeneracional**: ofrece productos o servicios universales que satisfacen necesidades funcionales que trascienden las generaciones.
- **Intergeneracional**: segmenta la oferta en función de la edad y la generación.

Ninguno de estos enfoques es intrínsecamente más acertado que los demás, pero antes de poner a prueba las evaluaciones y las sesiones de prueba hay que especificar de manera clara la estrategia elegida.

2. Identificación de las generaciones afectadas

¿Qué generaciones debemos considerar para diseñar las interacciones de nuestros recorridos de los usuarios?

Examinaremos las principales categorías.

Evidentemente, se trata de datos medios comprobados en occidente que podrían variar localmente. Pueden colocarse en una línea de tiempo para dar una visión sinóptica de su distribución.

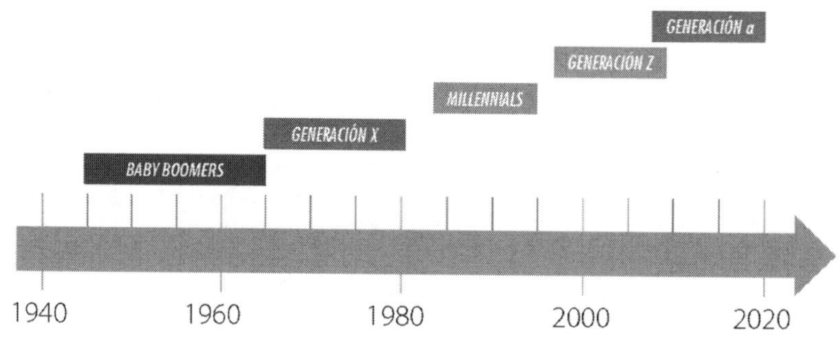

3. Baby boomers

Los *baby boomers* nacieron entre 1945 y 1965, después de la Segunda Guerra Mundial, cuando se produjo un aumento de la natalidad en lo que se conoció como el baby boom.

En 2023, los más mayores tendrán 78 años y los más jóvenes 58, lo que los sitúa en la categoría de edad laboral madura o en la jubilación muy avanzada. En el caso de los más jóvenes, son consumidores a los que no hay que descuidar por su buen nivel de vida en general.

Se trata de una población educada que ha seguido el ritmo de los avances tecnológicos y la mejora constante de la calidad de vida y ha interiorizado las reglas del mercado de consumo, incluso en la jubilación.

Los *boomers* están más conectados de lo que sugiere su estereotipo. Es posible que no dominen bien la tecnología, pero se han adaptado a ella y la utilizan para mantenerse en contacto con familiares y amigos.

Hay que destacar tres puntos importantes:

- Los *boomers* son muy exigentes en cuanto al diseño y la calidad de los productos. Por eso son grandes consumidores de opiniones, valoraciones y reseñas, ya sean digitales o de boca en boca.
- Los *boomers* buscan el bienestar. Los productos o servicios que les ofrezca, sobre todo los relacionados con la tecnología, deben verse como aliados de su bienestar.
- El concepto de elección es primordial para los *boomers*.

Por tanto, debemos garantizar que la experiencia del usuario al buscar información incorpore estos conceptos de calidad, «mejora» tecnológica y el deseo de poder elegir entre varias opciones.

Si está diseñando para esta generación, hágase estas preguntas concretas:

- ¿Hacemos lo suficiente para describir las ventajas y beneficios técnicos de nuestros productos?
- ¿Cómo se comentan nuestros productos o servicios en su círculo de familiares y amigos, y estamos destacando lo suficiente estas opiniones?
- ¿Ofrecen nuestras propuestas de interacción una posibilidad de elección amplia?

4. Generación X

Los miembros de la generación X nacieron entre 1965 y 1981. Se trata de una generación relativamente olvidada por los profesionales del marketing, de ahí su poco halagador nombre que evoca una generación perdida.

Si nos fijamos en el periodo en el que la generación X alcanzó los 20 años, es decir, entre 1985 y 2000, podemos observar que existen grandes diferencias que sugieren que no debemos globalizar en exceso a esta generación: tener 20 años en 1985, cuando comenzaba el mayor periodo de expansión económica de España, no conlleva la misma percepción de la vida que si se hubiera sufrido la crisis tecnológica del año 2000 a la misma edad.

En general, la generación X es aficionada a la tecnología y se ha mantenido fiel a las marcas de su juventud. Es interesante observar su influencia en otras generaciones, tanto en sus padres de la generación del baby boom como en sus hijos de las generaciones Y y Z.

Se han destacado tres motores emocionales:

- **Sinceridad**: A la generación X le atraen las experiencias que parecen claras, directas y, sobre todo, veraces. Se centran en los hechos y prefieren una hoja de datos a un discurso de ventas que destaque los puntos fuertes. Para crear experiencias auténticas para este público, ofrezca más información sobre sus productos o servicios de la que ofrecería normalmente.
- **Seguridad**: la generación X es reacia al riesgo. Tenemos que tranquilizarla destacando las evaluaciones y comentarios de los clientes, combinados con la exhibición de etiquetas de calidad y seguridad.
- **Personalización**: los usuarios de la generación X serán receptivos al correo electrónico de marketing y al *retargeting*, que les anima a volver a visitar un producto que han consultado previamente. También les gusta la personalización basada en la lógica, por ejemplo para configurar un producto o servicio o acceder a información basada en sus respuestas a preguntas. Tanto en línea como en el punto de venta, la generación X ve a los asesores como personas que pueden recomendarles las mejores opciones para su situación personal.

Evalúe siempre en qué medida puede activar estos tres motores emocionales y podrá contar con una excelente vida útil de estos clientes.

5. Millennials

Nacieron entre 1983 y 1994 y se les denomina alternativamente **generación Y**. Es la primera generación que experimenta la informatización progresiva de la sociedad y la llegada de los dispositivos móviles y las redes sociales.

A veces se evalúa una subcategoría denominada *Generación Oregon Trail* o **Xenials** para identificar a los *millennials* que vivieron una infancia analógica y luego se incorporaron a la era digital de adultos.

En pocas palabras, es la generación que ya no busca información en las bibliotecas sino que la obtiene al instante preguntando a Google.

Más allá de esta broma, es importante saber que:

- La generación Y no tolera la lentitud. La experiencia del usuario debe ofrecer respuestas inmediatas. Hay que producir contenidos hiperestructurados en los que se pueda encontrar rápidamente una respuesta. Priorice los diseños previsibles: listas con viñetas, bloques y cuadros lógicos, infografías, etc.
- Los *millennials* han iniciado el viaje de retorno de la sociedad desde la escritura a la transmisión oral. Pasaron su juventud con los auriculares puestos y ya no escriben sus mensajes, sino que los dictan. En términos de diseño de interfaces, esto plantea obviamente una muchas preguntas. Para los *millennials*, tendremos que reorientar nuestros esfuerzos de análisis, investigación y diseño hacia nuevos tipos de interacción basados en la transmisión oral.

- Los *millennials* esperan que las empresas adapten contenidos para ellos como parte de una relación continuada. Es la **generación de la suscripción**. Al igual que los servicios de vídeo que han sustituido al visionado cautivo de televisión, necesitan que se les ofrezca un consumo personalizado y a la carta, con la nada desdeñable contrapartida para los comerciantes electrónicos de las compras recurrentes.

6. Generación Z

Se trata de personas nacidas entre 1997 y 2007. En 2023 tendrán entre 16 y 23 años y no habrán conocido el periodo anterior a la tecnología digital. Los más jóvenes aún están al final de la adolescencia.

El hecho cognitivo más notable de esta generación es la reducción de la capacidad de atención. Sometidos a una cantidad colosal de estímulos visuales en sus periféricos, sus cerebros se han autorecableado literalmente para procesar cada vez más información y cada vez más rápido.

¿Cuáles son las consecuencias?

- La generación Z hace malabarismos con hasta cinco pantallas simultáneamente sin preocuparse, pero con una **capacidad de atención estimada en 7-8 segundos** frente a los 12 de la generación Y. Si no conectas con tu usuario en menos de 7-8 segundos, ¡has perdido!
- La generación Z tiende a no pasar por la fase inicial de evaluación de una necesidad o deseo, acostumbrada a recibir sugerencias o recomendaciones basadas en su historial.
- La generación Z es cada vez más pasiva. Así que tenemos que ofrecer experiencias que incorporen tanta asistencia y automatización como sea posible.

7. La generación Alfa

Esta generación está formada por los nacidos después de 2007 que aún son niños o adolescentes. Todavía es pronto para saber cómo se desarrollarán, pero ya podemos ver algunos rasgos de comportamiento emergentes:

- 10 años es la edad media a la que adquieren su primer smartphone, que les da acceso a todo tipo de contenidos, incluidos los nocivos (violencia, pornografía, acoso, información falsa, etc.).
- Uso temprano de dispositivos de voz conectados: los niños muy pequeños no pueden interactuar con una interfaz de texto, pero pueden hablar y, por lo tanto, interactuar oralmente con un altavoz tipo Alexa.

Para esta nueva generación, la tecnología no se ha aprendido como para las generaciones anteriores, sino que se consume desde una edad temprana.

Además, la generación Alfa tendrá menos posibilidad de tomar distancia con los contenidos, que se verán como naturales y veraces porque estarán asimilados al mundo de los adultos.

Por último, cabe señalar que la generación Alfa influye en las compras de las familias modernas, en las que padres e hijos se relacionan, discuten, compran y consumen productos juntos.

Por lo tanto, debemos considerarlos consumidores y personas con influencia familiares e incluirlos en nuestra investigación.

E. Accesibilidad

Además de los requisitos legales, la accesibilidad está directamente relacionada con la optimización de la experiencia del usuario: ¿cómo podemos producir interfaces, interacciones y vías de acceso, en resumen, dispositivos que puedan ser utilizados por todos, independientemente de sus discapacidades visuales, motoras o cognitivas?

Entre el 10 y el 12 % de la población masculina es daltónica y, por lo tanto, no puede percibir determinados contrastes de color (rojo/verde): ¿podemos descuidar entre el 10 y el 12 % de nuestros clientes?

A medida que envejecemos, nuestras capacidades sensoriales y cognitivas (memoria, atención y concentración) disminuyen irremediablemente.

Sometidas al ruido desde una edad muy temprana, las generaciones Z y Alfa sufren problemas de audición.

En términos cognitivos, el nivel de alfabetización de la población no es homogéneo, con índices variables de comprensión visual y verbal.

Al fin y al cabo, ¿no somos todos discapacitados de una forma u otra?

1. Comprender las discapacidades

El diseñador de UX se encargará de integrar los distintos perfiles de discapacidad en las fases de investigación, por lo que puede marcar la pauta desde el principio con las especificaciones requeridas.

a. Discapacidad visual

¿Cómo se muestra algo a alguien que no puede ver? En la vida cotidiana, una persona ciega tiene otros sentidos: el oído, el olfato y el tacto, que le permiten ver de otra manera.

Tenemos que asegurarnos de satisfacer estas necesidades funcionales visuales:

- **Representaciones textuales de elementos visuales**: con los dispositivos digitales, la información debe representarse de forma no visual para quienes no pueden verla. La forma más lógica de hacerlo es mediante texto. Las herramientas de narración de los dispositivos tendrán en cuenta estos textos y los leerán para que los invidentes puedan interactuar con nuestras interfaces.
- **Identificación clara de los dispositivos**: las personas ciegas o con problemas de visión (¡y todos nosotros!) necesitan saber exactamente qué es cada objeto, cómo se llama y qué hace.
- **Navegación con el teclado**: las personas ciegas o deficientes visuales interactúan poco o nada con la pantalla y el ratón, pero utilizan el teclado. Crear interfaces que funcionen muy bien con el teclado es esencial para la accesibilidad.
- **Interfaces flexibles**: las personas con poca visión necesitan poder aumentar el tamaño de la letra y reorganizar el diseño para ver más fácilmente toda la información que se les presenta.

b. Discapacidad auditiva

Los contenidos de vídeo van camino de convertirse en mayoritarios. Aunque la banda sonora está pensada para las personas con discapacidad visual, ¿qué ocurre con las personas con discapacidad auditiva?

Es prácticamente obligatorio dotar a todos los vídeos de subtítulos. De este modo, no solo las personas con discapacidad auditiva podrán acceder a su contenido, sino que al mismo tiempo se optimizará su alcance para todos aquellos que los lean en situaciones en las que el sonido esté silenciado, como por ejemplo en una oficina con espacios abiertos o en el transporte público.

Proporcionar una transcripción también significa que se puede acceder a todo el contenido sin tener que ver para acceder a los subtítulos. Se trata de una buena práctica no solo para las personas sordas o con problemas de audición, sino que de hecho es útil para todas las personas.

c. Discapacidad motriz

El abanico de las discapacidades motrices varía considerablemente, por lo que no podemos prever todos los casos en nuestros dispositivos, pero hay que tener en cuenta que prácticamente todo el mundo utiliza un teclado con reconocimiento de voz y comandos por voz, y que las llamadas a la acción tienen que ofrecer alternativas de texto.

d. Discapacidades cognitivas

Todos nos hemos encontrado con interfaces que no entendíamos, requisitos inviables, un texto demasiado técnico del que no entendíamos nada o hemos buscado desesperadamente el botón que había que pulsar.

La lista de problemas cognitivos relacionados con los dispositivos es demasiado larga para poder citarlos todos en este texto, pero recordamos que estamos hablando de todas las situaciones de discapacidad.

Estos problemas nunca pueden eliminarse por completo, pero pueden minimizarse aplicando estos principios:

- **Escribir en un lenguaje sencillo**: evite la jerga, los acrónimos y los términos técnicos. Además, cuando sean inevitables explíquelos sistemáticamente;
- **Diseñar para los despistados**: la mayoría de los problemas derivan de cuestiones relacionadas con la atención y la concentración. Incluso en su mejor momento intelectual, un usuario colocado en una situación y un entorno perturbadores tendrá dificultades para procesar la información que absorbe.

Un ejemplo concreto se refiere a los formularios: si se avisa a un usuario de que ha introducido errores al enviar un formulario, es probable que ya no recuerde la información que ha facilitado y perciba estas correcciones como un castigo.

En cambio, si se le avisa en el mismo momento en que introduce información en un campo, podrá corregirla fácilmente de inmediato.

e. Discapacidades relacionadas con la edad

Una de cada cinco personas desarrollará algún tipo de discapacidad a lo largo de su vida, y los anuncios de audífonos, sillas salvaescaleras o camisetas para corregir el dolor de espalda lo confirman.

Sin ser un actor de la silver economy (economía vinculada a las personas mayores de 50 años), somos conscientes de que las personas mayores constituyen un porcentaje importante de la población en España, y que disponen de un buen nivel de ingresos.

Por eso merece la pena preguntarse por la capacidad relativa de las personas mayores para acceder a nuestros servicios y participar en las transacciones que esperamos de ellos en función de su capacidad disminuida en términos de visión, audición o movilidad.

2. Vías de optimización

Huelga decir que, sea cual sea el cuidado puesto en el diseño de los contenidos y las interfaces de consulta e interacción, la adecuación de las soluciones propuestas deberá comprobarse tomando como base los siguientes puntos:

- **Gestión del flujo de lectura**: ¿cuál es el orden de lectura para los usuarios según sus discapacidades? ¿Acceden a toda la información que necesitan? ¿En qué medida creen los usuarios que se tiene en cuenta su discapacidad durante las transacciones?
- **Repensar la interacción visual**: ¿se representa correctamente la información de forma no visual? ¿El seguimiento en la navegación es explícito?
- **Garantizar la proximidad de los contenidos**: cuando se enlazan elementos, es esencial que estén próximos entre sí. ¿La ayuda está cerca del contenido en cuestión o hay que ir a buscarla a páginas específicas?
- **Garantizar la previsibilidad**: sea cual sea su discapacidad, los usuarios necesitan saber dónde están en todo momento. También necesitan saber a dónde van o qué va a ocurrir cuando se les propone una interacción. Estas indicaciones explícitas, que son la base de la previsibilidad, deben estar presentes incluso en las interfaces que nos parecen más obvias. Recuerde: «Usted no es el usuario».
- **Resolución de problemas cognitivos**: los principales problemas cognitivos están relacionados con la memoria, sobre todo con la llamada memoria «inmediata». Por término medio podemos procesar siete elementos. Pero esto solo es una media. Muchos usuarios están muy por debajo de esta cifra en cuanto a su capacidad para almacenar información en el momento. Por lo tanto, es prioritario comprobar el abandono de la lectura de textos demasiado largos y limitar la cantidad de información que hay que introducir durante las interacciones. Concentre las interacciones en un modo de tipo 1-2-3 (un máximo de tres acciones para conseguir un resultado). Pregunta: ¿no le parece que este párrafo es un poco largo? ¿Cómo lo dividiría para que fuera más fácil de digerir?

3. Comprobar la accesibilidad

No hay nada que sustituya a las pruebas presenciales, pero para la fase inicial de diseño o cuando se auditen sitios web, aquí tiene algunas herramientas prácticas en línea para realizar pruebas rápidas de accesibilidad.

a. Prueba de optimización para móviles de Bing

Si el sitio está optimizado para dispositivos móviles, puede ser un buen comienzo para la accesibilidad.

➜ Vaya a la URL https://www.bing.com/webmaster/tools/mobile-friendliness e introduzca la URL del sitio que desea probar, después haga clic en el botón **ANALIZAR**.

➜ Al cabo de un tiempo variable, en función del tamaño de su sitio y de la conexión, se muestra el resultado.

b. Comprobador de accesibilidad

→ Vaya a la URL https://www.accessibilitychecker.org/ e introduzca la URL del sitio que desea comprobar, si el país no está en la lista seleccione **Worldwide** y, a continuación, haga clic en el botón **Check website**.

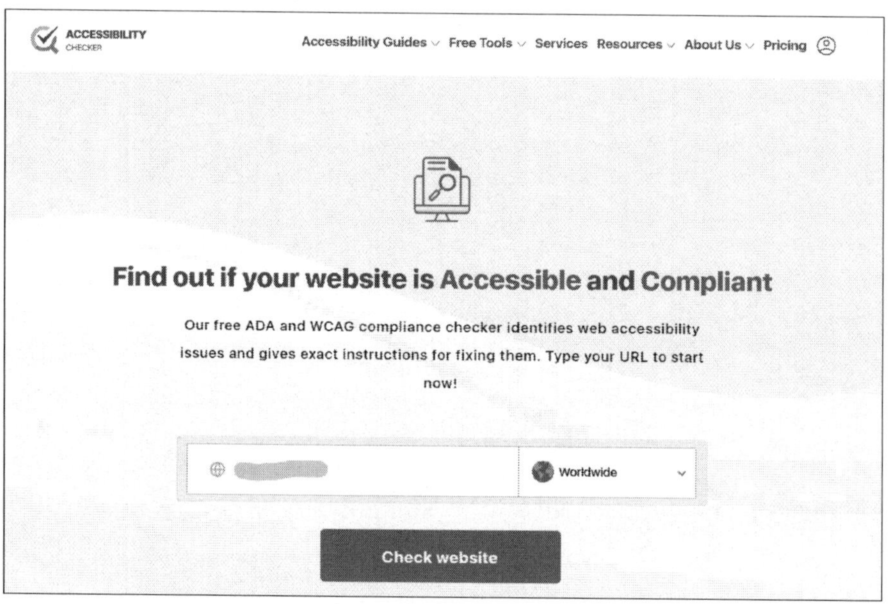

El resultado se muestra tras el análisis, por desgracia en inglés.

> En el caso de que sea **NOT COMPLIANT**, es decir, no conforme con la normativa, no haga clic en **Fix issues** porque se le redirigirá hacia una propuesta comercial.

➜ Abra los paneles de **Critical issues** haciendo clic en las flechas situadas al final de la línea para evaluar con precisión las correcciones que deben realizarse.

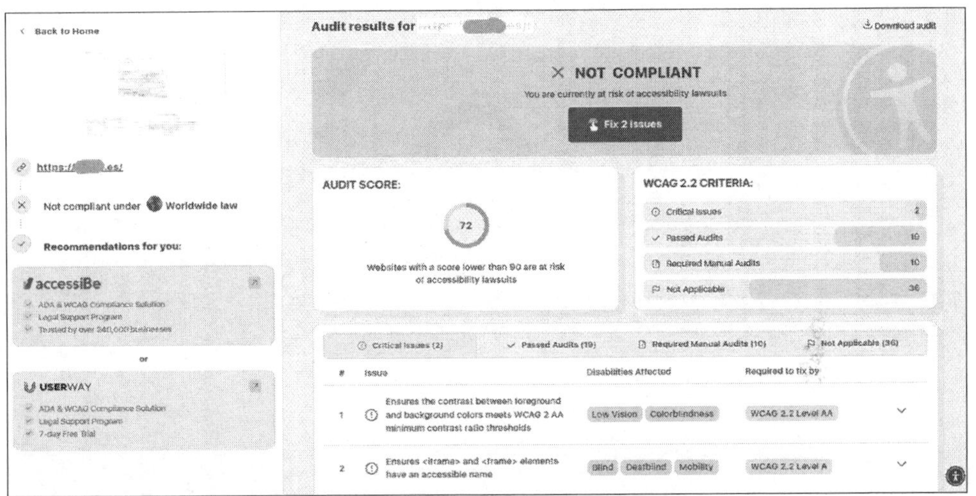

c. WCAG Color Contrast Checker

Esta herramienta permite comprobar el nivel de legibilidad en función del contraste entre un texto y el fondo sobre el que se visualiza.

> Puede añadirla como extensión al navegador Chrome haciendo clic en **ADD TO CHROME FOR FREE**.

- Por defecto, negro sobre blanco ofrece el contraste máximo de 21:1. Haga clic en los cuadrados de color correspondientes a **Foreground color** (color de primer plano) y **Background Color** (color de fondo) y en la tabla de colores seleccione los colores para los que quiera mostrar el contraste.

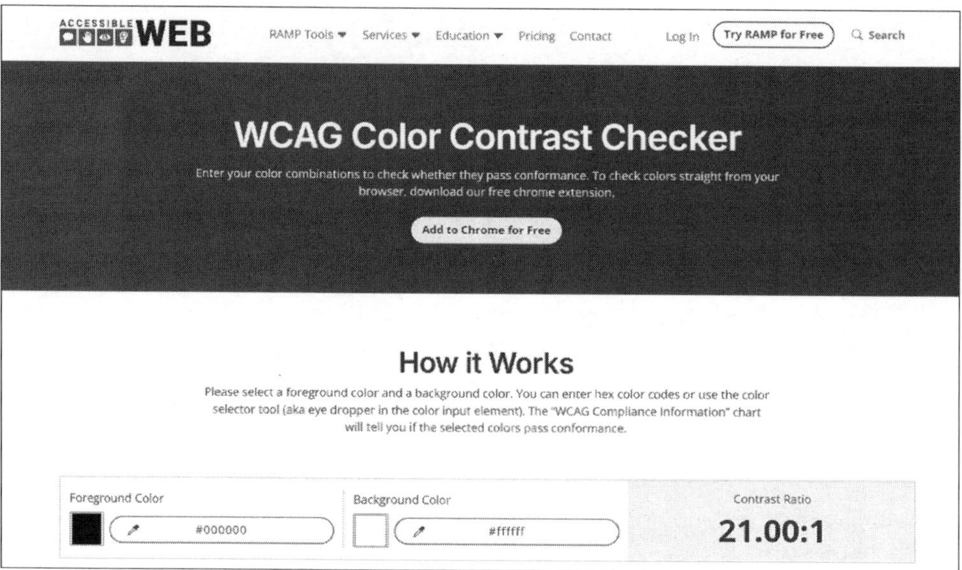

Observe, por ejemplo, que el simple cambio de negro a gris reduce a cuatro la relación de contraste, aunque sigue siendo aceptable para el texto (*Pass*) respecto a las normas, con la excepción de los textos largos en mayúsculas (*Fail*), según los resultados detallados que se muestran en el bloque **WCAG Compliance Results**.

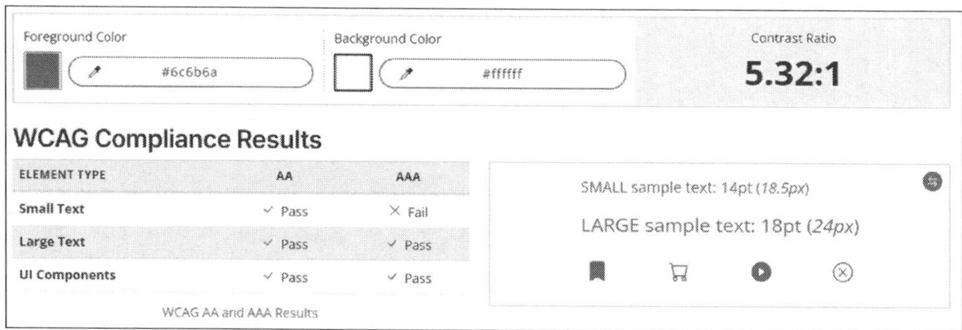

Sin embargo, un texto naranja sobre fondo blanco no pasa la prueba.

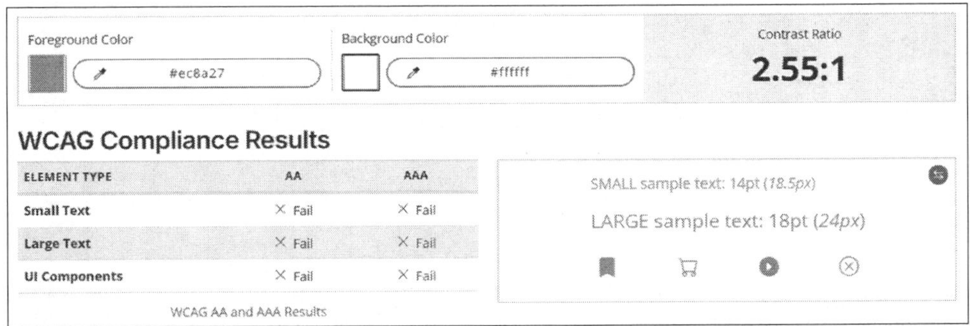

Pero sí es aceptable sobre fondo negro.

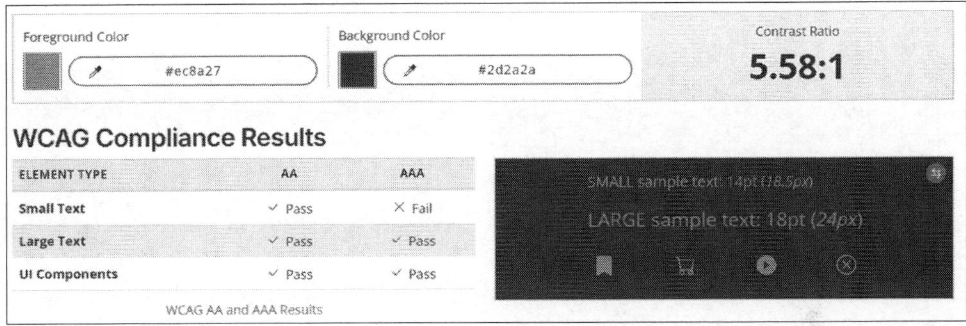

d. Contrast Color Checker

- Como alternativa, puede consultar otro verificador de contraste accediendo a la URL: https://coolors.co/contrast-checker.

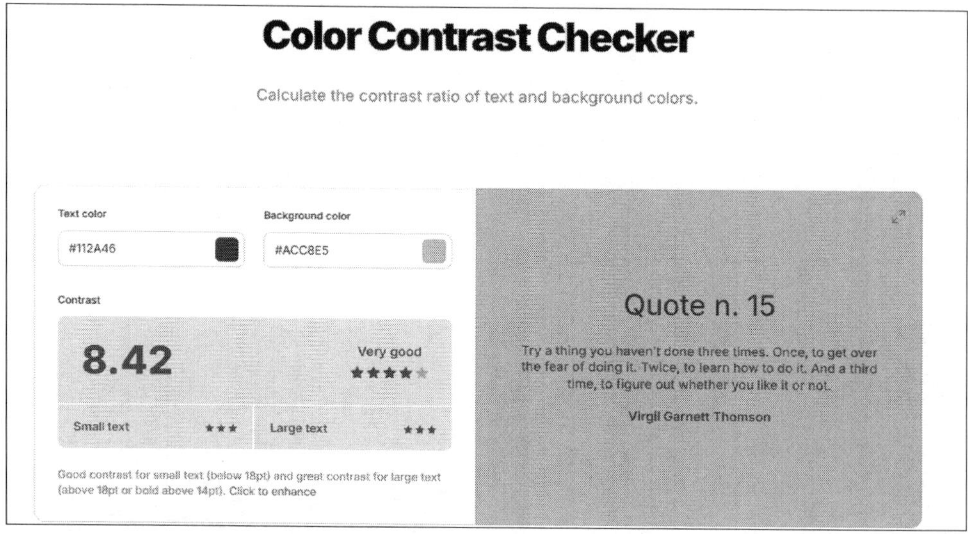

e. Aplicaciones para dispositivos móviles

Puede probar la accesibilidad en dispositivos móviles de manera directa con, por ejemplo:

- **A11yTools** para iPad (iOS): es una herramienta de pago, pero relativamente barata y muy completa.

- **Color Contrast** (iOS para iPad):

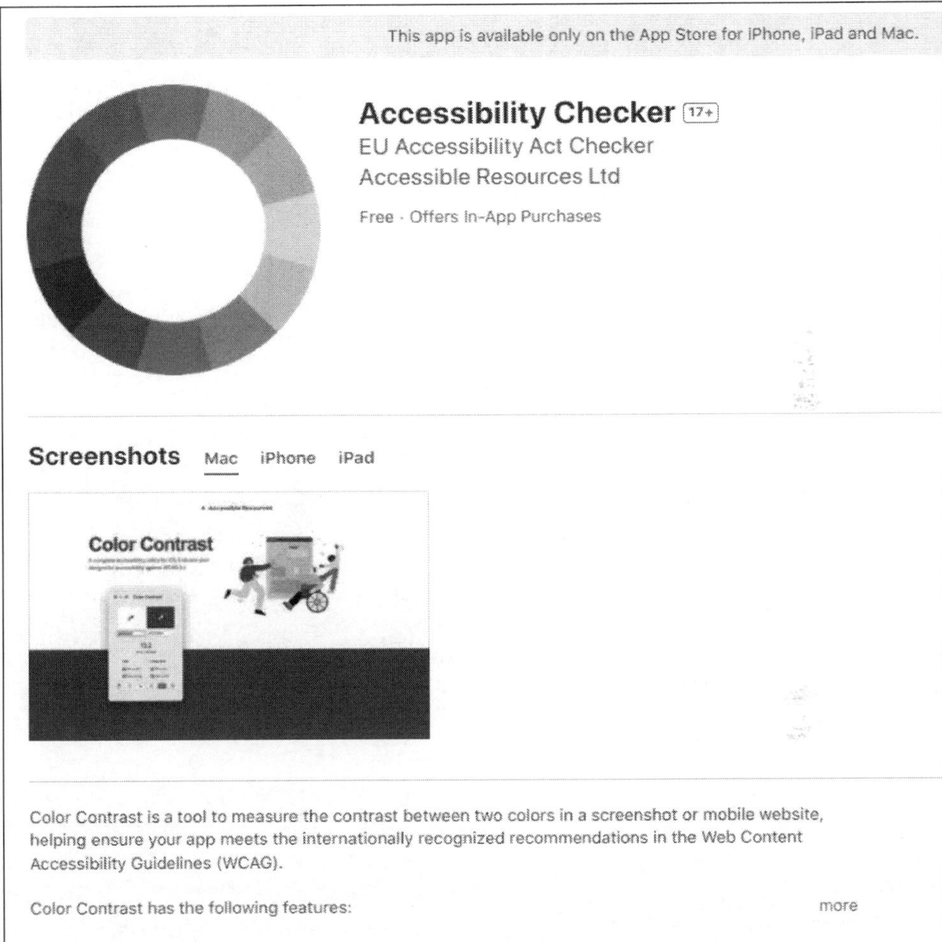

- Una vez instalado y abierto el sitio que se va a comprobar, se utilizan dos «objetivos» para medir el fondo y el primer plano. El nivel de contraste y las validaciones se muestran en la parte inferior de la pantalla.

Se crean nuevas herramientas sin cesar, pero no lo olvidemos: más allá de las normas, siempre tenemos que pensar en incluir a personas con discapacidad en nuestras sesiones de pruebas.

F. Crear un prototipo de usuario: persona

1. ¿Qué es una persona?

En el marco de un enfoque UX coherente, es evidente que el primer elemento que hay que definir, y para ello crear un prototipo, es el objetivo que perseguimos. Una vez calificado, el objetivo debe representarse e incluso encarnarse.

Los consejos de administración de algunas empresas web y tecnológicas incluyen una silla vacía alrededor de la mesa de reuniones. Con ello se pretende representar el lugar del usuario, y durante los debates es habitual dirigirse a esta silla vacía y hacer la pregunta: «¿Pero cuál sería su opinión sobre el tema?».

Vamos a utilizar a las personas para representar a nuestro usuario y la idea es dotarlas de un perfil o carácter. La persona es una representación de un tipo de visitante que, como veremos un poco más adelante, reúne los datos que lo califican, pero también da pistas sobre su contexto de uso, comportamiento, expectativas y posibles objeciones.

En realidad, los datos estadísticos por sí solos no bastan porque indican:

- Quién
- ¿Cuántos?
- ¿Dónde?

Pero no nos dicen nada sobre los motivos o el estado de ánimo de nuestro objetivo:

- ¿Por qué?
- ¿Cómo?

Con las personas, vamos a dar forma concreta a la idea más relevante posible de:

- ¿Quién utiliza el producto?
- ¿Qué problema se quiere resolver?
- ¿En qué contexto?
- ¿Con qué objeciones?

Se trata de describir a una persona imaginaria que representa al objetivo o a un segmento suyo. Especificaremos una identidad bien definida (a menudo incluso damos nombre propio a la persona), sus atributos y características, además describiremos su comportamiento.

Personificar nuestro objetivo nos permitirá:

- comprender el planteamiento de los usuarios,
- recoger datos de los usuarios,
- diseñar interfaces más adecuadas,
- optimizar las funcionalidades ofrecidas.

En la práctica, esta personificación será especialmente beneficiosa para :

- desarrollar la cocreación en la fase de diseño con sesiones de formación de ideas,
- reclutar participantes para las sesiones de prueba,
- adaptar los dispositivos de comunicación a nuestro objetivo.

2. Recopilación de datos

¿Cuántas personas tenemos que definir?

Las menos posibles. Lo ideal sería agrupar a nuestros usuarios en una persona principal. Pero en la práctica, podemos considerar variaciones como el género, la edad o las prácticas. En cualquier caso, el número de personas debe limitarse a los objetivos prioritarios y las variaciones deben ser significativas.

Podemos considerar un máximo de tres o cuatro personas. Cuando pongamos a prueba nuestros prototipos, evaluaremos las experiencias de las distintas personas para determinar en qué coinciden o se diferencian, lo que puede llevarnos a desarrollarlas más. Las personas no deben ser representaciones estáticas y lo más recomendable es reconsiderarlas periódicamente.

Hay dos formas de recopilar los datos que se utilizarán para crear las personas.

En primer lugar, directamente de los clientes mediante encuestas, la organización de paneles o simplemente con entrevistas individuales.

Los colaboradores son la segunda fuente de información. Son todas aquellos integrantes de la empresa que están en contacto diario con los clientes y que por eso conocen bien su funcionamiento: consulte al departamento de ventas, al de posventa y atención al cliente y, en algunos casos (en B2B), al de formación.

3. Definición de personas

La ficha de una persona tiene varias secciones. Dependiendo de la situación, algunas de ellas serán las más importantes para ayudarle a resolver un problema o mejorar una interacción específica, pero es conveniente registrar datos exhaustivos desde el principio, aunque no todos parezcan útiles a primera vista.

a. Datos sociodemográficos

Empezaremos por especificar las características vinculadas a la **vida personal**:

- Edad
- Género
- Situación familiar
- Hábitat

En segundo lugar, examinaremos la **vida profesional**:

- Función
- Tamaño de la empresa
- Salario
- Lugar de trabajo

Con estos primeros datos sociodemográficos, empezamos a dibujar un retrato de nuestro objetivo. Pero no es suficiente.

b. Datos sobre el comportamiento

¿En qué contexto evoluciona el objetivo? Necesitamos establecer claramente la siguiente información:

- Estilo de vida
- Educación
- Cultura
- Métodos de compra
- Objetivos

Puede que esta información no repercuta directamente en la experiencia de usuario de un dispositivo concreto, pero sin duda le será útil más adelante, por ejemplo incorporándola al diseñar un cuestionario para reclutar participantes para una prueba.

c. Datos del problema

¿Cuál es la actitud del objetivo respecto a las relaciones que mantiene con la empresa, los productos que ofrece y los servicios que presta?

Estas preguntas son fundamentales para la cuestión de las relaciones con los clientes, y es recomendable responderlas para crear una persona eficaz:

- ¿Cuál es el objetivo buscado?
- ¿Cuál es la naturaleza del problema que hay que resolver?
- ¿Cuáles son los puntos conflictivos, es decir, los puntos de bloqueo o irritantes?
- ¿Cuáles son las objeciones a nuestras propuestas?
- ¿Cuáles son los factores de decisión y los desencadenantes de compra?

Las respuestas a estas preguntas no son estimaciones aproximadas. Son objeto de un estudio que debe realizarse con rigor y que garantizará la creación de un prototipo de persona adecuado.

d. Puntos de contacto

Aún queda un punto por determinar.

¿Dónde encontrar el objetivo? ¿Cómo ponerse en contacto con él? ¿Cuáles son sus fuentes de información? ¿De qué redes sociales es usuario habitual? ¿Qué organizaciones profesionales le representan mejor? ¿A qué eventos, ferias y congresos asiste? ¿A qué *influencers* siguen?

Todas estas preguntas no son obligatorias (aunque sí muy recomendables) y tampoco exhaustivas. Según el caso, puede enriquecer su persona con información específica de un sector o mercado específico.

4. Recursos para crear prototipos de personas

Una vez recopilados los datos, hay que dar forma a las personas. El objetivo principal es elaborar un documento que no sea aburrido, sino una representación atractiva y simpática que pueda mostrarse y distribuirse a colaboradores y socios.

La forma más sencilla de hacerlo es crear un formulario que se asemeje a un perfil de red social y que agrupe la información de una forma gráficamente atractiva.

a. Plantillas (templates)

En Internet encontrará muchas plantillas que podrá descargar y adaptar fácilmente.

Por ejemplo, puede visitar este blog y descargar la plantilla que sea más práctica para usted: https://www..freepik.com/vectors/persona-template

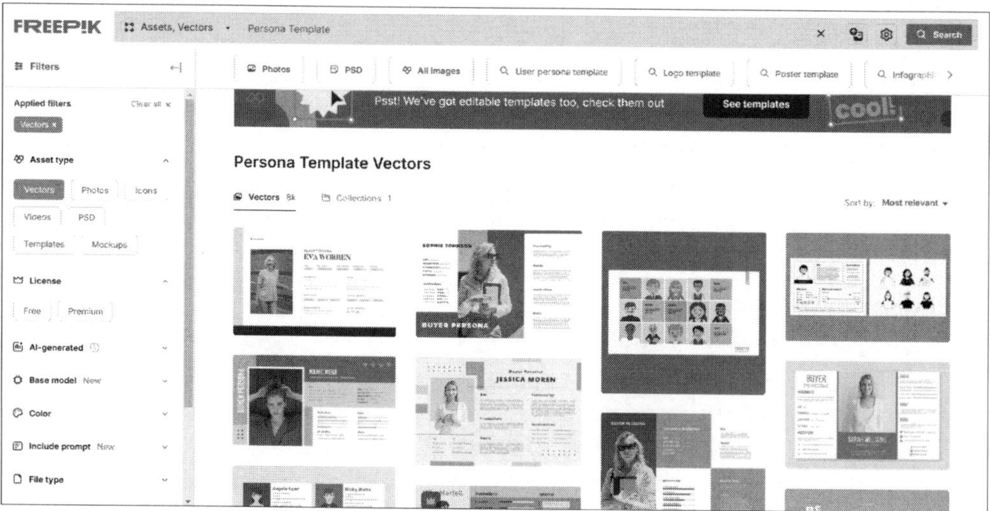

→ Una vez en la página correspondiente, para descargar una plantilla de persona visualmente atractiva, haga clic en el botón **Download** para descargarla en formato Adobe Illustrator.

La plantilla en formato Adobe Illustrator es especialmente interesante porque ofrece varios perfiles distintos en superficies de trabajo separadas.

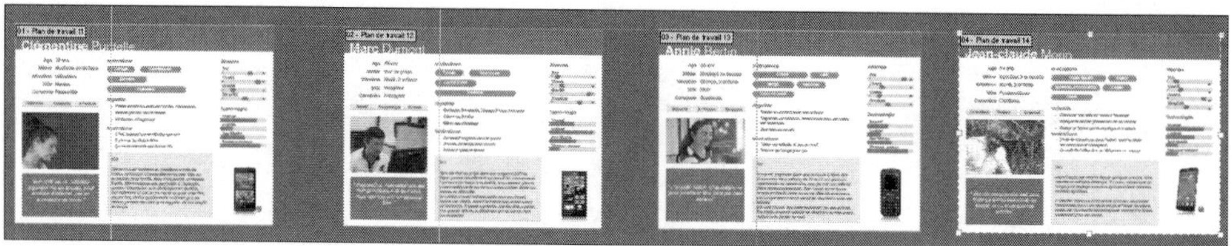

→ A continuación, solo tiene que editar el perfil deseado para adaptarlo a la persona que quiere representar.

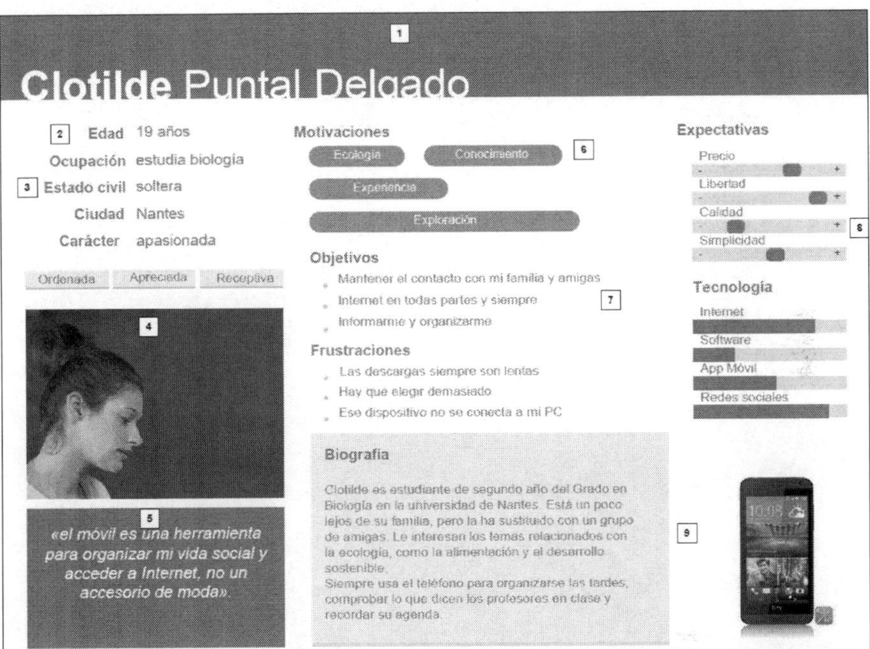

Puede desarrollar más esta presentación, pero así es adecuada y contiene la información necesaria:

1. **El nombre**: personalice el personaje con un nombre y, posiblemente, apellidos inventados. Evite las bromas y juegos de palabras.
2. **Datos sociodemográficos**: siempre serán útiles a largo plazo.
3. **Palabras clave**: se utilizan para especificar el carácter de la persona.
4. **La foto**: no es obligatoria, pero sí muy recomendable por su dimensión humana. La persona no es un arquetipo, sino la representación de un ser humano.
5. **Cita textual**: una cita significativa recogida durante las entrevistas con los usuarios. No es obligatoria, pero también añade una dimensión de familiaridad.
6. **Intereses**: el primer aspecto de los datos sobre el comportamiento. Aquí se presentan bajo la forma de palabras clave.
7. **Relación con el producto**: objetivos y objeciones en relación con el sector de actividad, los productos o el servicio propuestos. Es importante destacar los puntos de bloqueo o irritantes. Resolverlos resolverá el problema y conquistará al público objetivo.

8. **Expectativas y nivel tecnológico**: criterios de compra o adhesión y contexto de consumo.
9. **Biografía**: es un resumen de la persona.

Este modelo de presentación no debe copiarse de manera estricta, sino adaptarse al objetivo identificado y estudiado con antelación. No se trata de resumir en una sola ficha los resultados de abundantes estudios tan exhaustivos que resultan ilegibles. Las personas deben seguir siendo una ayuda para la toma de decisiones.

Existen otras plantillas en varios formatos si trabaja en un entorno de oficina y no tiene Adobe Illustrator.

- Si tienes una cuenta (gratuita) de Figma, que es el competidor directo de Adobe XD, haga clic en **See all** en la parte superior derecha del bloque **Explore Fig.jam templates**.
- En la categoría **User researcher**, haga clic en el bloque **User persona**.

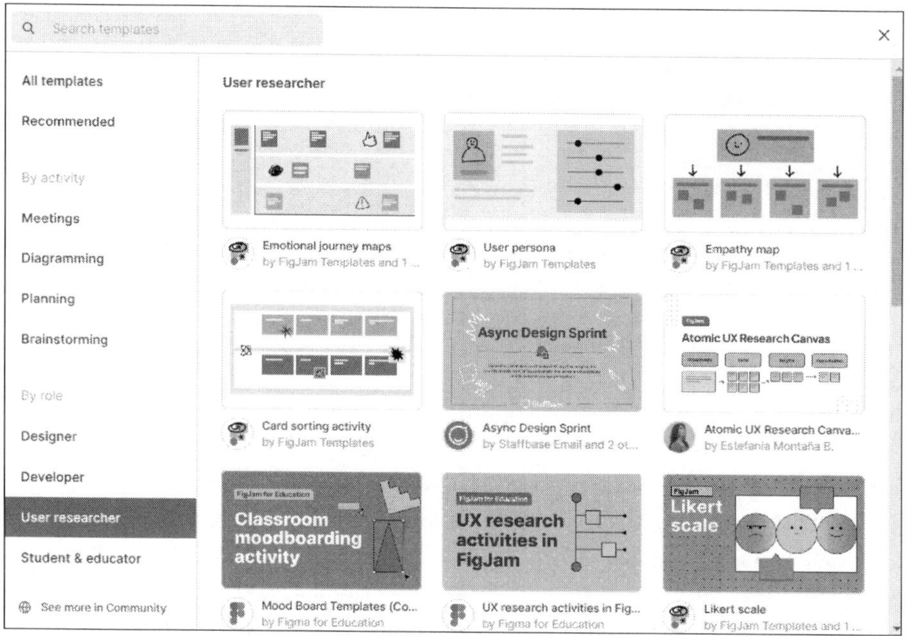

→ Esto le da acceso a un modelo completo de creación de personajes que puede editarse con las herramientas clásicas de edición gráfica.

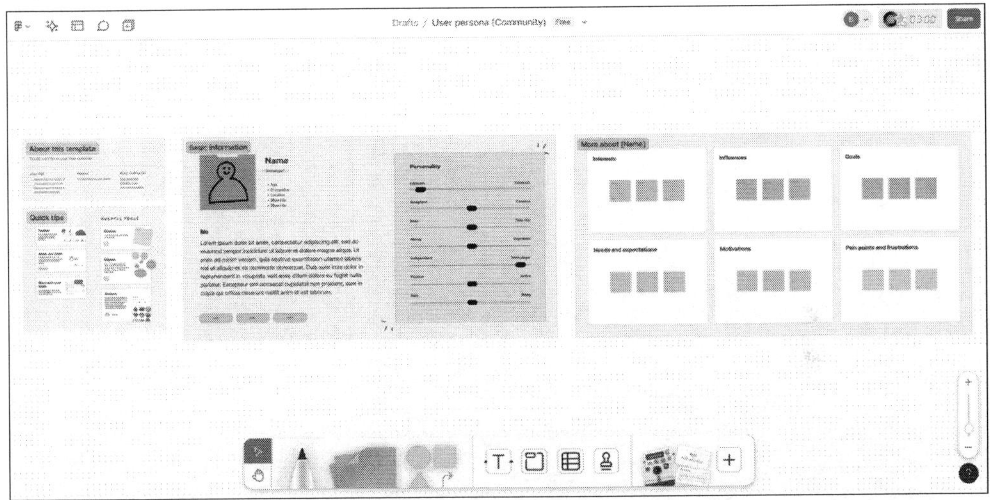

→ Una vez que haya personalizado la plantilla, puede publicarla e incluso compartirla organizando una sesión de trabajo colaborativo haciendo clic en **Share**.

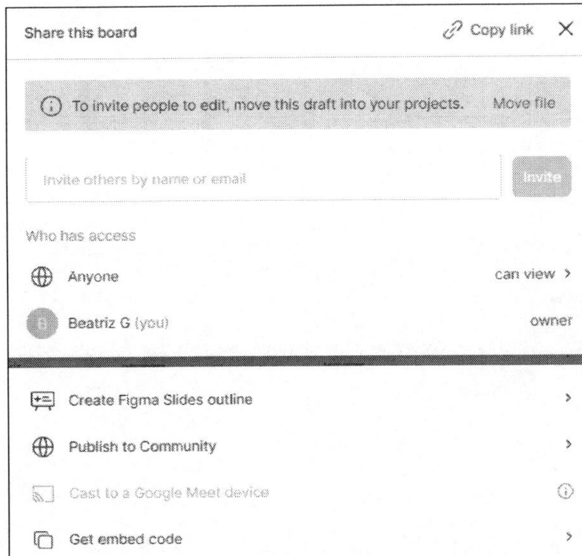

→ Para obtener un archivo utilizable, seleccione el menú **File - Export as...**

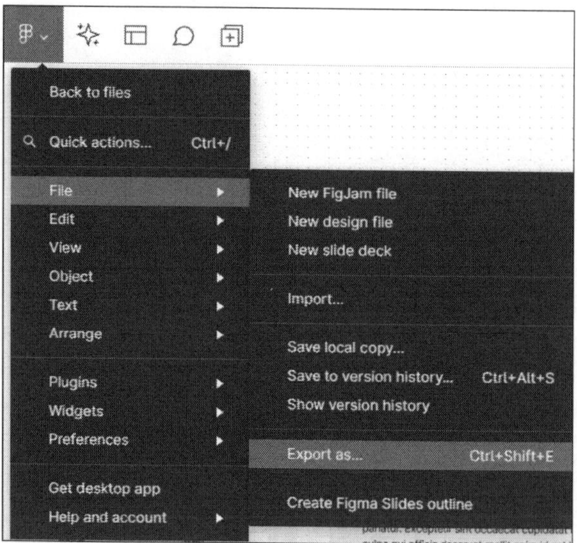

→ Elija el formato de archivo deseado y pulse el botón **Export**.

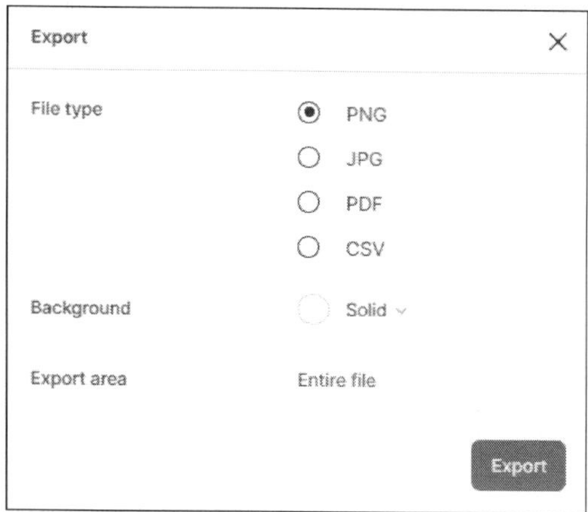

Hay muchas otras plantillas de persona disponibles en prácticamente todas las herramientas de diseño en línea. Encontrará estas plantillas en Adobe Express, por ejemplo:

b. Herramientas en línea para crear personas

Las herramientas de creación de personas están disponibles en modo SAAS (*software as a service*, software como servicio). Tiene que conectarse a un sitio web en el que creará la persona deseada, y después se podrá descargar o, según el caso, compartir en línea con las participantes en el proyecto.

La mayoría de estos servicios funcionan en modo Freemium, es decir, con una entrada gratuita y una salida de pago: al crear una cuenta se obtiene acceso gratuito a funciones básicas con limitaciones en el número o características, y luego se pueden ampliar eligiendo un plan de suscripción de pago.

UXpressia

Si trabaja en un contexto en el que tiene que crear varias personas para múltiples proyectos y clientes, contratar una suscripción puede suponer un aumento de la productividad a un coste razonable.

Puede probar UXPressia en esta dirección: https://uxpressia.com/

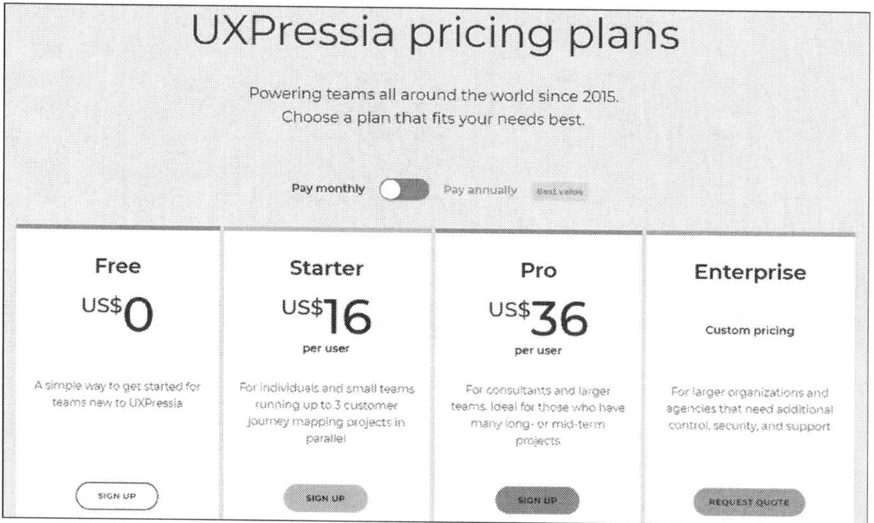

Los precios de suscripción son razonables, y con el plan gratuito (Free) puedes probar la creación de personas sin poder exportarlas. No obstante, la persona creada puede consultarse en línea.

Hubspot

- Vaya a esta URL: https://www.hubspot.com/make-my-persona
- Si la página aparece en inglés, cambie el idioma utilizando el menú desplegable de la parte superior derecha.
- Haga clic en **Crear mi buyer persona**.

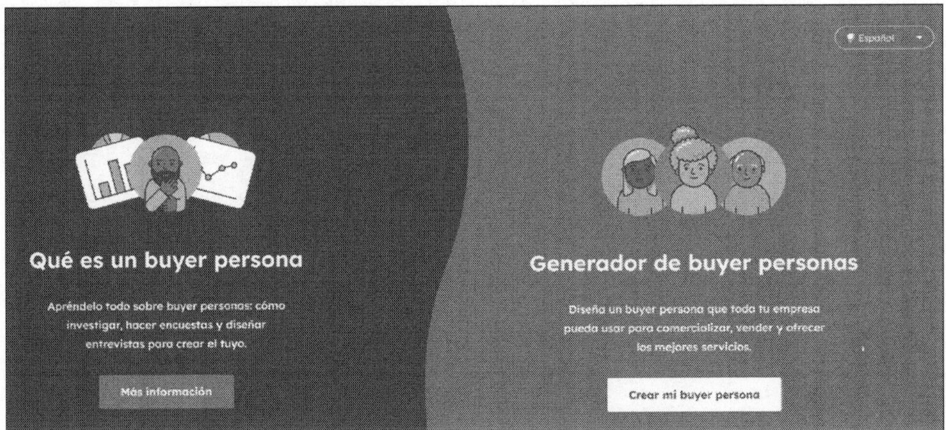

→ A continuación, introduzca la información necesaria para cada uno de los siete pasos de la creación de una persona.

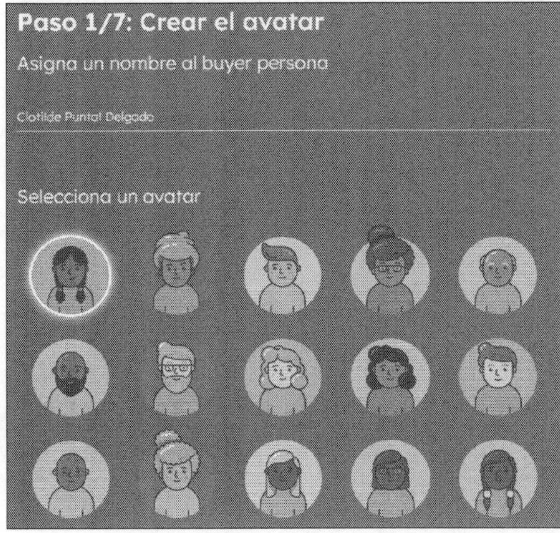

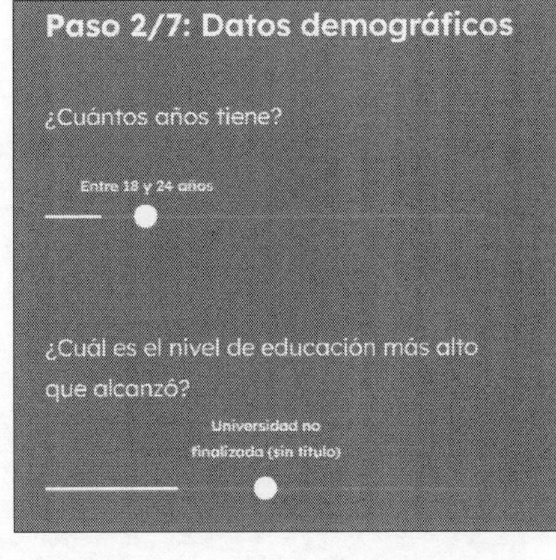

→ Una vez completado el proceso, aparecerá la persona. Para obtener una copia que pueda utilizarse localmente, haga clic en el botón **Descargar** situado en la esquina superior derecha.

→ Introduzca la información necesaria y haga clic en **Descargar**.

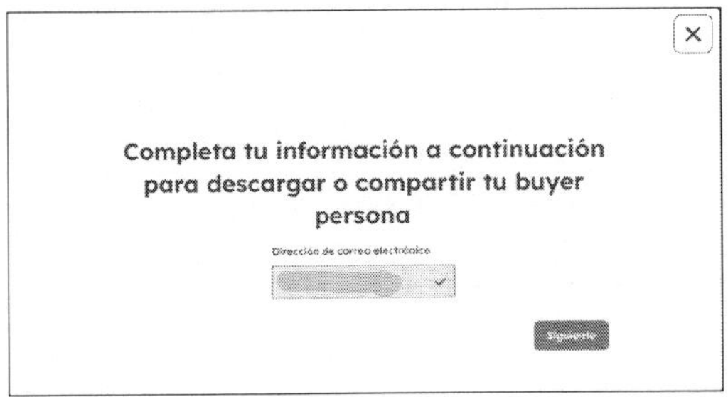

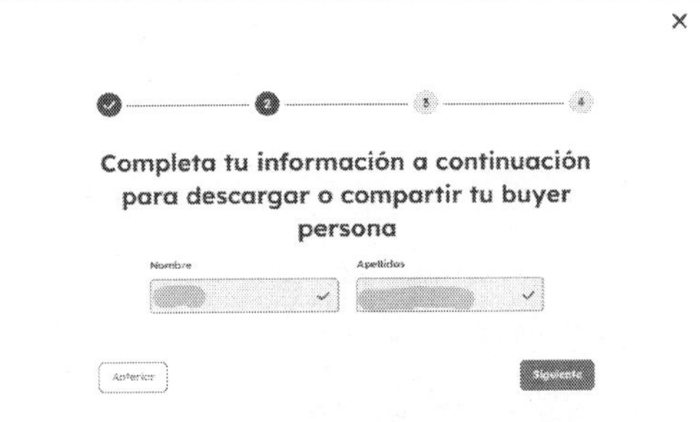

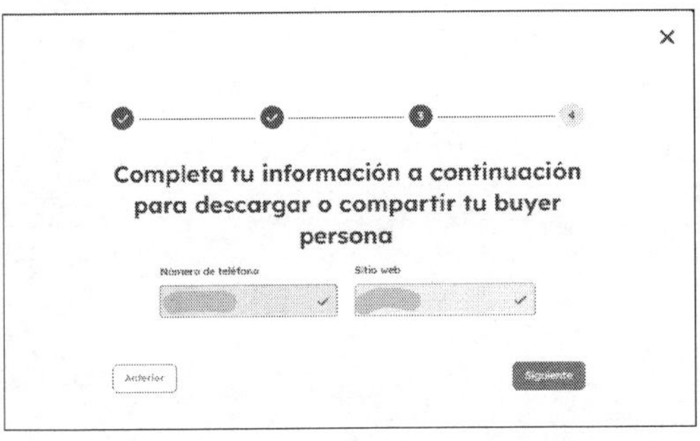

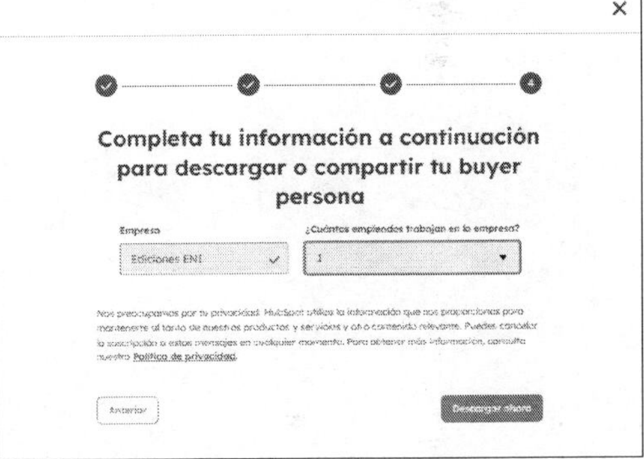

→ En esta última ventana, puede hacer clic en **Descargar la persona** para obtener una copia.

Al igual que con Figma, puede compartir el archivo en modo colaborativo copiando y distribuyendo el enlace de acceso a la persona.

La persona puede descargarse en formato PDF.

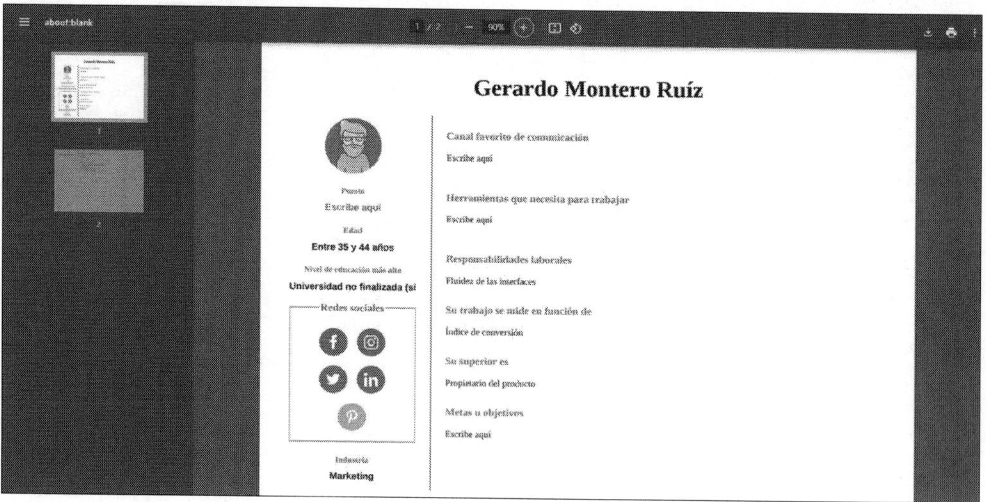

Semrush

La herramienta propuesta por Semrush es más sofisticada y, por ejemplo, incluye fotos. Sin embargo, los personajes creados no pueden descargarse aunque es posible consultarlos en línea.

→ Vaya a la URL https://es.semrush.com/persona/ y haga clic en **Crea tu perfil de cliente ideal gratis**. No necesita registrarse para empezar, aunque tendrá que hacerlo durante la fase final de guardado de la persona.

- Elija una foto. Puede hacer clic en **Más fotos** para actualizar la página y mostrar otros perfiles. También puede omitir este paso.

- A continuación, seleccione una de las tres plantillas:
  - **Plantilla por defecto**: plantilla básica.
  - **Plantilla B2B**: responde a las necesidades específicas de comunicación con objetivos profesionales.

- **Plantilla de user persona**: responde a las necesidades de los usuarios de productos o servicios.

→ Para este ejemplo, hemos elegido **Plantilla de user persona**.

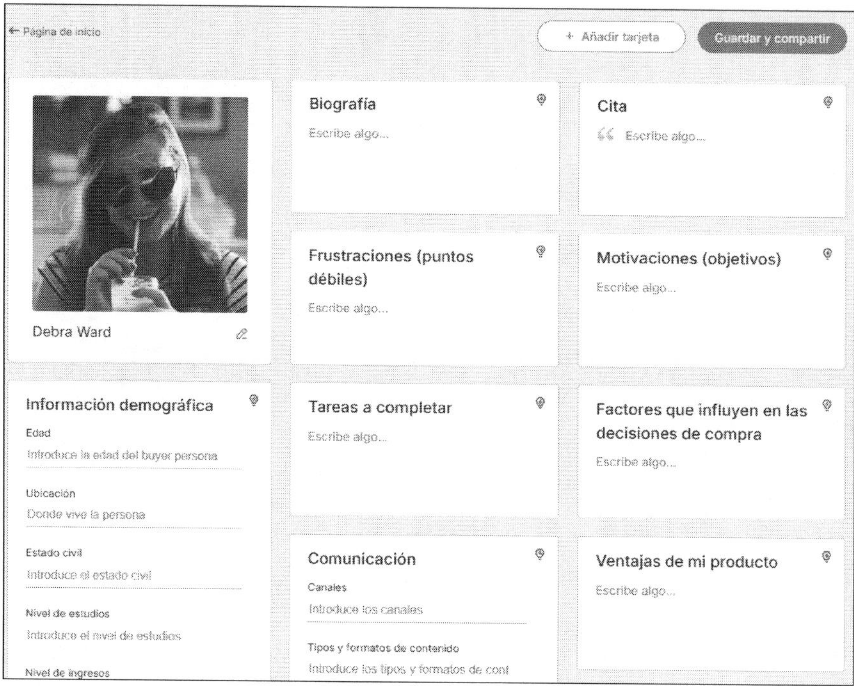

- Para personalizar aún más la persona, puede añadir tantos bloques como necesite haciendo clic en **+ Añadir tarjeta**.

  Puede elegir entre un montón de plantillas de tarjeta muy prácticas, que incluyen texto con formato, controles deslizantes y mucho más.

- Una vez creada la tarjeta en la ventana de la plantilla, haga clic en **Añadir tarjeta** para añadirla a la persona.

- Para publicar la persona, haga clic en el botón **Guardar y compartir**. En la ventana de plantilla puede copiar el enlace y compartirlo con su equipo o sus clientes.

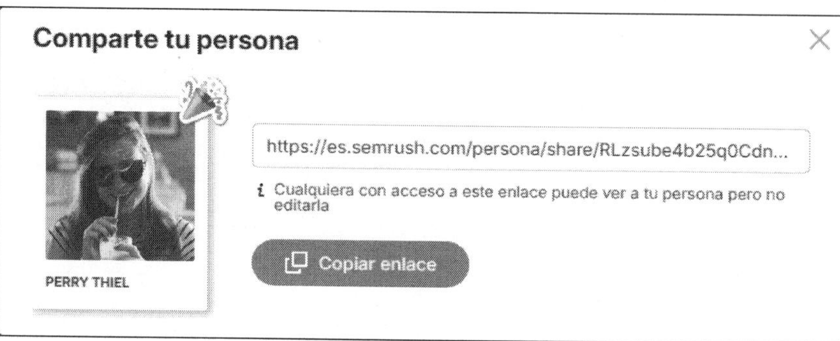

Otros servicios en línea ofrecen herramientas para crear personas, pero todos se basan en el mismo sistema con pequeñas diferencias. Así que puede elegir entre varios instrumentos para crear y compartir personas.

5. Utilizar las personas

Las personas que hemos desarrollado cuidadosamente no deben quedar relegados al fondo de un cajón, porque su utilidad ha quedado demostrada en el diseño de sitios web, aplicaciones e interfaces, y más en general para toda gestión del proyecto digital interactivo, incluida la comunicación y el marketing diarios.

a. Cuestiones y personas

En primer lugar, las personas nos ayudarán a resolver las distintas cuestiones que guiarán nuestra reflexión sobre el diseño de contenidos, interfaces y rutas de usuario.

Por lo tanto, consultaremos la persona para responder especialmente a las siguientes preguntas:

- ¿Cómo abordaría esta interfaz?
- ¿Esta funcionalidad se adapta a su nivel?
- ¿Cómo se sentirá durante este viaje?
- ¿Cómo valorará esta experiencia?

b. Realización de pruebas y personas

En segundo lugar, las personas serán muy útiles para organizar sesiones de prueba para nuestros prototipos de diseño.

Nos referiremos a la persona en particular para:

- segmentar las pruebas,
- definir los perfiles de los probadores,
- corroborar las intuiciones.

Como ya hemos mencionado, las sesiones de prueba nos proporcionarán una gran cantidad de información que nos permitirá desarrollar las personas iniciales.

c. Gestión del proyecto y personas

En tercer lugar, las personas serán muy útiles en la gestión del proyecto y en la forma en que el gestor de proyectos va a estimular las sinergias entre las distintas partes implicadas. Las evaluaciones y las decisiones resultantes se basarán principalmente en el planteamiento del usuario final, y no en limitaciones técnicas o ideas preconcebidas.

Nos referiremos a la persona para:

- ir más allá de las opiniones,
- pasar de un enfoque de diseño centrado en el producto a otro centrado en los beneficios para el consumidor,
- informar a los equipos,
- evaluar las propuestas.

Las personas son una auténtica creación del prototipo del usuario. Y esta creación de prototipos va mucho más allá del mero enfoque UX, ahora se considera la primera piedra del edificio del marketing digital.

Capítulo 3: Conceptualización

A. Definición

La conceptualización puede definirse como la representación de una idea para hacerla operativa. Este mismo concepto de representación da lugar a una forma de creación de prototipos.

Aunque el cliente de un sitio, una aplicación o cualquier aplicación interactiva tenga ideas preconcebidas sobre su producto, sus usuarios y sus usos, es mucho más preferible no tomar esta información al pie de la letra y proceder a una conceptualización cocreativa con el usuario final, partiendo de la base, es decir, de las personas que hemos creado en el capítulo anterior.

Por supuesto podemos partir de una idea inicial, pero a veces esa idea es vaga o confusa. Puede estar muy clara para nosotros, pero no para los demás. Por último, es posible que tengamos una idea básica, pero simplemente no sepamos cómo aplicarla.

Esta idea inicial debe aclararse y concretarse con los usuarios finales.

Si esta conceptualización confirma los *a priori* o las intuiciones iniciales, lo ideal es que salgamos reforzados en nuestras convicciones, pero hay que decir que a veces hay sorpresas y que, si falta una conceptualización racional, corremos el riesgo muy real de perdernos lo más importante para el usuario.

Los ámbitos de aplicación no son necesariamente proyectos de gran envergadura para los que la conceptualización sea esencial. Los despliegues más específicos necesitan la conceptualización, como por ejemplo:

- implementación de una función nueva,
- la creación de una actividad nueva,
- la comercialización un producto o servicio nuevo,
- un enfoque disruptivo para un mercado saturado.

B. Cocreación y creación de prototipos: técnicas de ideación

En el mundo digital que está siempre en evolución, nuestra creatividad en marketing se basa en la búsqueda constante de ideas y enfoques nuevos para mantener el interés de la audiencia.

Antes de crear un prototipo de una solución para hacerla realidad y probarla, primero hay que tener la idea.

Si queremos «pescar ideas», tenemos que desarrollar métodos para generarlas y alimentarlas, así como herramientas para recopilarlas y clasificarlas, de modo que podamos sacar el máximo partido de nuestros grupos de discusión y paneles de consumidores.

En este capítulo examinaremos las técnicas de ideación utilizadas para dirigir con éxito sesiones de *brainstorming* individuales y en equipo como parte de un proceso de cocreación.

Sin duda conocerá técnicas como el *brainstorming*. Merece la pena volver sobre ellas para ver cómo pueden utilizarse para obtener resultados tangibles. Pero hay otras herramientas a nuestra disposición menos conocidas, aunque a veces más eficaces. Vamos a descubrirlas juntos.

1. Brainstorming o lluvia de ideas

El principio

El *brainstorming* no es nuevo: ¡se inventó en 1940! La lluvia de ideas no consiste simplemente en reunirse para aportar ideas. Solo será realmente eficaz si se basa en reglas para explotar mejor la capacidad de la mente para resolver problemas:

- **Busca la cantidad, no la calidad**: el objetivo es obtener el mayor número posible de ideas. En esta fase no hay ideas buenas ni malas.
- **Diferir el juicio**: no evaluar las ideas propuestas. Se registran pero no se califican y ni siquiera se ordenan.
- **Bienvenidas las ideas locas**: no hay ideas estúpidas, todo vale.
- **Aprovechar las ideas**: utilizar las ideas expresadas para generar otras nuevas.

El objetivo

Estas cuatro reglas esenciales se aplican siempre en el contexto de un objetivo formulado con claridad y precisión. El objetivo no debe ser ambiguo.

Por ejemplo, no se fije como objetivo «encontrar ideas nuevas para que la empresa sea más rentable».

Sea más específico: «Encontrar un producto nuevo para...» o «Encontrar nuevos canales de venta». Al centrar la lluvia de ideas en el problema que hay que resolver, evitará ideas que se salgan del ámbito del problema.

El método SCAMPER

El método SCAMPER puede utilizarse para orientar la reflexión especificando el objetivo.

Las siglas SCAMPER significan: **sustituir** algo, **combinarlo** con otra cosa, **adaptar** algo, **modificarlo** o ampliarlo, **pensarlo** para un uso diferente, **eliminar** algo y **revertirlo** o reorganizarlo.

Por ejemplo: «¿Qué debería sustituir a este producto?», «¿Qué debería añadir a este producto?» o «¿Qué puedo eliminar de este producto?».

Al especificar el objetivo, puede generar una pregunta creativa en la que podrá centrar la lluvia de ideas.

Fases de la lluvia de ideas

Establezca un hilo conductor con los siguientes pasos:

- Seleccionar un grupo diverso de participantes, limitado a un máximo de quince personas.
- Establecer un objetivo claro al inicio de la sesión con una pregunta clara y precisa.
- Iniciar la sesión con un ejercicio para romper el hielo y relajar a los participantes.
- Plantear la pregunta principal.

- Registrar las ideas con rapidez sin pensar en ellas.
- Para animar o reactivar la sesión, limítese a formular preguntas sin tomar partido.
- Evitar los elogios.
- Al final de la sesión, priorizar las ideas presentadas y fijar los próximos pasos.

Al final, tendrá una cantidad significativa de ideas que responden a la pregunta inicial. A continuación, podrá clasificarlas y profundizar en las más prometedoras.

2. Brainstorming inverso

Con el *brainstorming* inverso no buscamos soluciones para optimizar un producto, un servicio o una situación sino, al contrario, queremos recopilar todas las ideas sobre cómo empeorar las cosas.

La ventaja de este método es que quita presión a los participantes, que no tienen que devanarse los sesos para encontrar soluciones, sino que **se divierten imaginando todo lo que podría ser peor**.

Pregunte, por ejemplo: «¿Cómo podemos ahuyentar a los clientes?». Como los participantes no estarán buscando una solución, los puntos críticos se expresarán con mucha más facilidad, y el resultado final será una lista de puntos por resolver.

3. Brainwriting o escritura de ideas

Como su nombre indica, es un proceso escrito. Es una solución que compensa la dificultad que tienen algunos participantes para expresarse oralmente, además de evitar las interferencias de los extrovertidos.

Material y entorno

- 5 tarjetas
- 1 rotulador por participante
- 45 minutos
- Pizarra blanca magnética

Desarrollo

- Escriba el objetivo de la sesión en el centro de la pizarra magnética.
- Entregue las tarjetas al primer participante y pídale que escriba una idea en la parte superior de cada una de las cinco tarjetas. Deje tiempo suficiente para la reflexión.
- Tras el paso 1, las cinco tarjetas se pasan al vecino de la derecha, que puede leer la idea y añadir una idea nueva o complementaria en la segunda línea. La operación se repite para todos los participantes.
- Al final de la ronda, todos han podido leer las ideas propuestas y añadir ideas inspiradas en lo que han leído.

- Coloque las tarjetas en la pizarra magnética alrededor de la pregunta central.
- Pida a los participantes que elijan las ideas más interesantes. A estas alturas, los participantes suelen haber olvidado quién las ha propuesto.
- Debate general sobre las ideas seleccionadas.

La ventaja de la escritura de ideas es que pone a introvertidos y extrovertidos al mismo nivel, garantizando que todos puedan expresarse sin ser juzgados.

4. Burbujas

El método de las burbujas es similar a la escritura de ideas, pero con un enfoque más preciso.

Material y entorno

- Pizarra blanca y rotulador
- Según el tamaño del grupo, de 30 minutos (5 participantes) a 1 hora (10 participantes)

Desarrollo

- Dibuje nueve círculos en la pizarra.
- Coloque el objetivo en el círculo central.

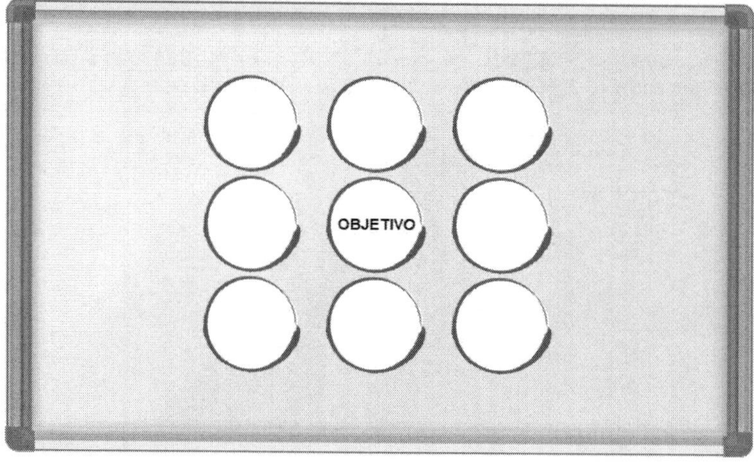

- Pida a los participantes que propongan ideas relacionadas con el objetivo y anote las ocho primeras respuestas en los otros círculos.

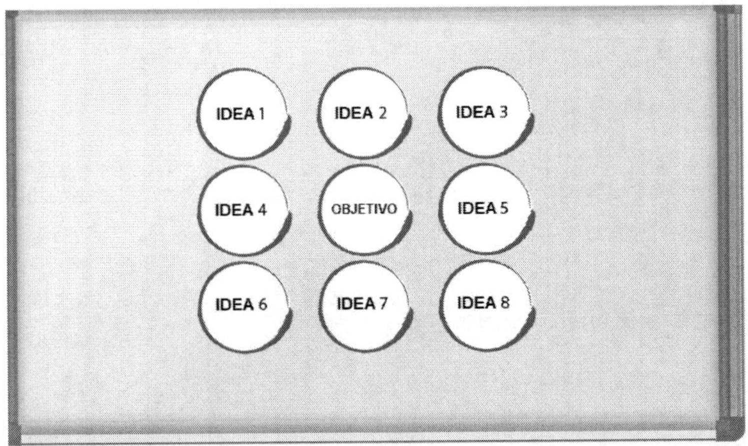

- A continuación, coloque ocho matrices similares a la primera, con una de las ocho ideas del paso anterior en cada círculo central.
- Pide a los participantes que propongan ideas para cada uno de los temas basándose en las ocho primeras ideas. Esto puede hacerse en cualquier orden para que las subideas sean lo más creativas posible.

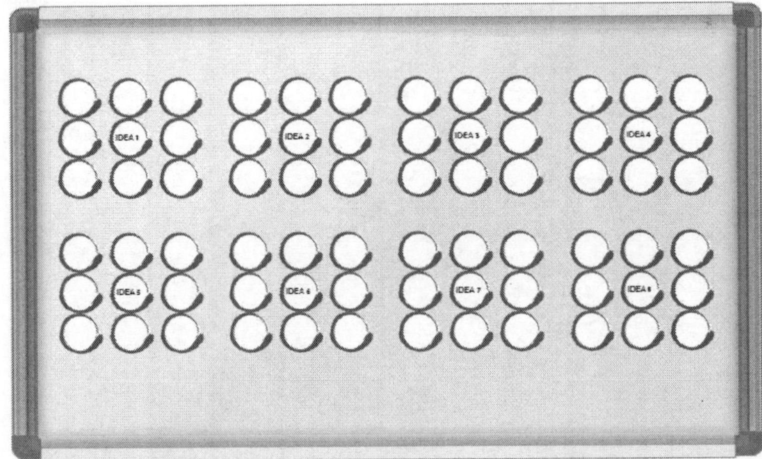

De este modo, puede generar 72 ideas en torno a un objetivo con respuestas conectadas entre ellas de forma natural.

Si el proceso le parece demasiado largo, puede simplificarlo reduciendo el número de círculos, y por lo tanto de ideas, de la matriz inicial de ocho a tres. El número total de ideas generadas se limitará a doce, pero a cambio la sesión será más corta y fácil de gestionar.

5. Mapas mentales o mind mapping

Hacer mapas mentales es una forma de representar ideas bajo la forma de un mapa mental, creando vínculos visuales entre elementos para resolver problemas, desde los más sencillos a los más complejos.

Material y entorno

- 1 pizarra blanca (o papel, pero es preferible el formato horizontal)
- Rotuladores
- 1-15 participantes
- 30 minutos

Desarrollo

- Dibuje un círculo en el centro de la primera página.
- Escriba una descripción del problema en el círculo.
- Pida a los participantes que expresen ideas.
- Coloque cada idea en un círculo vinculado al problema inicial o a una idea anterior.

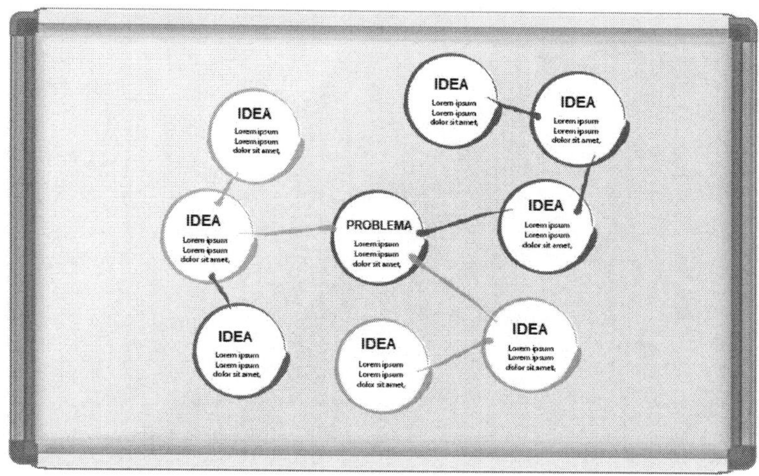

Así obtendrá una representación espacial de las ideas que podrá utilizar como base para debates, argumentos, modificaciones, etc.

Consejos para optimizar la sesión:

Deben exponerse todas las ideas, sin censura.

Utilice descripciones breves o palabras clave.

No dude en añadir colores para visualizar mejor el mapa mental.

Cuando cambie la estructura, recuerde hacer fotos de las distintas etapas para entender cómo evoluciona el mapa mental.

6. Palabra aleatoria

En ocasiones, el azar juega a nuestro favor. Cuando se trata de concebir ideas, a veces lo más difícil es empezar a pensar. Con la **Palabra aleatoria** dejamos atrás el mundo racional y entramos en el de la intuición.

Material y entorno

- 1 libro al azar
- 1 pizarra blanca (o papel)
- Rotuladores
- 1-15 participantes
- 30 minutos

Desarrollo

- Seleccione al azar, primero un libro, luego un número de página, un número de línea y, por último, la primera palabra de la línea.
- Escriba esta palabra en la pizarra.
- A continuación, pida a los participantes que digan las palabras que se les ocurren al leer la palabra principal. En esta fase los participantes no saben cuál es el problema que hay que abordar.
- Haga una lista de las palabras.
- Explique el problema que debe abordarse.
- Pida a los participantes que formulen las asociaciones de ideas que hacen relacionando las palabras con el problema planteado.

Comprobará que una lista aleatoria de palabras puede generar soluciones significativas para resolver el problema simplemente por asociación libre de ideas.

7. Clasificación forzada

Una vez expuestas las ideas, no todas son iguales. Cuando llega el momento de que un grupo las evalúe, su potencial debe modelarse de la forma más objetiva posible para que las elecciones y decisiones sean indiscutibles.

Material y entorno

- 1 pizarra blanca
- Rotuladores
- 1-15 participantes
- 45 minutos

Desarrollo

- Elaborar una lista de criterios de evaluación. Deben ser claros y precisos. Si, por ejemplo, está examinando tres ideas de acción, puede tener en cuenta los criterios de impacto (¿es eficaz? ¿El resultado es satisfactorio? ¿La mejora es significativa?, etc.) y esfuerzo (¿es difícil de aplicar? ¿es costosa?, etc.).
- Valorar las ideas en una escala del 1 al 10.
- Clasificar las ideas.

Esto le ayudará a identificar la solución ganadora.

> Si todos los criterios no tienen la misma importancia, puede añadirles coeficientes para ponderar el cálculo.

8. 5 por qué

A veces, los niños pequeños pueden irritarnos cuando les explicamos algo preguntando constantemente «¿Y por qué?», ¡no se equivocan! Si llegamos poco a poco a la raíz del problema podremos resolverlo. El objetivo de la técnica «Los cinco ¿por qué?» es ir más allá de los síntomas de un problema para profundizar en sus causas.

Material y entorno

- Una pared de exposición
- Notas Post-it (notas autoadhesivas)
- Rotuladores
- 1-15 participantes
- 45 minutos - 1 hora

Desarrollo

- Reparta 5 notas adhesivas (numeradas del 1 al 5 en una esquina) a cada participante.
- Explique el problema y pida a los participantes que escriban en la primera nota por qué creen que es un problema.
- Pida a los participantes que expliquen en la segunda nota por qué su respuesta es cierta.
- A continuación, repita la operación y pídales que escriban en la tercera nota por qué es cierta la respuesta de la segunda nota.
- Repita el proceso hasta llegar a la última nota.

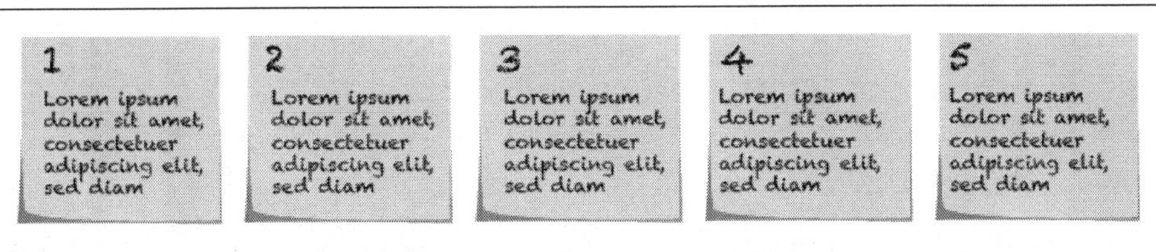

- En la pizarra, escriba el problema y cree cinco líneas de «¿Por qué?».
- Cada participante debe colocar sus respuestas en su columna.

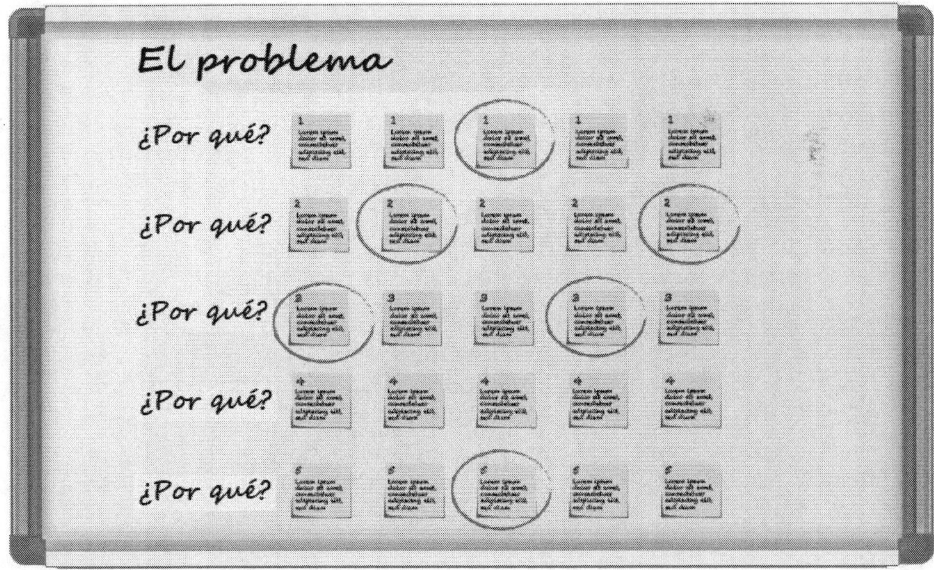

A continuación, pueden comenzar los debates. Lo ideal es seleccionar la mejor respuesta para cada línea de «¿Por qué?». En algunos casos, puede que tenga que resumir combinando varias respuestas. Al final, las cinco respuestas se agrupan en una sola columna y se obtiene el camino que lleva a la raíz del problema.

9. Preguntas incómodas

Nunca podremos ser exhaustivos sobre los métodos de modelización del pensamiento, e incluso es posible que usted haya desarrollado su propio sistema. Sin embargo, no podemos cerrar este apartado sin hablar de las «preguntas incómodas».

Material y entorno

- 2 sillas
- Hojas de papel
- Rotuladores
- 1-15 participantes
- 45 minutos - 1 hora

Desarrollo

- Coloque dos sillas una enfrente de otra y separadas por un espacio.
- El moderador se sienta en una silla, hace al grupo una pregunta para evaluar y la anota en una hoja de papel colocada en el suelo entre las dos sillas.
- El grupo piensa. En cuanto a un participante se le ocurre una pregunta, se sienta en la silla libre, hace la pregunta (solo después de sentarse) y luego la escribe en una hoja de papel colocada sobre la anterior.
- El moderador deja la silla vacía para aceptar una pregunta nueva.
- A continuación, para hacer una pregunta nueva, un participante toca el hombro de uno de los protagonistas sentados y ocupa su lugar para formularla y escribirla.
- La operación se repite hasta que se acaben las preguntas.

Colocando la última pregunta frente a la primera, no solo veremos que es mucho más precisa, sino que también podremos consultar el historial de las respuestas progresivas, es decir, el proceso de pensamiento que ha conducido al resultado final.

Así que no dude en poner en práctica estos métodos para modelar el pensamiento y el proceso de ideas. Además de su eficacia, todos ellos tienen un carácter muy lúdico que reforzará el espíritu de equipo.

10. Design Charrette

Este término, procedente del mundo de las agencias de comunicación y publicidad, hace referencia a una sesión de diseño creativo. Una *design charrette* se puede organizar con usuarios finales del producto o con colaboradores de un proyecto.

No se trata de una sesión de *brainstorming* ni de un juego de roles o una reunión maratoniana, sino de una reunión corta de colaboración en formato de taller.

La finalidad de la *design charrette* es explorar y compartir el mayor número posible de ideas sobre un problema concreto.

El objetivo es recabar ideas inspiradoras de los participantes o conocer las prioridades de personas de distintos grupos.

En el caso de una sesión interna con los actores de un proyecto, se trata de obtener un consenso, mientras que en el caso de las sesiones en las que participan los usuarios, la segmentación por personas podrá poner de manifiesto las divergencias.

Desarrollo

- Reúna a los participantes en una sala, agrupándolos según la segmentación en pequeñas unidades.
- Reparta a todos los participantes hojas de papel, notas adhesivas y rotuladores que se utilizarán para la creación de prototipos.
- Escriba el objetivo de la sesión en una pizarra blanca.
- Especifique los términos del taller.

Términos

- Cada uno dibuja sus propias ideas durante cinco minutos.
- Se trata de un trabajo individual sin diálogo.
- Luego, se dejan todos los rotuladores.
- Durante dos minutos, cada participante explica las ideas que ha dibujado y las razones que hay detrás de ellas.
- El grupo puede formular una pregunta.
- La respuesta no debería tardar más de un minuto.

Duración

Conceda cinco minutos para presentar el objetivo a los participantes y otros cinco para que plasmen sus ideas en el papel.

El tiempo necesario para presentar las ideas dependerá del número de participantes.

Conceda tres minutos a cada participante: dos minutos para la presentación y un minuto para responder a una pregunta. Con una docena de participantes, teniendo en cuenta los tiempos de rotación, la duración será de alrededor de una hora, un tiempo muy razonable.

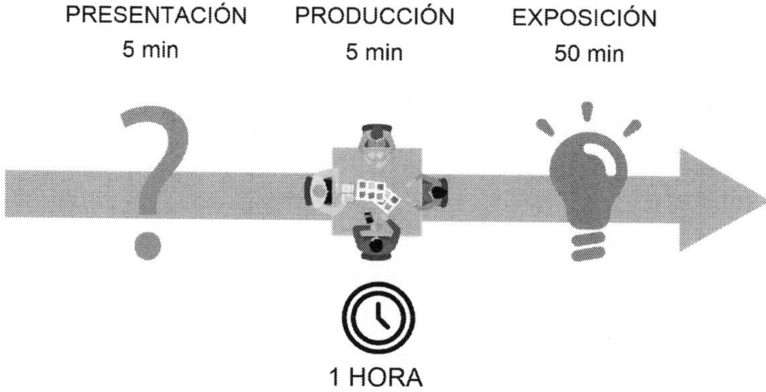

Funcionamiento

El moderador de la sesión recogerá las hojas y las ideas que no evaluarán durante la sesión, porque el principio es que todas las ideas son buenas ideas.

Las condiciones para que tenga éxito son las siguientes:

- Escuche y tenga en cuenta a todos los participantes por igual.
- Evite perder tiempo perfeccionando maquetas o escenarios.
- Trabaje de la forma más rápida y rentable posible.

Las ideas que se recogen son prototipos de fidelidad muy baja, porque se han creado muy rápido. Pero son muy útiles para establecer un cuadro general de un problema y de las expectativas asociadas.

C. Design thinking

El *design thinking* o pensamiento de diseño nació en la década de 1960, cuando Stanford empezó a explorar nuevos enfoques para la resolución de problemas, no basados únicamente en la lógica, sino incorporando nociones de empatía humana. El M.I.T. de Boston retomó el tema en la década de 1980.

El término inglés *design* debe entenderse como diseño o creación y no como diseño gráfico o dibujo. *Design thinking* puede traducirse como pensamiento creativo o pensamiento conceptual.

En última instancia, el objetivo es aplicar métodos que acerquen a un equipo multidisciplinar a la forma de pensar y el enfoque de un diseñador.

1. Un enfoque creativo de la innovación

En el proceso de diseño y optimización de la experiencia del usuario, desde la generación de ideas hasta las pruebas, trabajamos con equipos multidisciplinares que incluyen investigadores y analistas, ingenieros y desarrolladores, creativos y estrategas, así como jefes de producto y otros.

El *design thinking* no considerará estas aportaciones desde el ángulo funcional de las limitaciones de cada persona, sino como oportunidades para dar respuestas relacionadas con sus características específicas. En otras palabras, la atención se centra más en las personas que en sus funciones.

Más allá de una gran idea, construiremos soluciones que integren todos los aspectos de un problema con vistas a satisfacer al usuario final. Evidentemente, utilizaremos los métodos de ideación que hemos visto antes, pero se complementarán con una iteración constante, en la que los errores no se consideren un fracaso sino una fuente de progreso.

2. El desvío creativo

La batalla entre la lógica racional y las intuiciones y sentimientos es constante, tanto para el creador de un producto o servicio como para su usuario. Cuando se trata de perspectivas estratégicas o de acciones que hay que emprender, los arbitrajes de un equipo multidisciplinar también se debaten entre estos dos planos, a los que se añade el temor de los responsables de ver su carrera destrozada por una mala decisión.

Así pues, asistimos a la aparición de defectos como la procrastinación y el aplazamiento de las decisiones a un futuro hipotético, la justificación pseudológica *a posteriori* de las decisiones tomadas en caliente o la aparición de un consenso «blando», en el que nada está decidido pero todo el mundo parece satisfecho.

Para acabar con estos sesgos nocivos, *design thinking* recurrirá, por supuesto, a la experimentación incuestionable con prototipos y pruebas, pero sobre todo sacará al equipo de los caminos habituales para explorar otros secundarios.

Este desvío creativo se basa en las técnicas de ideación que hemos examinado antes en detalle, con el objetivo de liberar a los participantes del proceso de pensamiento analítico racional para que exploren vías alternativas.

3. Divergencia-convergencia

Partiendo de un problema dado y bien definido, el *design thinking* seguirá el siguiente camino:

- **Divergencia**: fomentamos las ideas, incluso las más descabelladas, dando preferencia a la cantidad. Hemos visto que el principio es conseguir que las ideas den lugar a otras ideas. Durante esta fase de divergencia, puede parecer que nos alejamos del problema, y en cierto modo así es, pero sobre todo nos liberamos de los obstáculos asociados a él.
- **Emergencia**: durante esta fase empezamos a ver una idea que da respuesta al problema planteado, aunque todavía sea vaga.
- **Convergencia**: el grupo, que se ha liberado de las limitaciones iniciales para presentar libremente ideas a menudo no conformistas, convergerá llegando a un acuerdo sobre las vías más prometedoras. Aunque en las dos primeras fases se ha procurado eliminar todo tipo de crítica de las ideas, durante esta fase final de convergencia se determinará la idea ganadora, sin por ello rechazar por completo y de manera definitiva las ideas alternativas que no hayan sido seleccionadas.

4. Las fases principales del design thinking

Al principio de la teorización que dio lugar al pensamiento de diseño, el sociólogo Herbert Simon definió siete fases principales para una hoja de ruta bastante rígida:

Definición

- Determinar el problema que hay que resolver.
- Definir el público objetivo.
- Priorizar el proyecto.
- Determinar indicadores de resultados.
- Elabore un glosario de términos técnicos.

Investigación

- Registrar el historial del problema. Observar las líneas divisorias.
- Documentar los intentos anteriores de resolver el problema.
- Identificar a los partidarios, inversores y detractores.
- Consultar los paneles de usuario.
- Evaluar la reputación entre los líderes de opinión.

Ideación

- Identificar las necesidades y motivaciones de los usuarios.
- Genere tantas ideas como sea posible.
- Grabar las sesiones de brainstorming.
- No juzgar, evaluar ni debatir las ideas expuestas.

Crear prototipos

- Combinar, desarrollar y refinar ideas.
- Crear tantas variantes como líneas haya que probar.
- Obtener la opinión de los usuarios.
- Reservarse el juicio y mantener la neutralidad.
- Crear y probar los prototipos.

Elección

- Recordatorio del objetivo.
- Evitar que los sesgos jerárquicos interfieran en la elección.
- Evite el consenso.
- La solución más práctica no es necesariamente la mejor.
- Selecciona las ideas más sólidas.

Implementación

- Definir las tareas con precisión.
- Planificar las tareas.
- Asignar los recursos.
- Asignar las tareas.
- Ejecutar.
- Entregar.

Aprendizaje

- Recoger datos y determinar en qué medida se ha alcanzado el objetivo.
- Registrar las opiniones de los usuarios.
- Analizar qué se puede mejorar.
- Documentar.

Si tiene que explicar esta matriz exhaustiva a un equipo multidisciplinar o a inversores, corre el riesgo de que algunas personas se pierdan. En este caso, puede simplificarla en cuatro fases:

- **Definición del problema**: todas las fases de investigación y estudio.
- **Ideación**: generar el mayor número posible de ideas utilizando técnicas adaptadas a la cultura del equipo multidisciplinar.
- **Creación de prototipos y pruebas**: modelización rápida y resumida de las ideas seleccionadas para su evaluación en una fase temprana.
- **Implementación iterativa**: desarrollo paralelo con creación de prototipos y pruebas en cada fase.

En resumen, el proceso *design thinking* puede resumirse de la siguiente manera: **Inspiración - Imaginación - Implementación**.

5. De la empatía a la simpatía

El *design thinking* es empático por naturaleza porque por un lado significa reconocer y comprender los sentimientos de los usuarios y, por otro, tener en cuenta a los individuos y no solo sus funciones, a nivel de equipo.

Pero vamos más lejos, con la simpatía desarrollamos una dimensión afectiva adicional. Si el objeto de la empatía es la comprensión, el de la simpatía es el bienestar de la otra persona.

Con la empatía se crea una representación del interlocutor, independientemente de cualquier juicio de valor.

Por ejemplo: "Este colega propone esta idea, yo la registro".

La simpatía va más allá, porque pretende mejorar el bienestar del interlocutor.

En este caso: «Mi colega propone esta idea para resolver un problema. Si la tenemos en cuenta, mejoraremos su trabajo».

Y funciona igual de bien con los miembros de nuestro equipo que con el usuario final.

6. La facilitación gráfica

Durante las sesiones de diseño creativo puede comprobar que las cosas van muy deprisa, que las ideas y las reacciones vuelan y a veces se escapan pistas relevantes, aunque recoja los prototipos elaborados por los participantes o haga una grabación en vídeo de la sesión.

La facilitación gráfica puede ser un medio adicional muy eficaz de sintetizar ideas desde una perspectiva externa.

El facilitador gráfico, presente durante una sesión de conceptualización creativa, crea en tiempo real una visualización adaptada al tema tratado, al contexto, a los participantes y al objetivo de la etapa del proceso colaborativo que está apoyando.

La idea es adaptarse para:

- utilizar los medios gráficos simples disponibles: rotafolio y tableta gráfica;
- fomentar el debate y la reflexión dentro de un grupo materializando las contribuciones de todos;
- construir una visión compartida mediante la síntesis;
- apoyar un proceso de colaboración agrupando mediante la convergencia de los puntos de vista.

El facilitador gráfico recopilará información, la clasificará y la procesará en «tiempo real». Identificará tramas y contenidos valiosos, y aplicará un tratamiento gráfico para hacerlos visibles.

La creación en directo se conoce como *scribbing*, el facilitador gráfico representa visualmente las ideas planteadas durante la sesión de diseño creativo.

Todavía relativamente limitada a las reuniones estratégicas, la facilitación gráfica tiene un papel importante que desempeñar en la realización de sesiones de diseño creativo como parte de un proceso de cocreación.

D. Escenarios y guiones gráficos

1. Secuencias y recorridos

El recorrido del usuario se define como el camino seguido entre la toma de contacto con la marca y la finalización de la transacción.

Según el embudo de conversión del marketing, el usuario empieza por tomar conciencia de la existencia de la marca y luego la naturaleza de los productos que se le ofrecen. A continuación, se califica como cliente potencial cuando admite que estos productos corresponden a sus expectativas, y se convierte en cliente si las propuestas comerciales le convencen para pasar a la acción.

En un sitio web o con una aplicación, es evidente que hay varios recorridos posibles en función del estado de la relación con el usuario. El usuario podría descubrir el sitio y buscar un producto, ser un cliente fiel que quiere gestionar su cuenta, haber hecho clic en un enlace que le dirige a una oferta promocional puntual, etc. Hay una gran variedad de escenarios posibles que se deben tener en cuenta.

Así que no vamos a diseñar dispositivos digitales de forma genérica, cubriendo toda la gama de interacciones posibles, sino construyéndolos para conducir al usuario hacia la conclusión de las transacciones que tiene como objetivo, con una línea de menor resistencia.

De este modo, definiremos los recorridos que se desglosarán en tantas secuencias como sea necesario. A continuación, representamos un recorrido desde la llegada a un sitio de comercio electrónico hasta la conclusión de la transacción para el usuario.

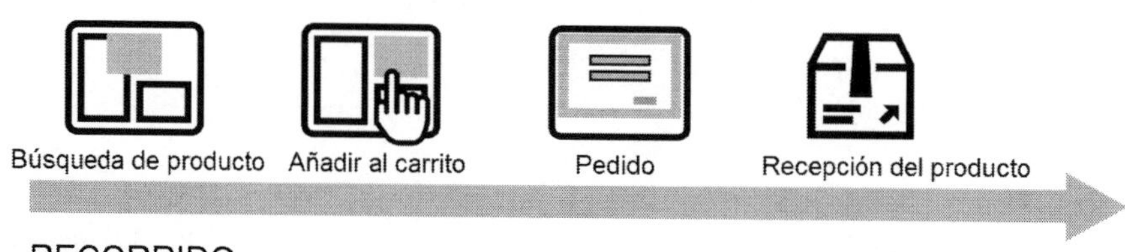

A continuación, las etapas de este recorrido se dividirán en secuencias, como la realización del pedido que figura a continuación, por ejemplo.

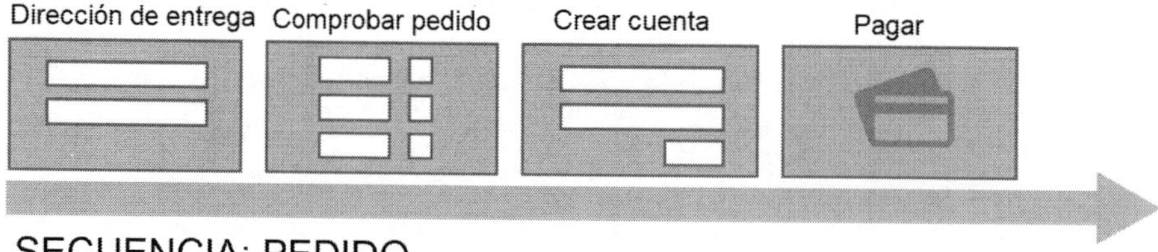

2. Crear un escenario

Antes del diseño visual, el diseño de estos recorridos que hemos desglosado en secuencias será objeto de la creación de prototipos en forma de escenarios.

Un buen escenario debe responder a estas tres preguntas:

Quién: ¿quiénes son los actores? Con las personas ya tenemos la base para un buen escenario.

Qué: ¿cuál es el objetivo? ¿Qué debe obtener el usuario? ¿Cuál será la naturaleza de la transacción?

Cómo: ¿qué dispositivos permitirán al usuario realizar la tarea prevista? ¿Cuáles serán las etapas del proceso?

Podemos definir el escenario como una descripción detallada de las etapas del recorrido del cliente que realiza una tarea o transacción.

En el caso de un escenario de prueba, se trata más concretamente de una descripción de la tarea que debe realizarse y del contexto de la interacción.

El escenario permite pasar de la idea a la realización con una presentación resumida del recorrido. Explica las variantes, a veces complejas, y debe abarcar toda la interacción.

Evidentemente, el escenario evolucionará en función de los resultados de las pruebas que validarán el diseño.

Pongamos un ejemplo concreto.

La idea es atraer clientes potenciales ofreciéndoles la descarga gratuita de una guía práctica.

Escenario:

1. El usuario ve un anuncio en su sección de noticias.
2. Hace clic en el enlace de descarga.
3. Se le dirige a la página de aterrizaje (*landing page*) que presenta la guía práctica.
4. Deben introducir su nombre y dirección de correo electrónico.
5. Hace clic en el botón de descarga.

El recorrido se describe con precisión. Podríamos prever otras soluciones para las etapas 4 y 5, por ejemplo :

4. Hace clic en el botón de descarga.
5. Una ventana emergente le pide que introduzca su nombre y dirección de correo electrónico.

En este caso, redactaremos los dos escenarios, les daremos formato y los probaremos por separado para determinar qué solución funciona mejor.

3. Esquematizar un escenario

Se hará un esquema del escenario en función de su uso previsto. Hay reglas precisas para esquematizar un escenario de toma de decisiones destinado a los profesionales del desarrollo informático.

a. Esquemas simples

En la mayoría de los casos los escenarios van dirigidos a no profesionales o diseñadores sin formación específica en ingeniería, y cuanto más sencillos, fáciles de entender e inequívocos sean, mejor. Cuanto más sencillos, fáciles de entender e inequívocos sean, mejor. Además, la representación esquemática del escenario puede complementar su descripción textual. Aquí tenemos dos esquemas complementarios de los escenarios descritos anteriormente.

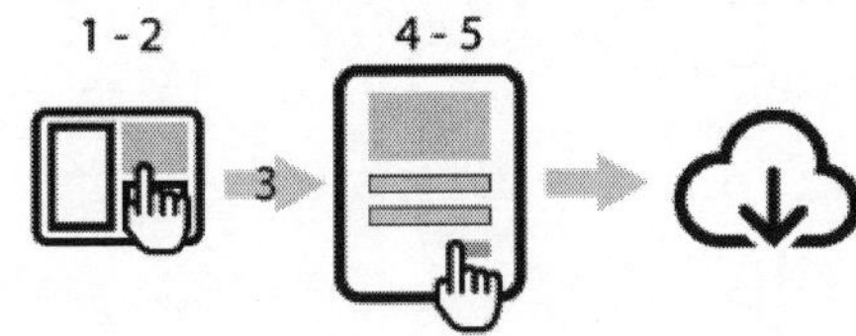

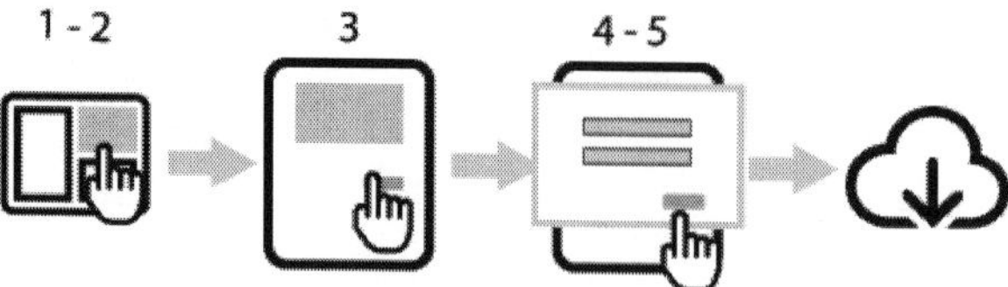

Su objetivo es ofrecer una comprensión clara y un recorrido al usuario.

b. Esquemas estándar

Si necesita proporcionar esquemas estandarizados, como diagramas de flujo, a los desarrolladores tendrá que respetar las correspondencias entre las formas y sus significados. Todos los programas de creación de prototipos, como Pencil, ofrecen estos iconos estándar.

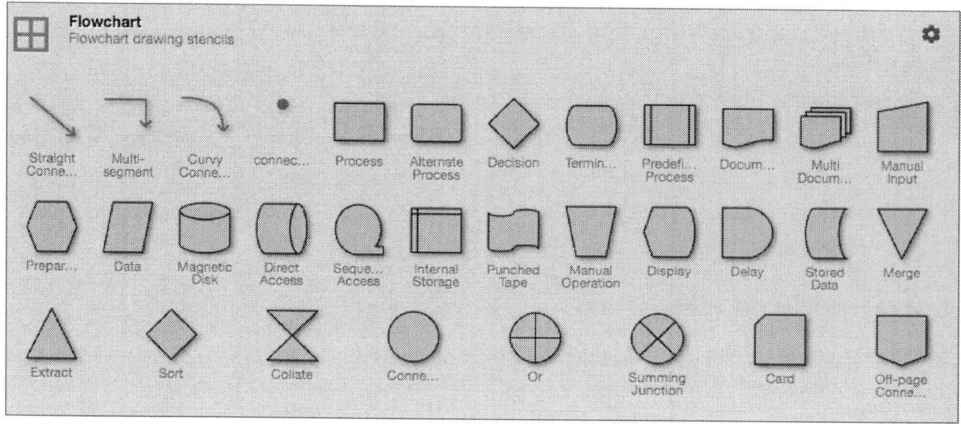

c. Esquemas alternativos

Los esquemas estandarizados, los favoritos de los informáticos, suelen ser difíciles de entender para todos los implicados en un proyecto web, ya sean clientes, usuarios o diseñadores gráficos. Por eso, en un enfoque UI-UX colaborativo es preferible proponer visualizaciones más intuitivas.

Por otro lado, no siempre tenemos el talento gráfico necesario para crear esquemas completos.

Por eso es habitual empezar a esquematizar un escenario utilizando notas adhesivas durante las sesiones de conceptualización creativa.

En la práctica, este método permite modificar el escenario a medida que se diseña o evalúa, simplemente añadiendo, quitando o cambiando el orden de las notas.

En este caso, conviene hacer fotos de los esquemas antes de modificarlos para conservar un registro de todas las variantes estudiadas.

d. Crear un guión gráfico (storyboard)

Al principio, los guiones gráficos o *storyboards* se utilizaban en la industria cinematográfica, primero para la publicidad y luego para la ficción. Un *storyboard* cinematográfico es una descripción precisa de las escenas que se van a representar vistas desde el punto de vista de la cámara. Es un cómic, a menudo realizado al mismo tiempo que el guion, que guiará a los actores, técnicos y montadores en la realización de la película.

El guion gráfico de UX se diferencia del simple esquema de un escenario en que se centra en mostrar al usuario en su contexto y, sobre todo, en representar sus emociones o sentimientos.

Por ejemplo, el guion gráfico puede utilizarse para representar las interacciones tal y como se han experimentado durante una sesión de pruebas, para compartirlas con las personas implicadas en el proyecto.

La construcción de un *storyboard* es más compleja de prever y se basa en las personas que serán los protagonistas principales. El *storyboard* también contiene indicaciones y comentarios. La forma del guion gráfico es muy similar a la de un cómic.

Tomando el ejemplo anterior, aquí tenemos dos guiones gráficos breves que describen lo que podría revelarse poniendo a prueba los escenarios anteriormente esquematizados.

Juan hace clic en la publicación para descargar el libro blanco

Juan debe introducir su nombre y correo electrónico para poder descargar el libro blanco

Juan abandona

Juan hace clic en la publicación para descargar el libro blanco

Juan hace clic en la página de aterrizaje

Se intercala una ventana para pedirle su correo electrónico

Juan introduce su nombre y correo electrónico porque quiere finalizar el proceso

Los *storyboards* aquí creados son extremadamente sencillos y se han realizado utilizando recursos gráficos gratuitos de Internet (https://www.sketchappsources.com/free-source/491-ux-storyboard-characters-elements-sketch-freebie-resource.html).

No obstante, cumplen bien su función, que es explicar los sentimientos y la actitud del usuario ante una situación determinada. No buscamos una calidad visual sofisticada, sino representar fielmente la experiencia del usuario con expresiones faciales reveladoras.

También es posible combinar ambos enfoques y representar a la vez al usuario y a la interfaz.

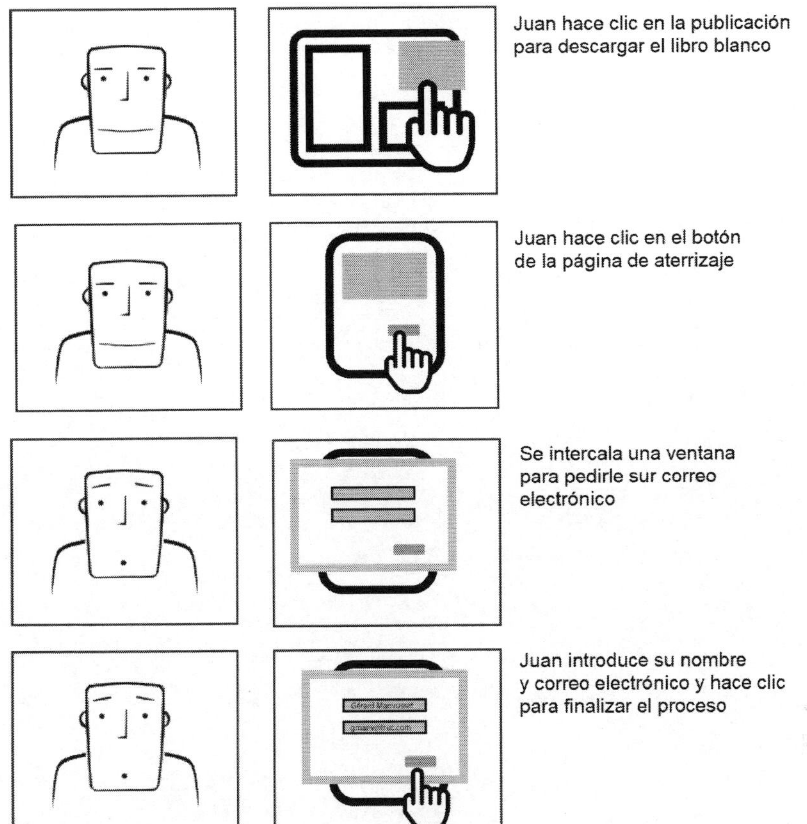

Un *storyboard* siempre se beneficia de ser lo más preciso posible en su descripción de las etapas del recorrido o de la secuencia.

4. Herramientas para la creación del guion gráfico

Se puede crear un guion gráfico de manera sencilla a dibujándolo a lápiz o utilizando recursos predefinidos listos para usar. También se puede recurrir a soluciones en línea de creación de guiones gráficos.

a. Personajes y cliparts

Si trabaja con el programa **Sketch**, muy utilizado por los diseñadores de interfaces, en esta página (https://www.sketchappsources.com/free-source/491-ux-storyboard-characters-elements-sketch-freebie-resource.html) encontrará un archivo descargable.

→ Haga clic en **Download Resource** para descargar el archivo y, a continuación, descomprímalo.

Si trabaja con otro programa gráfico o incluso con una herramienta ofimática, puede visitar esta página de Pinterest (https://es.pinterest.com/pin/213639576047867696/) donde encontrarás varias colecciones dedicadas a UX. Los formatos de estos cliparts y caracteres serán más fáciles de importar.

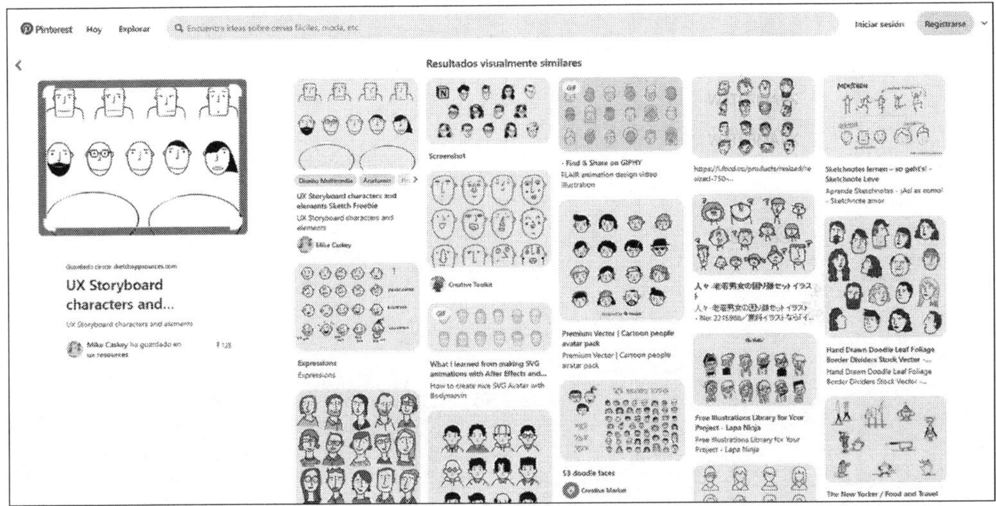

→ A veces los elementos gráficos serán un poco más difíciles de encontrar. Por ejemplo, visite esta página https://es.pinterest.com/pin/573575702513528637/ y luego en la fuente del pin de Pinterest (en este caso, el enlace a **webappers.com**):

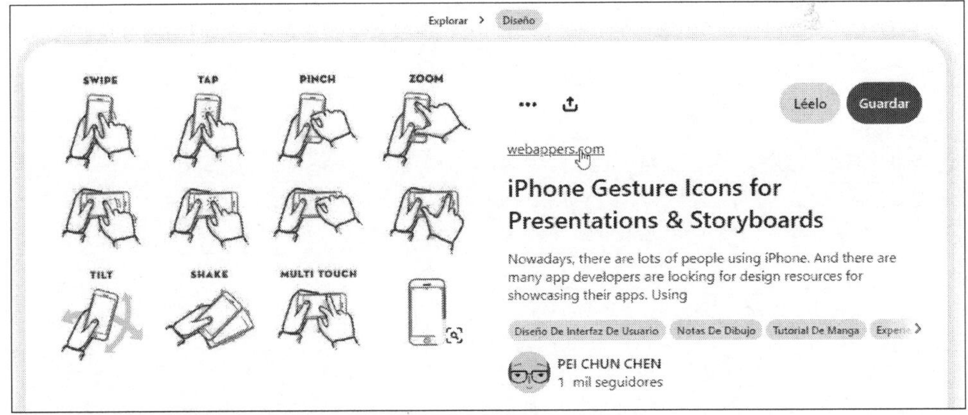

Así accederá a la publicación original.

→ A continuación, haga clic en el enlace de descarga situado en la parte inferior de la página (**Download Link**).

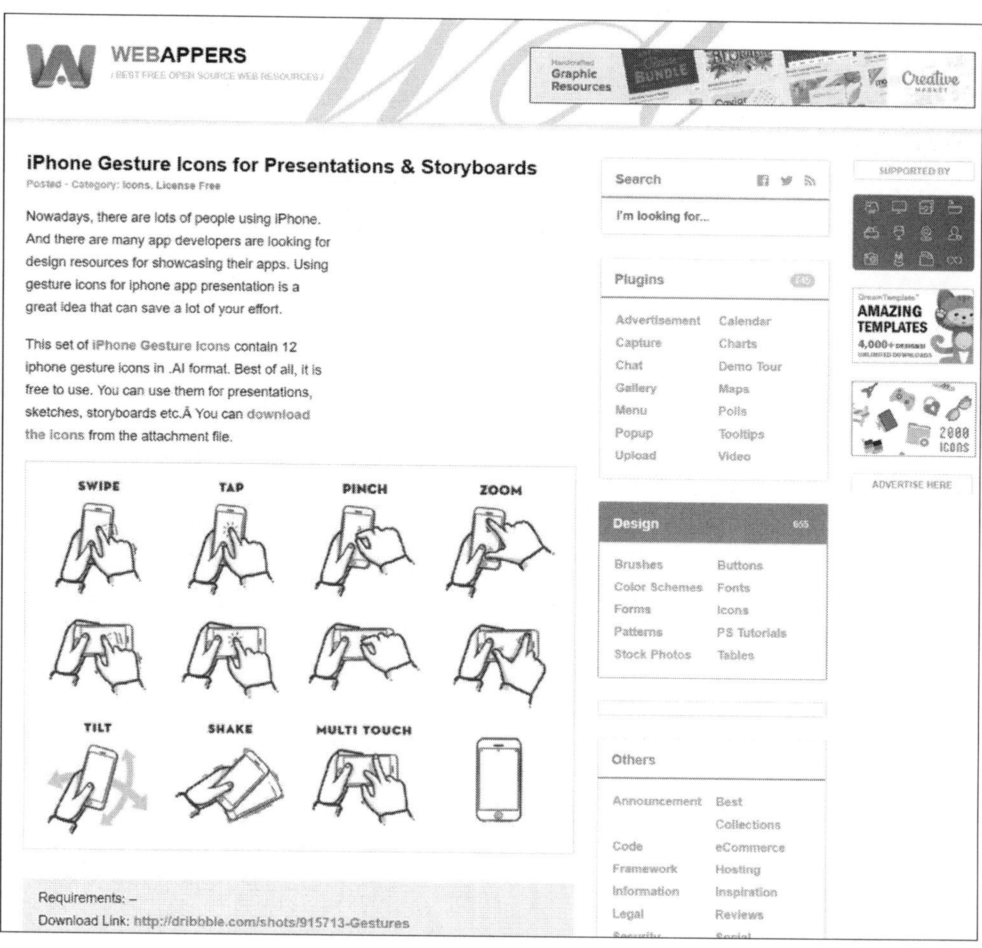

Este enlace le llevará al sitio web del creador de estas imágenes.

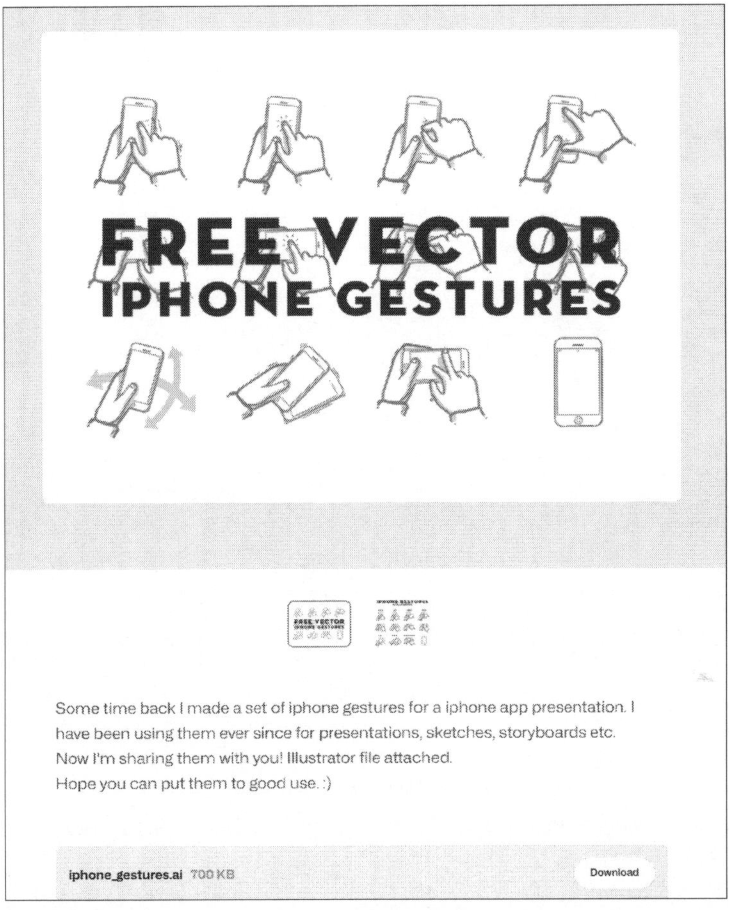

- Y, por último, tendrá que hacer clic en el enlace **Iphone_gestures.ai** para ver recompensada su paciencia. El archivo descargado está en formato vectorial de Adobe Illustrator, el programa que utilizan todos los diseñadores. Los elementos incluidos pueden editarse.

- Ahora puede representar visualmente las principales acciones táctiles en un iPhone.

Así que invierta tiempo en explorar Pinterest para encontrar joyas similares que le ayudarán a crear guiones gráficos.

b. Plantillas (plantillas/kits gráficos)

Al igual que ocurre con los cliparts prediseñados de personajes e interfaces, existen plantillas de guiones gráficos que pueden facilitarle el trabajo si no es diseñador gráfico.

Entre ellas, puede interesarle **designcomics.org**, donde encontrará personajes y guiones gráficos adaptables a sus necesidades.

DESIGN COMICS

Free comic characters and scenes you can use to develop great product designs.

Characters
Use Mary, AnaLi, Pravin, Joe, Miguel, Galina and others to build design stories for your products or web sites. Lots of emotions, angles, and poses.

Scenes
Scenes of the characters on the phone, interacting with one another, and in out-of-the office locations.

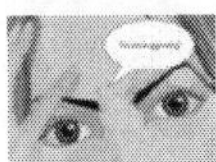

Examples
Examples of full comic stories and tips on what makes a good story.

In The Works
A bit of information about new scenes and characters in development.

Backstory
How these comics and this web site came to be.

Collaboration
How to add your own scenes and characters.

Source Files
Graphic source files in JPEG, PNG, and Adobe Illustrator format.

→ Aquí puede descargar archivos fuente (**Source Files**), Escenas (**Scenes**) y, sobre todo, personajes en situaciones y expresando emociones.

- Para ello, haga clic en **Characters** y, a continuación, elija **Mary 1.0**, por ejemplo.

- El archivo descargado está en formato odp (*open document format*, formato de documento abierto) y puede abrirlo con PowerPoint (al igual que con otros programas de presentación de código abierto como Star Office, Open Office o Neo Office).
- Al abrirlo, PowerPoint convertirá este archivo en un archivo de solo lectura. Para editarlo, tendrá que guardarlo como una presentación de PowerPoint.

El personaje se representa en una posición por diapositiva, con diversas expresiones, posturas y primeros planos.

- Cambie al modo **Vista - Clasificador de diapositivas** para seleccionar imágenes útiles más rápidamente.

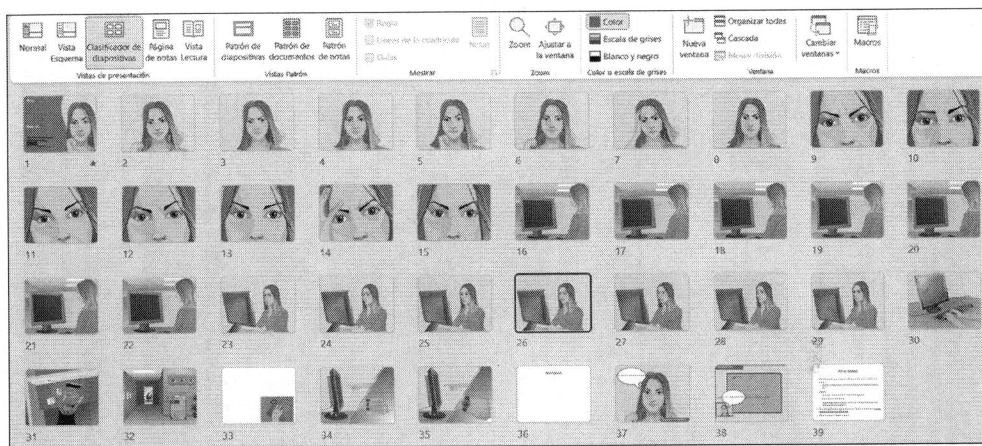

- Observe que las diapositivas representan la acción del usuario, que puede combinarse con la interfaz visual, como se muestra a continuación, utilizando el ratón.

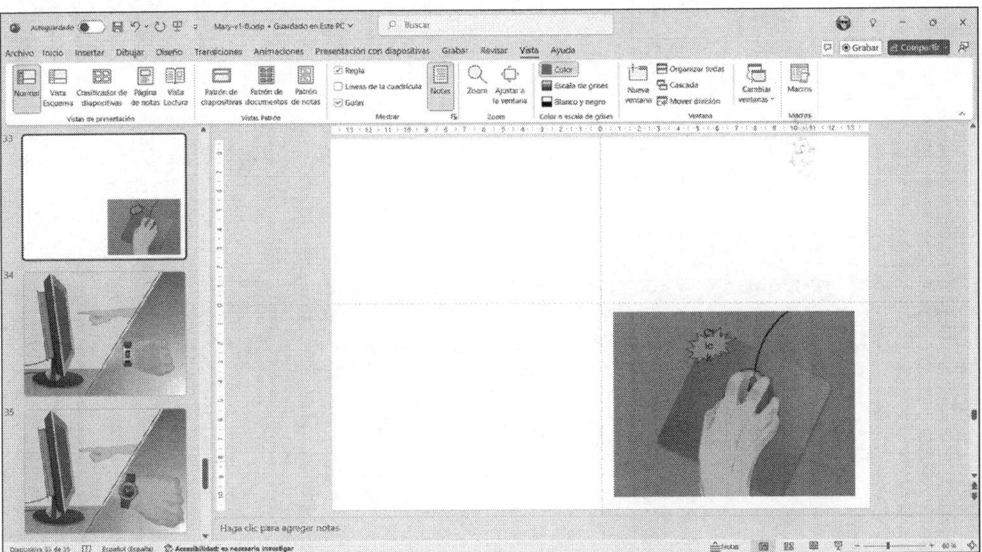

- Para hacer el escenario, puede cambiar al modo **Vista - Página de notas**, así podrá comentar los elementos visuales en la sección inferior añadiendo texto.

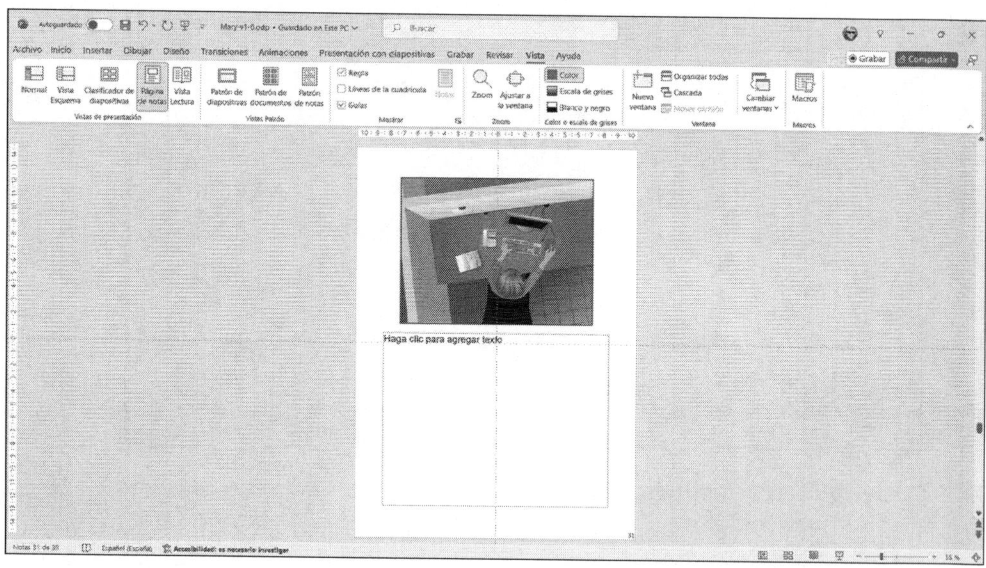

c. Herramientas de creación de guiones gráficos en línea

Las herramientas de guiones gráficos o *storyboards* en línea pueden ser útiles porque reúnen en un solo lugar tanto el software necesario para crear como el almacenamiento de los documentos creados, que luego pueden compartirse y, en algunos casos, modificarse y comentarse como parte de la gestión colaborativa del proyecto.

Crear un guion gráfico con StoryboardThat

Entre las herramientas de guion gráfico o *storyboard* en línea, hemos elegido **StoryboardThat** (https://www.storyboardthat.com/es) porque está principalmente en español y, en su versión gratuita, ya puede crear dos *storyboards* a la semana, aunque el número de celdas esté limitado y lleven marca de agua. Así que es una manera excelente de practicar la creación de *storyboards*.

- No necesita estar registrado para empezar a crear el primer guion gráfico. Haga clic en **CREAR UN GUION GRÁFICO**.

- Así accederá a la interfaz de creación que vamos a descubrir juntos. De manera predeterminada, hay tres cuadros activos. Puede empezar eligiendo una escena y simplemente arrastrándola y soltándola dentro del primer cuadro. Las escenas ayudan a fijar el decorado, aunque a veces pueden interrumpir la lectura. Por ello, puede limitarlas al primer cuadro. Aquí debajo hemos elegido la escena de una casa.
- A la derecha de la escena seleccionada, verá un menú que le permitirá modificar el elemento. En nuestro caso, podemos cambiar los colores del cielo, el sofá, la pared o la manta, por ejemplo.

  En la parte superior del menú, hay iconos para controlar las herramientas gráficas estándar: Duplicar, Recortar y Eliminar.

  Al final de la línea: Invertir, y mostrar primer plano/fondo.

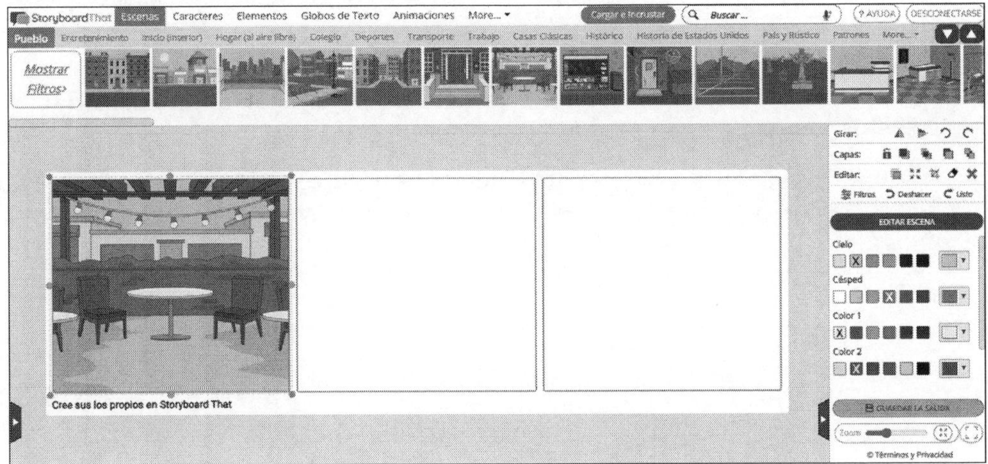

Cuatro líneas de comandos le permiten :

- **Girar**: Voltear - Girar
- **Capas**: superposición relativa de los elementos
- **Editar**: Copiar - Estirar - Recortar - Borrar
- **Filtros**: tratamiento artístico

→ Proceda del mismo modo para colocar un personaje.

→ Para el segundo cuadro, abra la pestaña **Web y Wireframes - Manos y Gestos** y arrastre el elemento deseado a la escena.

→ Para añadir un globo de texto, abra la pestaña **Globos de texto** y arrastre el globo que desee hacia el cuadro.

→ A continuación, escriba el texto directamente en el globo. Si lo selecciona puede cambiar su tamaño y estilo.

→ Para recortar un carácter o personaje, selecciónelo y haga clic en el icono **Recortar** de la línea **Editar**.

→ Recorte el área deseada utilizando los tiradores de anclaje y, a continuación, haga clic en el botón **¡OKEY!**. A continuación, puede aumentar el objeto arrastrando los tiradores de ancla-je.

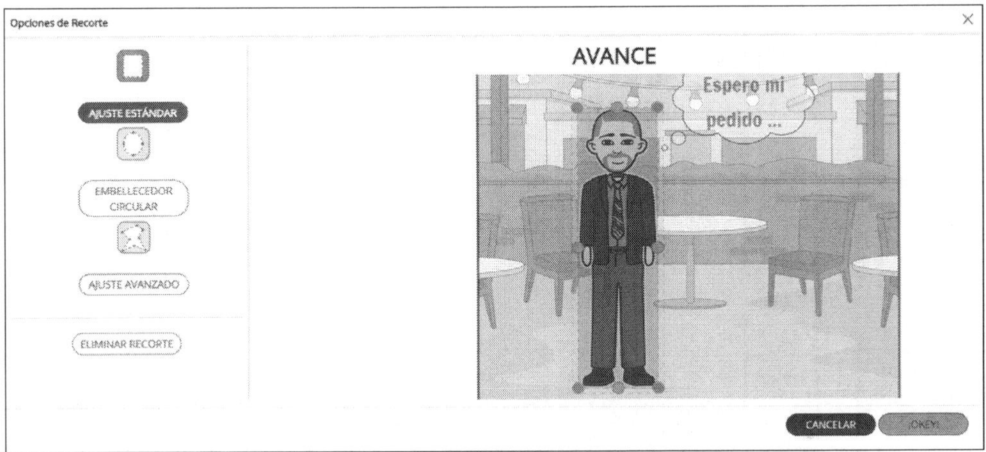

➙ Para cambiar la postura del personaje, haz clic en el botón **EDITAR POSE**.

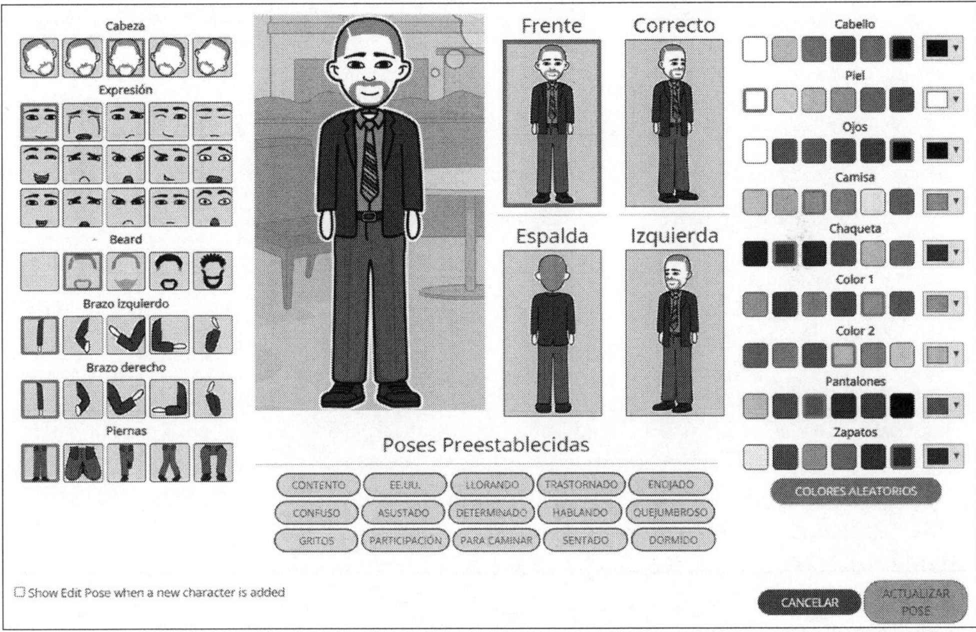

➙ Esto te permitirá crear un personaje muy expresivo. Una vez que haya establecido la pose, haga clic en el botón **ACTUALIZAR POSE**.

¡Su primer *storyboard* está listo! Ahora puede guardarlo y exportarlo.

La barra de botones situada a la derecha contiene los siguientes comandos:

- **DISEÑO**: elección de la disposición de las celdas
- **ELIMINAR CELDAS**: limitado a 2 x 3 celdas para la versión gratuita
- **MOVER CELDA**: cambiar el orden de los cuadros
- **COPIAR CELDA**: copiar el contenido de una celda a otra
- **Avanzado**: funciones adicionales
- **DESHACER**: anular la última operación realizada

- **LISTO**: recuperar la última operación realizada
- **GUARDAR LA SALIDA**: guardar el guion gráfico

➔ Cuando guarde el guion gráfico se le pedirá que inicie sesión o crees una cuenta, una acción rápida y gratuita. Recibirá una contraseña temporal por correo electrónico y podrá iniciar sesión.

➔ A continuación, puede guardar el guion gráfico especificando el título y una descripción opcional.

➔ Una vez validado el escenario, siempre podrá modificarlo, consultar el historial de modificaciones, imprimirlo directamente, lanzar una presentación de diapositivas o integrarlo en un sitio web.

➔ Para descargar el guion gráfico, haga clic en **Descargar** y luego vuelva a hacer clic en el icono del formato deseado, PowerPoint, por ejemplo.

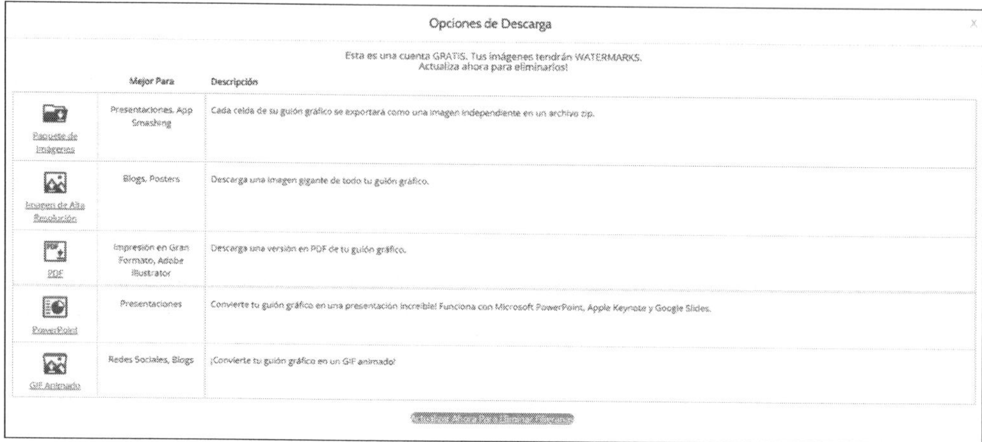

Con una cuenta gratuita, el archivo PowerPoint tendrá una marca de agua. Sin embargo, podrá ver los resultados y decidir si contrata una suscripción.

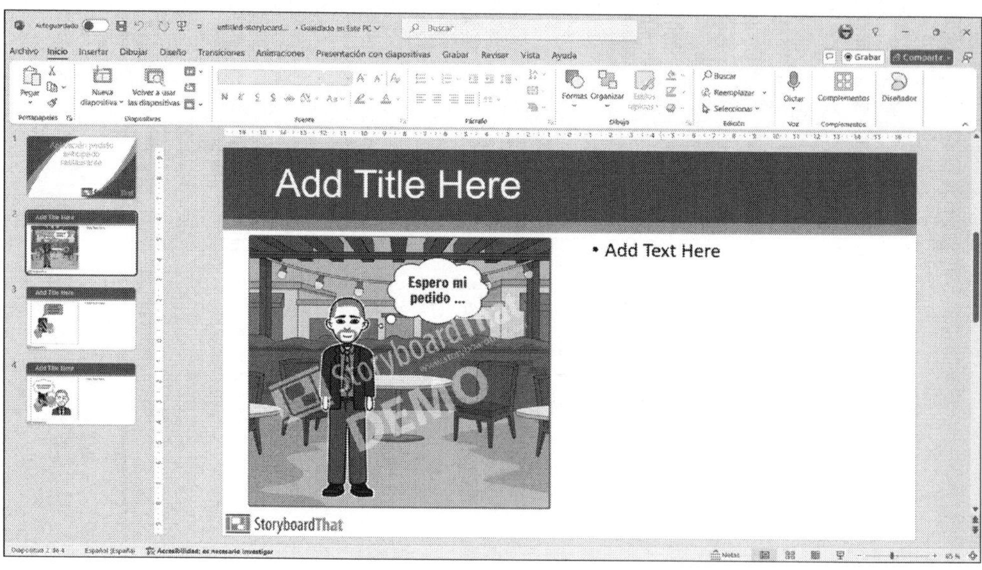

Si nota que la interfaz de StoryboardThat cambia a inglés, puedes especificar el idioma que desee utilizar haciendo clic en su avatar situado en la esquina superior derecha, luego en Ajustes y finalmente en el botón Preferencias de idioma:

¿En qué idioma prefiere utilizar Storyboard That?

○ English	◉ **Español**	○ Français
○ Deutsch	○ Italiana	○ Nederlands
○ Português	○ עברית	○ العربية
○ हिन्दी	○ русский язык	○ Dansk
○ Svenska	○ Suomi	○ Norsk
○ Türkçe	○ Polski	○ Română
○ Ceština	○ Slovenský	○ Magyar
○ Hrvatski	○ български	○ Lietuvos
○ Slovenščina	○ Latvijas	○ eesti

IR AL PANEL DE CONTROL

Crear un guion gráfico con Boords

A diferencia de StoryboardThat, **Boords** no ofrece una versión gratuita y no está traducido a español. Sin embargo, es posible probarlo durante siete días sin compromiso, y ofrece funciones para compartir y colaborar que merece la pena tener en cuenta.

→ Vaya a la URL https://boords.com/ y haga clic en **Try boords for free**.

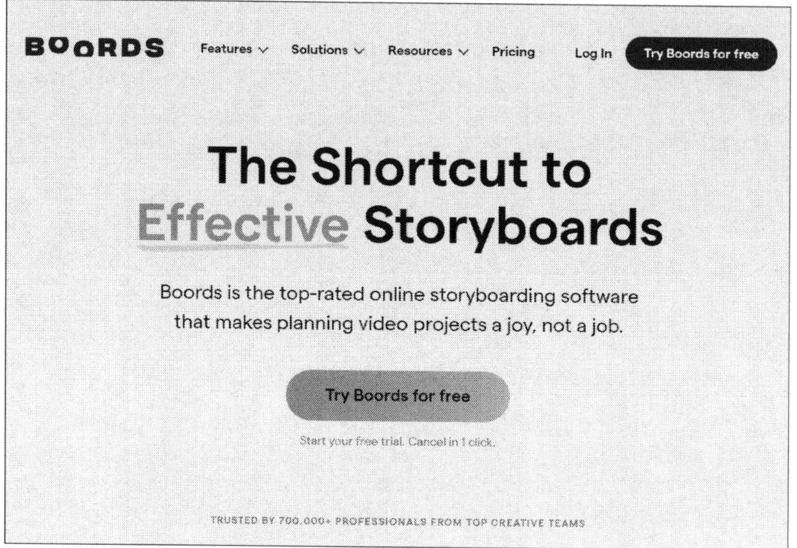

- Una vez que se haya identificado, haga clic en el icono  de la miniatura en blanco.

Si hace clic en **New project** puede crear una carpeta en la que gestionar varios guiones gráficos.

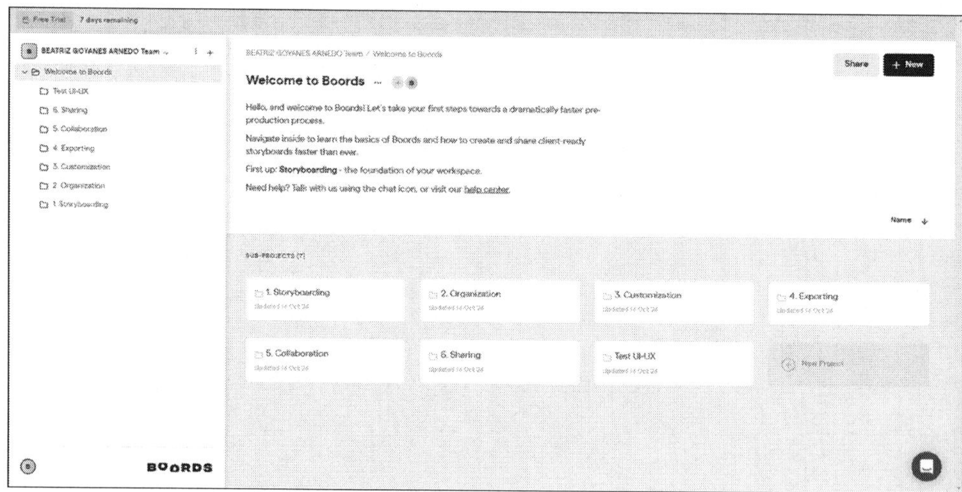

- En la ventana modal que se abre, asigne un nombre al Storyboard. A continuación, seleccione la relación de tamaño (**Frame Size**) de los cuadros en función de la naturaleza de su proyecto.

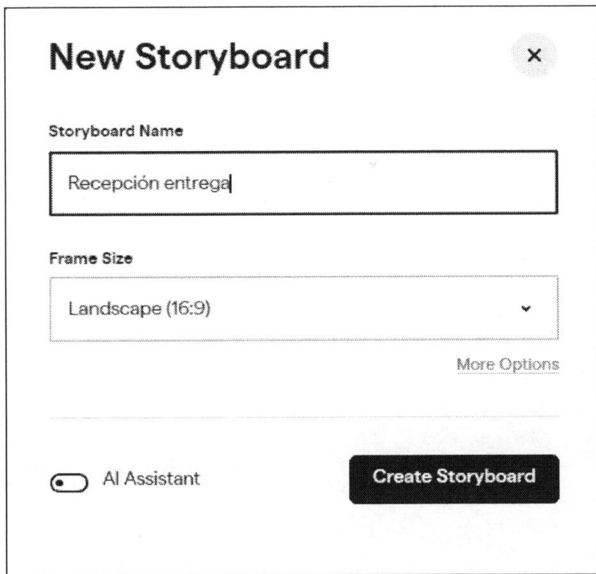

- Haga clic en **Create Storyboard** para crear el guion gráfico que desee.
- Durante la fase de prueba, también puede optar por utilizar una IA activando la opción **AI Assistant**.

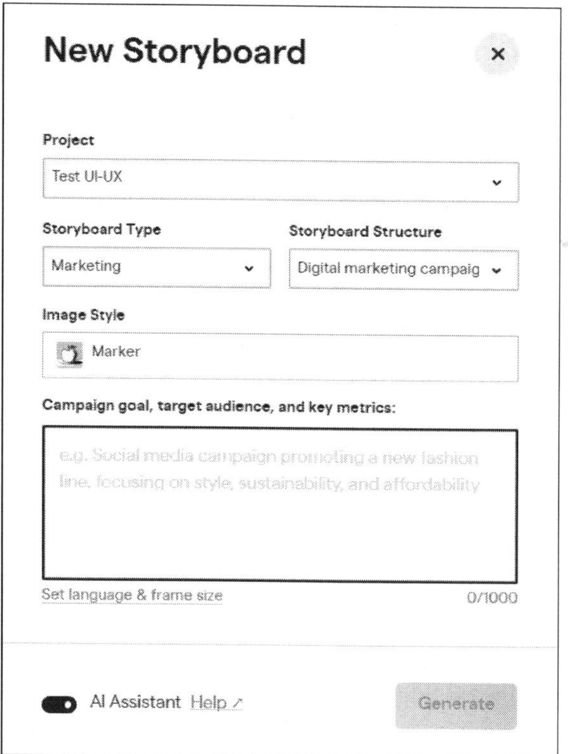

- Una vez creado el guion gráfico, comience por añadir las páginas seleccionando el número necesario y haciendo clic en **Insert Frames**.

Tenga en cuenta que también puede añadir imágenes directamente para crear un guion gráfico a partir de ellas de manera automática, solo tiene que hacer clic en **Choose Files** o arrastrar y soltar.

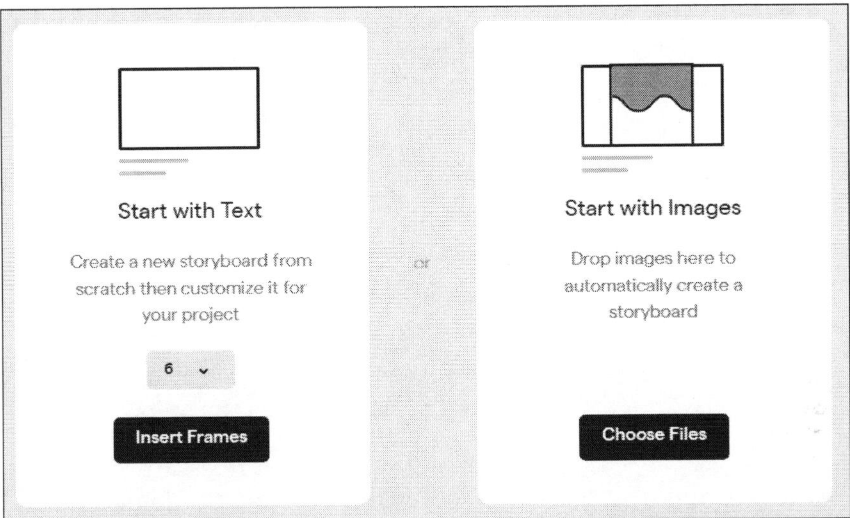

→ A continuación, puede hacer clic en las miniaturas para acceder a cada página y editarla. La interfaz es sencilla, con una barra de herramientas estándar para gestionar texto e imágenes.

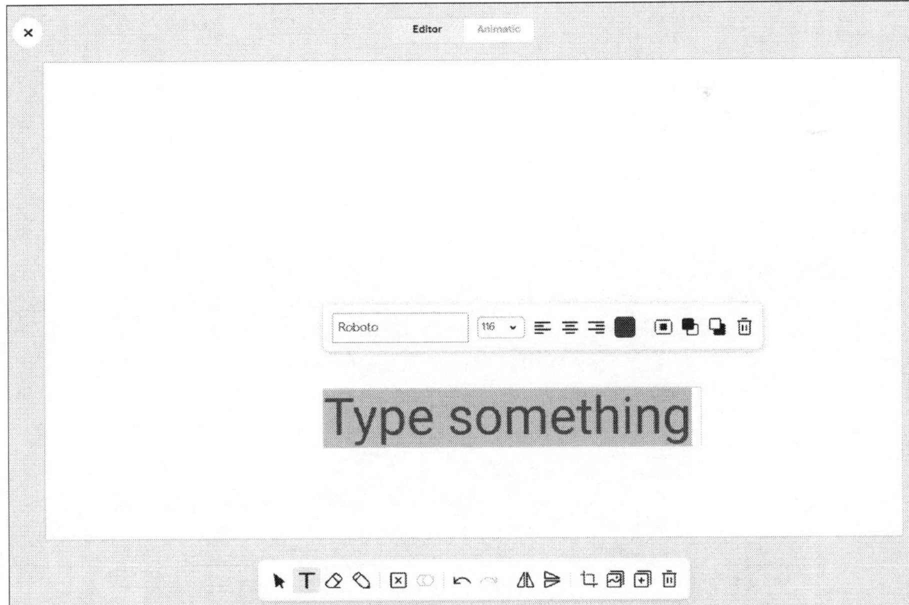

- Una vez que haya creado su guión gráfico, haga clic en **Download** para descargarlo, seleccionando el formato deseado en el menú desplegable.

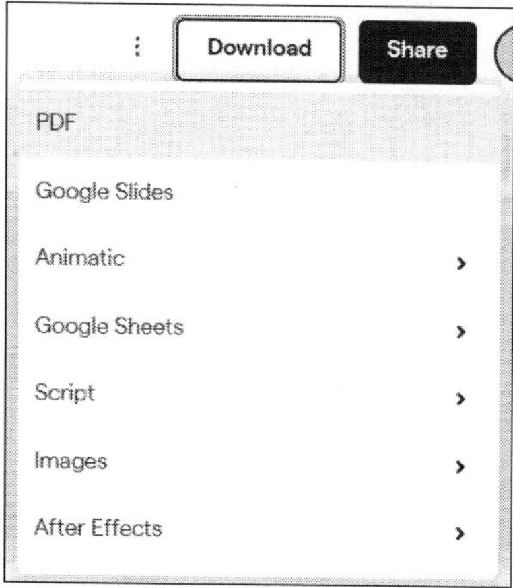

En la ventana que aparece puede configurar los ajustes relacionados con cómo se imprimirá el documento.

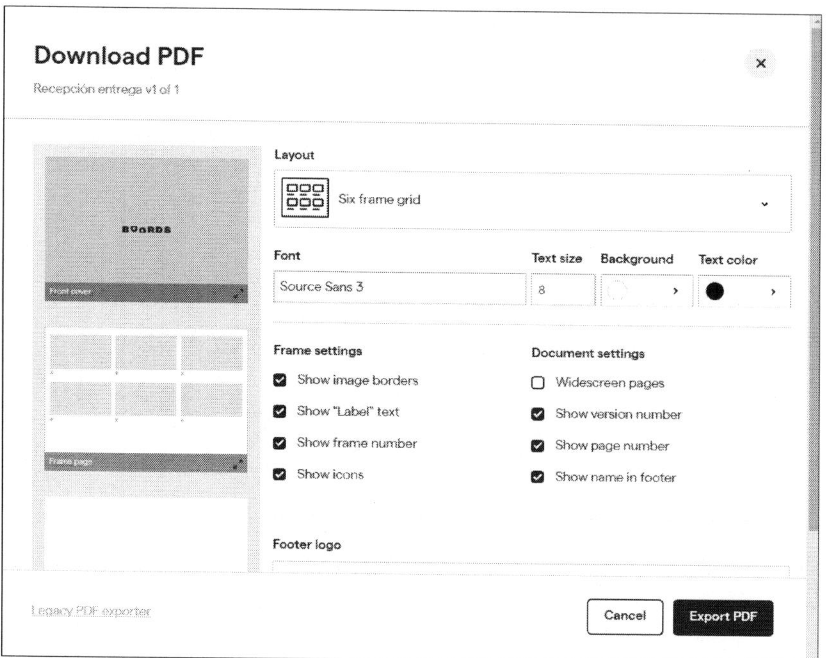

→ Cuando haya terminado, haga clic en el botón **Export PDF** y luego en **Download [nombre de archivo]**.

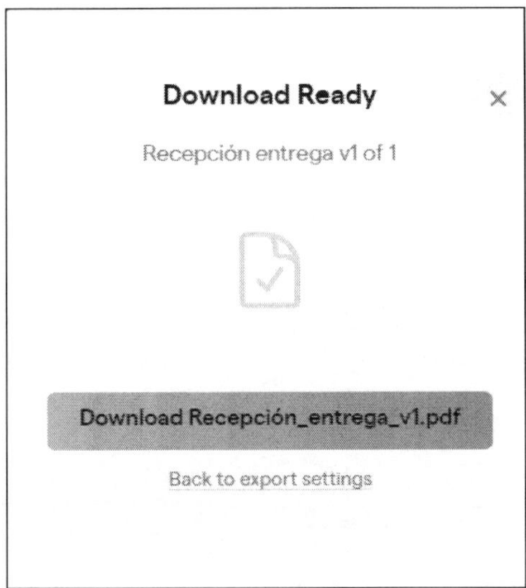

El archivo PDF se descargará y podrá abrirse con cualquier lector de PDF.

- La segunda gran ventaja de Boords es que se puede compartir en línea. Haga clic en el botón **Share** situado en la parte superior de la página.

- En el cuadro de diálogo, copie la URL del guion gráfico que desea compartir que luego enviará a sus colegas y clientes. Tenga en cuenta que puede ajustar los parámetros de acceso y los privilegios de edición y comentarios.

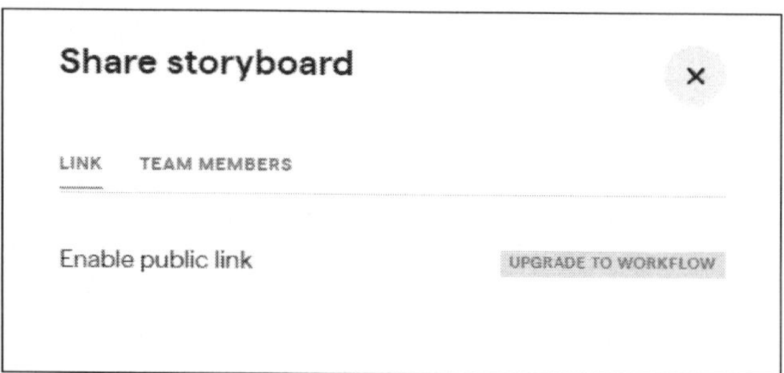

Boords, que también cuenta con funciones de gestión de la colaboración en equipo, no es desde luego una solución básica, pero si necesita gestionar una gran cantidad de proyectos en modo colaborativo con un equipo, le permitirá producir y compartir guiones gráficos en línea de forma eficaz.

Capítulo 4: Crear prototipos de estructuras

A. Crear prototipos de lo que aún no existe: prototipos en papel

El primer reto de la creación de prototipos es representar lo que aún no existe. Se está planificando un sitio web, pero ¿qué contendrá? ¿Cómo se distribuirá el contenido en las pantallas y dentro del sitio? ¿Qué estructura tendrá la información? ¿Cómo se organizará el acceso a los contenidos? ¿Cómo navegarán los usuarios por el contenido?

Todas estas preguntas deben responderse antes de iniciar el desarrollo técnico del sitio, e incluso antes de decidir las opciones gráficas y técnicas de este desarrollo, porque estas dependen directamente de las respuestas a estas preguntas.

A menudo vemos los efectos nocivos de lanzarse directamente al diseño visual y al desarrollo informático sin pasar por la necesaria fase inicial de creación de prototipos.

Los rebotes (visitantes que abandonan el sitio) se deben sobre todo a una navegación poco clara, una organización irrelevante de las categorías de productos, rutas de compra complicadas y, en definitiva, una experiencia de usuario que se considera insatisfactoria.

El proceso de desarrollo del proyecto también se ve afectado negativamente en términos de productividad. Resulta mucho más costoso tener que retomar un desarrollo, a raíz de pruebas de usuario posteriores que han puesto de manifiesto problemas, que tomarse el tiempo necesario desde el principio para crear un prototipo de estructura e interacciones que hayan sido validadas por los usuarios.

Se trata, pues, de dotarnos de herramientas eficaces para crear prototipos de lo que aún no existe y poder probarlos antes de empezar a desplegar sistemas más maduros. En este capítulo veremos las herramientas y métodos necesarios para empezar con buen pie.

B. Clasificación de tarjetas

Hemos podido elaborar una lista de contenidos potenciales porque se corresponden con los productos que ofrecemos y, sobre todo, porque responden a los problemas que quieren resolver nuestros usuarios. Ahora tenemos que comprobar que los contenidos son adecuados y responden a esas necesidades.

Para ello, vamos a organizar un ejercicio de **Clasificación de tarjetas** (en inglés **Card Sorting**). Es un método probado para crear el prototipo de una estructura en modo de cocreación, ya que la clasificación de las tarjetas la realizan los usuarios potenciales. La clasificación de tarjetas es el primer paso del proceso de diseño centrado en el usuario.

Más adelante volveremos sobre la organización material común a las sesiones de prueba (reclutamiento de los participantes, remuneración, cuestionarios posteriores a la sesión, etc.), pero hay que empezar por comprender que la clasificación de las tarjetas debe ser realizada por participantes que correspondan a las personas que hemos definido inicialmente.

En el caso frecuente de que el público objetivo incluya varias personas, es aconsejable segmentar las sesiones para recoger datos por separado para cada tipo de persona.

1. El material

En la clasificación de tarjetas hay tres etapas principales, y antes hay una fase importante de preparación del material.

Esta fase consiste en un conjunto de tarjetas que representan los contenidos potenciales.

A cada tipo de contenido se le asigna una tarjeta que lo define con precisión. Para entender cómo hacerlo, tomemos el ejemplo de un sitio web o aplicación de venta de muebles, simplificados para que sea más fácil.

→ En primer lugar, haremos una lista del contenido:

- Mesa de comedor
- Mesa baja
- Mesilla de noche
- Mesa de jardín
- Silla
- Silla de oficina
- Silla de jardín
- Sofá
- Canapé
- Sillón
- Sillón de jardín
- Cama de matrimonio
- Cama individual
- Dos camas individuales
- Cuna
- Y así sucesivamente.

→ A continuación, crearemos una ficha para cada tipo de contenido.

Es importante ser lo más preciso posible en la taxonomía de contenidos. Las variaciones de estilos o colecciones deben estar integradas para dar lugar a todas las fichas de producto para incorporarlas. Por ejemplo, si este catálogo incluye líneas Contemporáneo y Clásico, habrá que hacer dos fichas para cada artículo, por ejemplo:

Mesa baja - Línea clásica

Mesa baja - Línea contemporánea

Y así sucesivamente.

- Invierta todo el tiempo necesario para incluir todas las fichas necesarias. Por ejemplo, en el caso de un sitio de comercio electrónico, podría proponer fichas específicas para las promociones:
  - Promoción: Mesa de comedor
  - Promoción: Mesa baja

  En este caso, puede indicar la promoción en el título, o con una viñeta adicional.

  No importa cuántas fichas tenga. Para algunos sitios de comercio electrónico, puede ser una cantidad relativamente grande. Estas fichas de contenido pueden representar productos, pero también funcionalidades, por ejemplo:
  - Configuración de la cuenta de cliente
  - Historial de pedidos
  - Seguimiento de pedidos
  - Preguntas frecuentes
  - Y así sucesivamente.

  Cada ficha se tendrá la siguiente plantilla:
  - Un título preciso para el contenido.
  - Una descripción de este contenido si no es evidente, por ejemplo: para productos intangibles.
  - La cantidad de artículos idénticos. Si el catálogo contiene diez mesas de comedor, en la ficha deberá indicar: x10.

- Cada ficha debe ser lo más neutra posible, es decir, sin utilizar fuentes de texto exóticas, mejoras estilísticas o formatos que puedan influir en la percepción. A la hora de crear las fichas, puede utilizar un programa gráfico o simplemente un programa de ofimática para crear cuatro fichas con formato A4 apaisado por página. Cada ficha con formato 148,5 mm x 105 mm será fácil de manejar y tendrá espacio suficiente para describir el contenido. Como estas fichas deben manipularse, es preferible imprimirlas en papel Bristol semirrígido.

La realización material de este paquete de tarjetas, que es la herramienta básica de este método de creación de prototipos, es extremadamente sencilla y no requiere conocimientos de diseño gráfico. Así podemos concentrar todos nuestros esfuerzos en definir el contenido adecuado.

2. Primera etapa: La validación

- Explique a los participantes que van a contribuir al diseño de un dispositivo (página web, aplicación, terminal interactivo, etc.) destinado a ellos.
- Entregue el paquete de tarjetas a los participantes, explicándoles que se trata de contenidos que el dispositivo les destina de manera potencial. Pídales que lo consulten empleando todo el tiempo que necesiten.

Deje claro que son libres de hacer preguntas para aclarar cualquier contenido que no hayan entendido. Esto le permitirá mejorar los diseños de tarjetas posteriores.

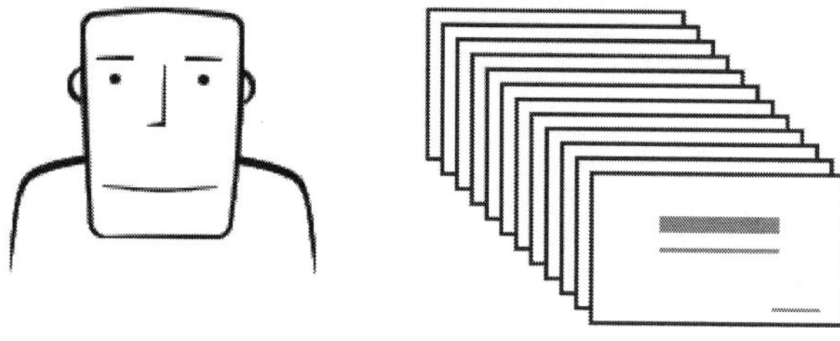

→ A continuación, pídales que retiren del paquete las cartas que, en su opinión, no pertenecen al conjunto. Pueden ser funciones que consideren inútiles o redundantes, así como artículos que no les interesen.

Que una tarjeta sea descartada no significa necesariamente que haya que eliminar el contenido que representa. Pero sí indica claramente que, con toda seguridad, no se colocarán en primer plano.

Si el objetivo es crear un **MVP** (**Producto Mínimo Viable**), por ejemplo, la primera versión de una aplicación que queremos limitar a las funciones esenciales, podremos ser más drásticos en la elección pidiendo a los participantes que se queden solo con las funciones esenciales y un máximo de tres, por ejemplo.

→ A continuación, entregue a los participantes un paquete de tarjetas en blanco. Explíqueles que es posible que hayamos olvidado algunas funciones o productos que ellos consideran necesarios. Pídales que escriban los títulos y adjunten estas tarjetas nuevas al paquete. Puede tratarse de productos o funciones en los que no haya pensado o que ya están, pero se considera que faltan porque los participantes no los entienden y, por tanto, están mal formulados.

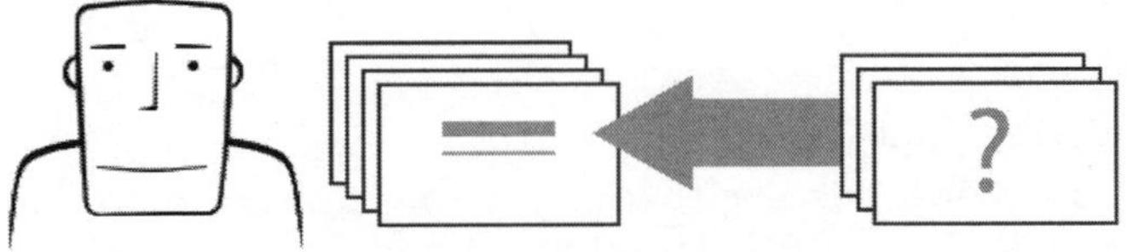

Al final de esta primera etapa hemos llevado a cabo:

- validación del contenido,
- priorización de los contenidos según la concepción mental del objetivo.

3. Segunda etapa: organizar los contenidos

La segunda etapa es la que da nombre al método: se trata de clasificar las tarjetas.

- Pida a los usuarios que repartan las tarjetas del paquete validado agrupándolas según la lógica que les parezca más evidente.
- Los usuarios simplemente harán montones de cartas. Dependiendo de la situación, puede pedirles que ordenen los montones según la importancia que tengan desde su punto de vista.

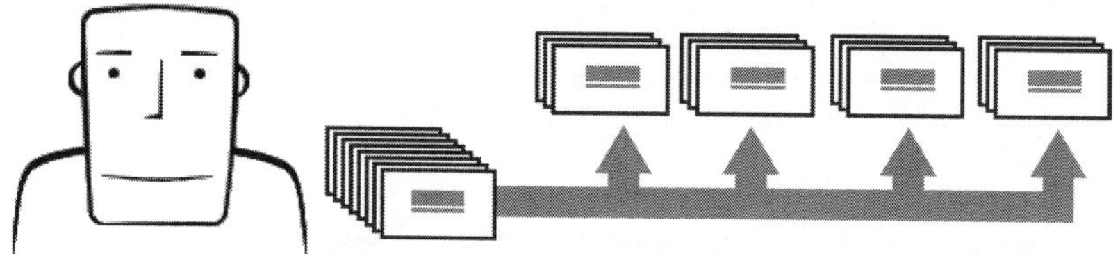

Para nuestro ejemplo, ¿agruparán las mesas y crearán una categoría Mesas? ¿O, por el contrario, crearán categorías por habitaciones o estilos colocando las mesas de salón junto a las mesas bajas y las mesillas junto a las camas? ¿O distinguirán entre dormitorios de adultos y de niños?

En muchos casos, la organización de los contenidos que se validarán no siempre era previsible.

> Si está en modo disruptivo, es decir, si invierte en un mercado ya saturado, pero cansado de costumbres y convenciones, a veces se encontrará con propuestas sorprendentes a contracorriente de los principios establecidos del sector. Estas propuestas le permitirán innovar mejorando la experiencia del usuario y le darán una ventaja competitiva.

Al final de esta etapa hemos llevado a cabo:

- validación de la estructura del contenido,
- priorización de los contenidos según la concepción mental del objetivo.

4. Tercera fase: etiquetado

En esta fase, los participantes ya nos han proporcionado una valiosa información: sabemos qué contenidos priorizar y cómo organizarlos, incluso jerárquicamente. Ahora vamos a aprovechar su presencia para seguir usando aún más su colaboración en la creación de nuestro sistema.

➜ Pida a los participantes que den nombres sencillos a los montones. Así tendremos un nombre lógico de los grupos de contenidos desde el punto de vista del usuario.

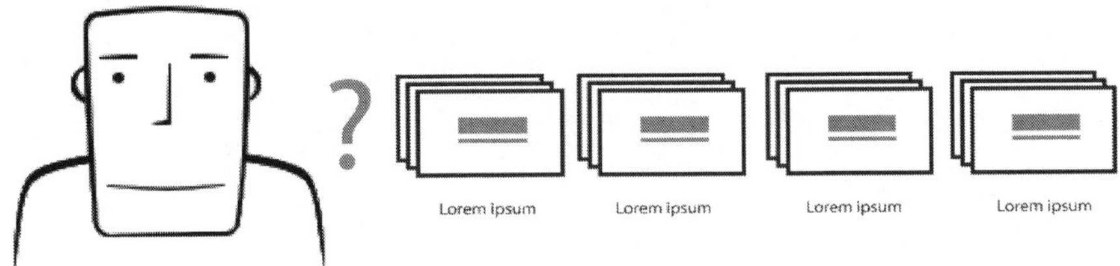

¿Se referirán a un grupo como «comedor» o «zona de comedor»? Una vez más, es posible que sigan la terminología vigente en el sector en cuestión, pero no hay que descartar la posibilidad de que vean, y por lo tanto, nombren las cosas de otra manera.

Al final de esta tercera y última etapa :

- Ha definido los títulos de las secciones y la navegación.

Al clasificar las tarjetas, hemos podido utilizar el papel de manera sencilla para iniciar el diseño de nuestro proyecto basándonos en el planteamiento del usuario. Este es el primer prototipo del proyecto, establecido a través de la cocreación, a partir del cual podremos pasar a las siguientes etapas de modelado de estructuras de pantalla e interacciones.

En el capítulo dedicado a la realización de pruebas veremos los métodos de aplicación para organizar y gestionar una sesión de pruebas con usuarios, pero en lo que respecta a esta fase crucial de clasificación de tarjetas, adopte las siguientes precauciones:

- Ha segmentado a los participantes según su correspondencia con las personas.

Si la clasificación de tarjetas se realiza en grupo, asegúrese de que los observadores tomen nota del liderazgo de determinados participantes y comprueben que, al final, las soluciones propuestas son realmente el resultado de un consenso.

Si clasifica las tarjetas de manera individual, lo que es más restrictivo en términos de receptividad y duración de la sesión, prevea siempre una cantidad suficiente de participantes para cada persona definida.

C. Clasificación de tarjetas en línea

Cuando se trata de investigación de UX, no hay nada como una sesión de pruebas presencial en la que se puede observar a los usuarios, entender cómo interactúan y hacerles preguntas relevantes que no estaban previstas al principio, pero que han surgido en el transcurso de la prueba.

El coste de estas sesiones presenciales es elevado tanto en recursos como en organización. Si los participantes están alejados geográficamente, será necesario prever su transporte, gastos de estancia, etc.

Por eso, los investigadores de UX recurren cada vez más a soluciones en línea que además ofrecen herramientas para el análisis estadístico de los resultados.

La mayoría de estos SAAS (*Software As A Service*, software como servicio) ofrecen modalidades *freemium*, es decir, con una versión básica gratuita y suscripciones de pago que ofrecen capacidades y funcionalidades ampliadas.

En los primeros puestos se encuentran **UXtweaks y Optimal Workshop**, que ofrecen la clasificación por tarjetas como parte de su gama de herramientas de búsqueda. Ambas soluciones están en inglés y funcionan de forma bastante parecida.

1. Descubrir cómo funciona UXtweaks

Vamos a ver el **UXtweaks** más sencillo (puede explorar Optimal Workshop abriendo esta URL: https://www.optimalworkshop.com/).

- Abra la URL: https://www.uxtweak.com/. Puede consultar los precios de suscripción haciendo clic en **Pricing**.

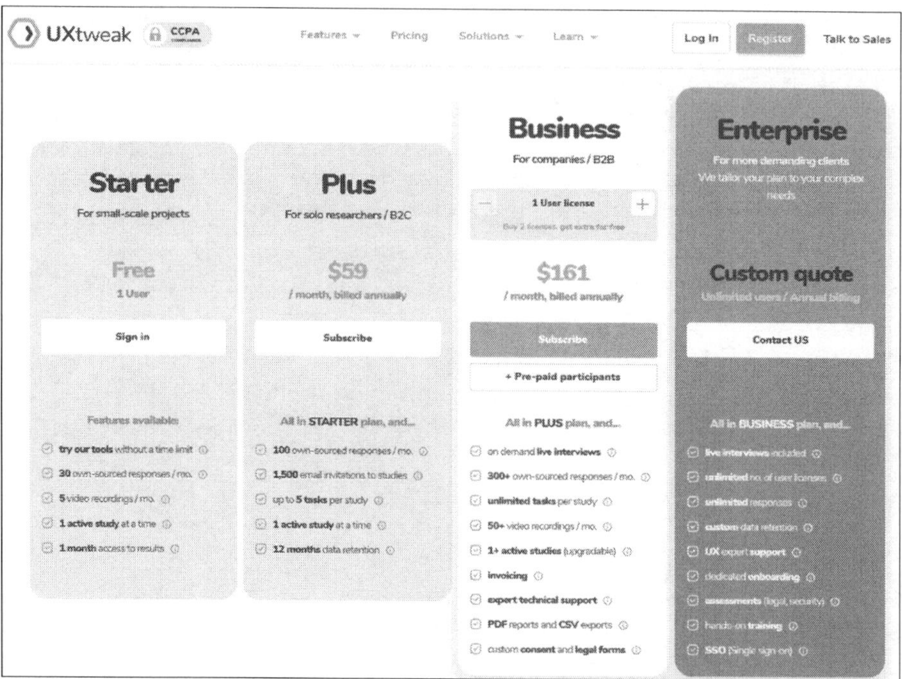

- Para descubrir la clasificación por tarjetas, despliegue el menú **Features** y seleccione **Card sorting**.

En este menú, verá que también están disponibles otras herramientas de UX, organizadas en categorías:
ORGANIZE CONTENT: organización de los contenidos.
EMPHATIZE WITH USERS: comprender a los usuarios.
TEST USABILITY: probar el uso.
RECRUIT PARTICIPANTS: reclutar participantes.

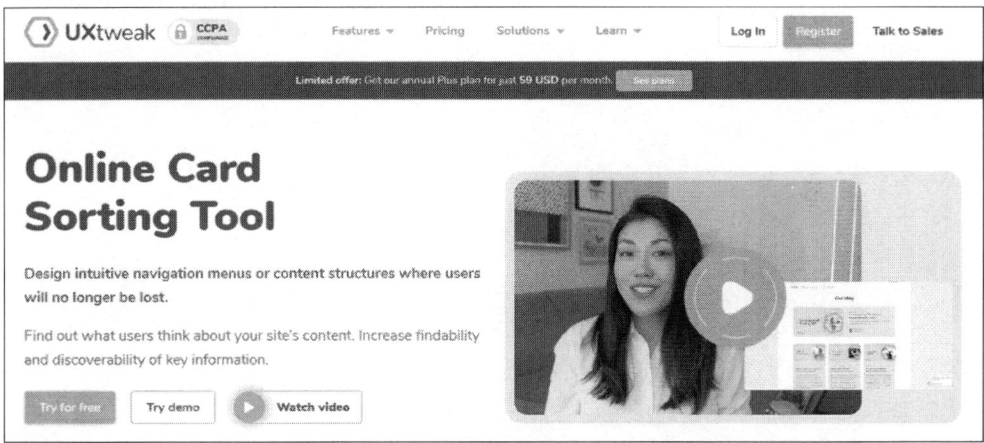

→ Puede optar por ver el vídeo explicativo o probar una demostración en línea haciendo clic en **Try demo**. Esto le llevará a las demostraciones de diferentes tipos de clasificación de tarjetas:

Open Card Sorting: los participantes podrán añadir tarjetas y crear categorías.

Hybrid Card Sorting: se proponen categorías predefinidas, a las que los participantes pueden añadir otras durante la prueba.

Closed Card Sorting: los participantes se limitan a elegir la distribución de las tarjetas en categorías predefinidas.

Image Card Sorting: los participantes clasifican imágenes y las asignan a categorías predefinidas.

→ Para cada uno de estos ejemplos, haga clic en **Sample Results** para ver los resultados o en **Demo study** para acceder a la clasificación de tarjetas en línea.

a. Los resultados

→ Haga clic en **Sample results** para ver los resultados de este ejemplo:

- La primera pestaña **OVERVIEW** proporciona información sobre las condiciones generales de la prueba: número de participantes, fecha, duración, etc.
- La pestaña **RESPONDENTS** proporciona información sobre cada participante.
- La pestaña **ANALYSIS** registra todos los resultados detallados. Para nuestro ejemplo de colocación de imágenes, observe especialmente **Standardization grid** (tabla de estandarización) y **Dendrogram** (dendrograma), esta última muestra a qué categorías se asignan más las imágenes.

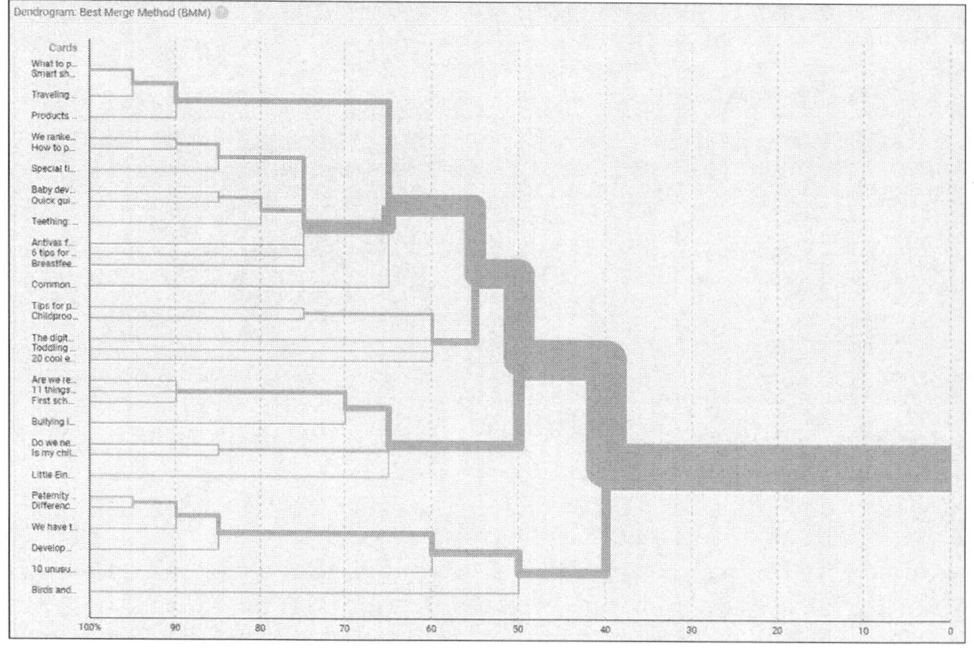

b. Desarrollo de la sesión

→ Para entender cómo aborda el participante este estudio en línea, haga clic en **Demo study**. Así podrá seguir cada etapa del proceso, empezando por los filtros que rechazarán a los participantes que no cumplan los criterios de selección (en este caso, participantes de 18 a 40 años).

Write your Welcome message

Here you can introduce respondents to your study. Contents can be customized using a simple WYSIWYG editor. You can also include images.

Skip Next

Welcome!

Welcome to this Card Sorting study and thank you for agreeing to participate!

This study concerns an online magazine **Big Ideas** which focuses on topics associated with startups, small businesses and freelancing.

The activity shouldn't take longer than **10 to 15 minutes** to complete. Your response will **help us to better understand how people perceive the various contents of our website.**

* Indicates a required answer to the question.

What is your age? *

- Under 18 years
- 18 – 30 years
- 31 – 40 years
- 41 – 50 years
- 51 – 60 years
- Above 60 years

En la siguiente etapa, **Instructions**, se explica al participante lo que se espera de él en términos sencillos.

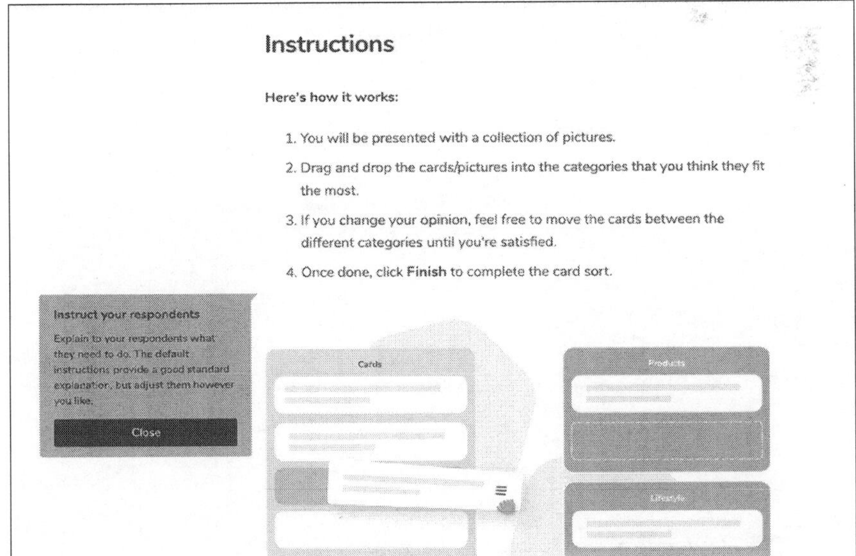

Para la prueba en sí, el participante selecciona cada visual de la columna de la izquierda y lo arrastra y suelta en la categoría de su elección.

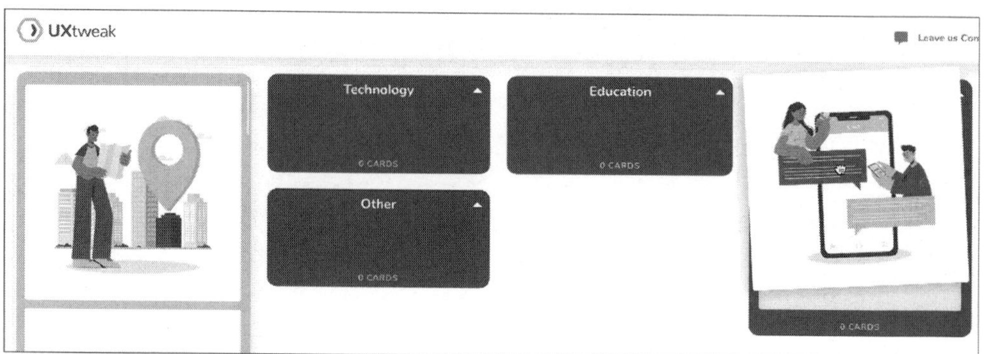

Una vez realizada la colocación, el usuario hace clic en **Finish sort**.

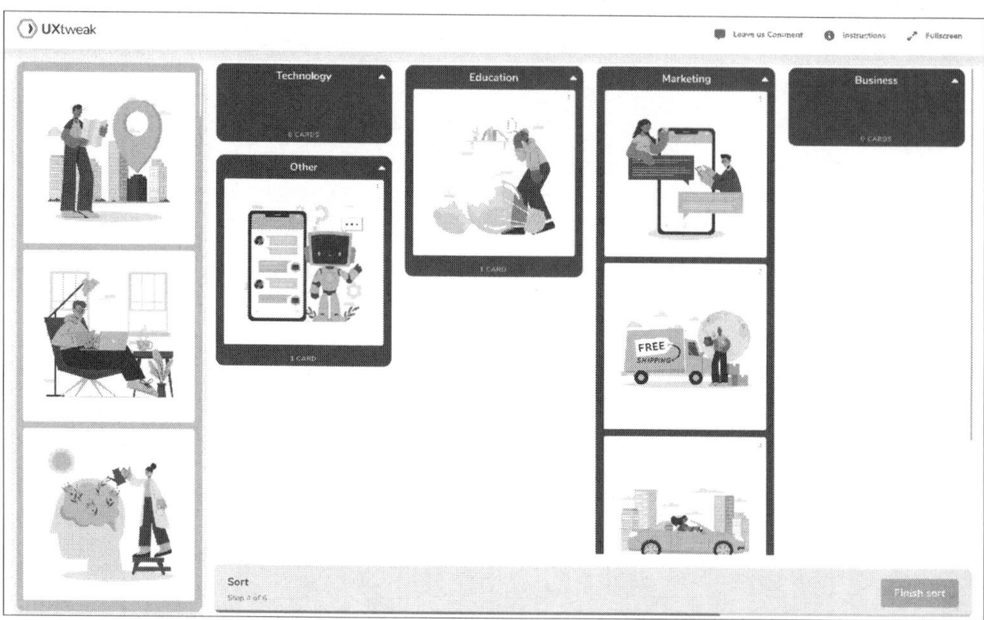

Para este ejemplo, también hemos incluido algunas preguntas posteriores a la prueba y un mensaje de agradecimiento.

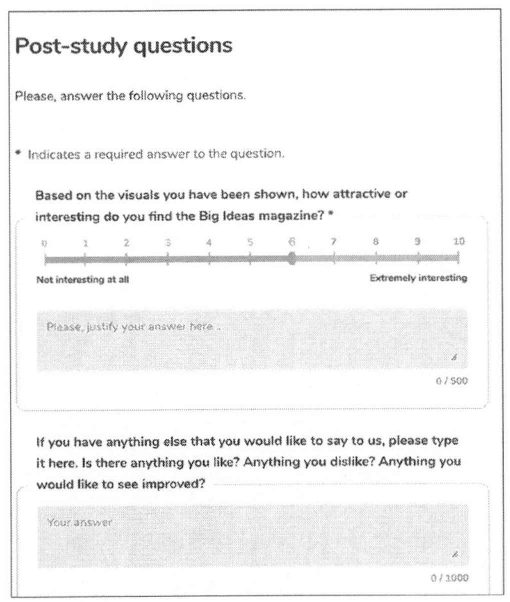

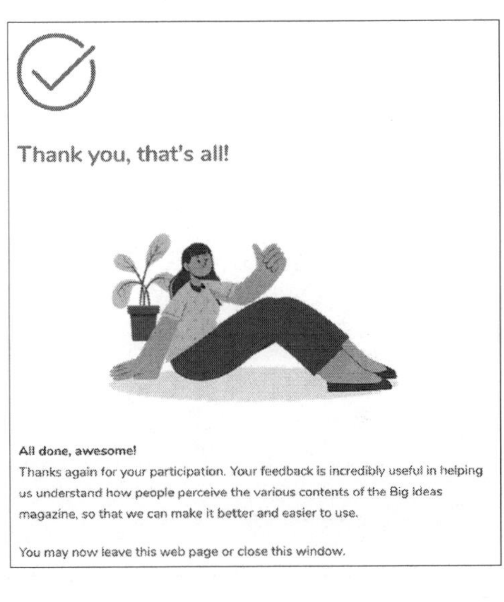

c. Cree su propio estudio

Ahora vamos a ver los puntos principales que debe conocer para tomar el mando y crear su primer estudio de clasificación de tarjetas.

Cree su cuenta

- Regístrese haciendo clic en el botón **Register** situado en la esquina superior derecha. El proceso es estándar. Introduzca una dirección de correo electrónico y una contraseña. Una vez que haya hecho clic en el enlace de validación que recibirá en el correo electrónico que ha introducido, inicie sesión haciendo clic en **Log In** para acceder a su panel de control.

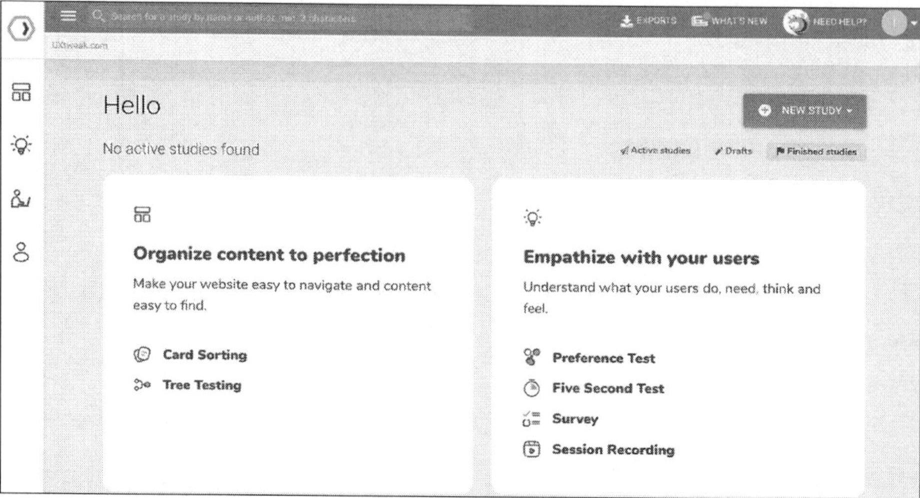

Configurar un estudio

- A continuación, seleccione **Card Sorting** en el menú desplegable **NEW STUDY** o haciendo clic en el bloque **Organize content to perfection - Card Sorting**.

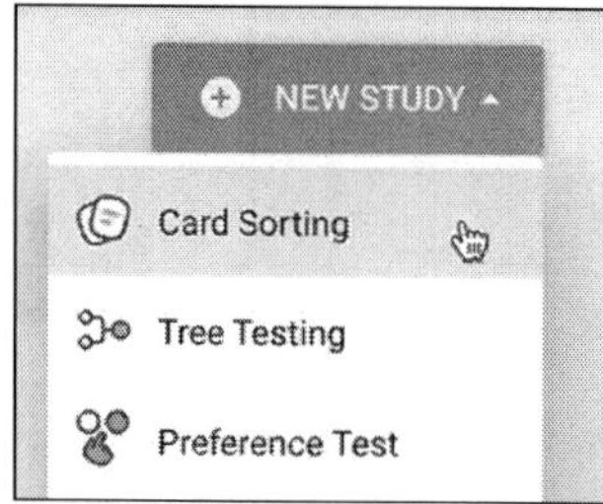

- A continuación, seleccione el tipo de clasificación de tarjetas:
  - **Open**: los participantes nombran ellos mismos las categorías.
  - **Closed**: las categorías están predefinidas.
  - **Hybrid**: las categorías están predefinidas y el participante pueden crear otras.

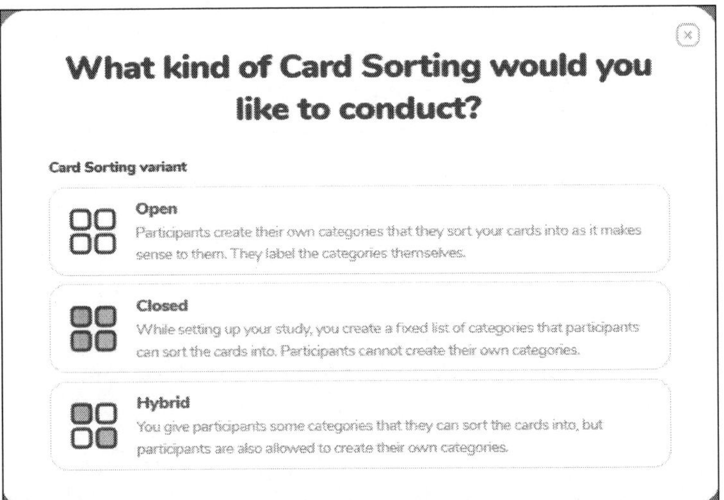

→ Aquí es donde entra en juego la función que más le interesará: elija **Spanish** en el menú desplegable **Language**.

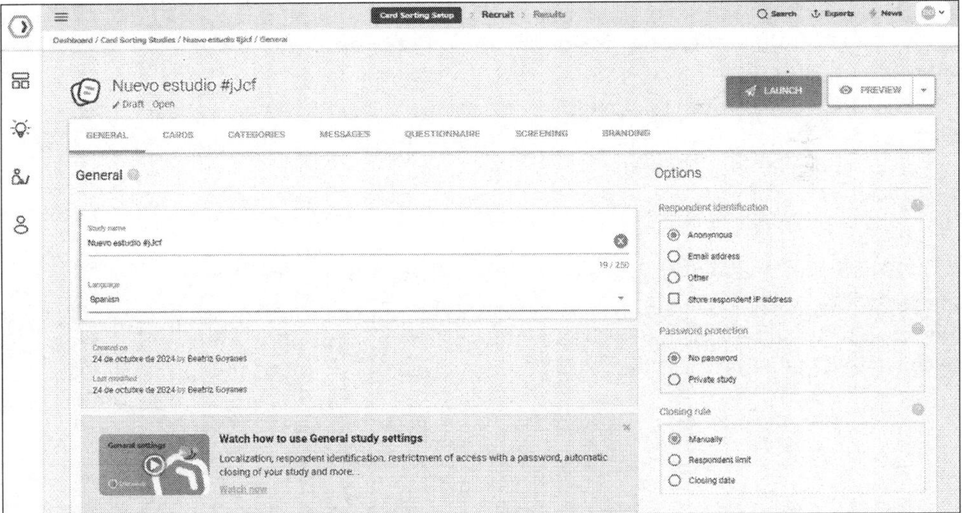

→ Abra la pestaña **MESSAGES - Welcome message**. Este está en español y puede adaptarlo a sus necesidades.

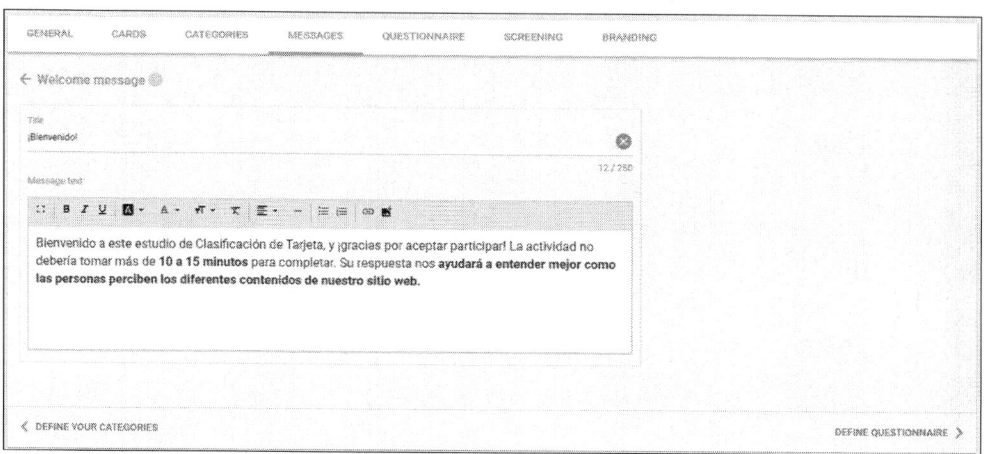

No vamos a entrar aquí en detalles sobre cómo configurar su encuesta, pero debe saber que está organizada en pestañas:

- **CARDS**: para crear las tarjetas que quiera clasificar. Puede organizarlas como desee, simplemente arrastrando y soltando. Puede añadir tarjetas en forma de imágenes, descripciones emergentes (Add tooltip descriptions), etc.
- **CATEGORIES**: con el modelo **Open** no hay categorías porque las crea el participante.
- **MESSAGES**: todos los mensajes previos y posteriores a la prueba: bienvenida, instrucciones, agradecimiento y cierre del estudio.
- **QUESTIONNAIRE**: preguntas previas y posteriores a la prueba, pero sobre todo filtro de entrada.
- **BRANDING**: con la versión gratuita no podrá añadir su propio logotipo.
- **RECRUIT**: medios para seleccionar participantes comunicando el enlace del estudio, pero también a partir de su base de datos o de paneles seleccionados por UXTweek. Tenga en cuenta la posibilidad de crear un incentivo para participar generando un código promocional.

➜ Una vez que haya preparado su estudio, haga clic en **PREVIEW** para comprobarlo y, a continuación, en **LAUNCH** para ponerlo en línea.

➜ En el panel de control, podrá supervisar los estudios haciendo clic en los tres botones:

- **Active studies**: estudios activos en curso
- **Drafts**: borradores de los estudios todavía no publicados
- **Finished studies**: estudios terminados

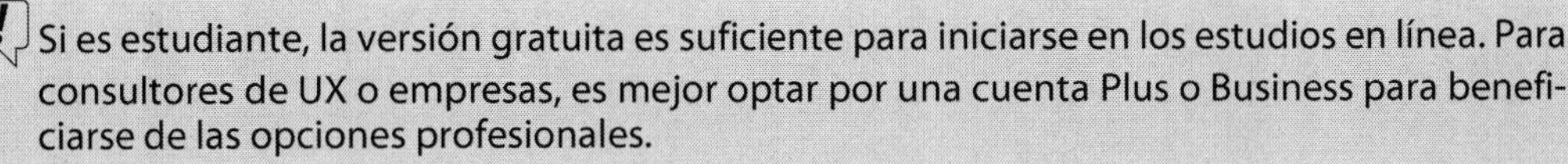
Si es estudiante, la versión gratuita es suficiente para iniciarse en los estudios en línea. Para consultores de UX o empresas, es mejor optar por una cuenta Plus o Business para beneficiarse de las opciones profesionales.

UXtweak no está solo en este mercado y le animo a que pruebe sus principales competidores, Optimal Workshop no es el único, aquí puede ver algunos de los más conocidos:

- **Maze**: https://maze.co/
- **Userzoom**: https://www.userzoom.com/
- **Proven by Users**: https://provenbyusers.com/

Y no dude en contarme los que ha descubierto ;-)

D. Los wireframes

Los profesionales de UI-UX utilizan este término, pero vamos a explicarlo para los no profesionales. Literalmente, *wireframe* puede traducirse como «marco de alambre» y como son maquetas, a menudo se denominan «maquetas alámbricas».

En lo que respecta al diseño de interfaces, existen dos tipos de maquetas:

- Maquetas alámbricas (*wireframe*)
- Maquetas gráficas (*mockup*)

Las maquetas funcionales también se incluyen a veces, pero hemos optado por trasladarlas a la categoría de prototipos funcionales, porque ya no son estrictamente maquetas sino dispositivos que simulan interacciones.

Las maquetas alámbricas son bocetos, o incluso borradores, que representan la estructura de las pantallas, ya pertenezcan a sitios web o aplicaciones.

La maqueta alámbrica no tiene ni debe tener ninguna pretensión de materializar una representación gráfica. Debe permitir concentrarse en la posición y el tamaño de los elementos de la interfaz, sin influir mediante formas o colores.

Por lo tanto, representa los elementos que se colocarán en la interfaz mediante bloques o marcos simples, de ahí el nombre en inglés de *wire* (alambre) y *frame* (marco).

Las maquetas alámbricas o *wireframes* se diseñan para imprimirse (y a menudo contracoladas en cartón) para poder:

- enviarlas a los participantes que las evaluarán durante las sesiones de prueba,
- presentarlas al cliente para su aprobación en las reuniones de hitos. En este caso, se convierten en un entregable por derecho propio con una dimensión contractual,
- ser utilizadas como guías de ayuda al diseño por diseñadores gráficos y desarrolladores de *front-end* durante las fases de producción posteriores.

En función de su finalidad, y a pesar de que deben ser lo más neutras posible, tienen distintos niveles de acabado, imponiéndose a veces los marcos simples a las representaciones visuales de los tipos de contenido presentes en la pantalla.

Por ejemplo, puede ver a continuación las representaciones de los siguientes elementos: vídeo, barra de progreso, elemento de formulario (casilla de selección) y calendario.

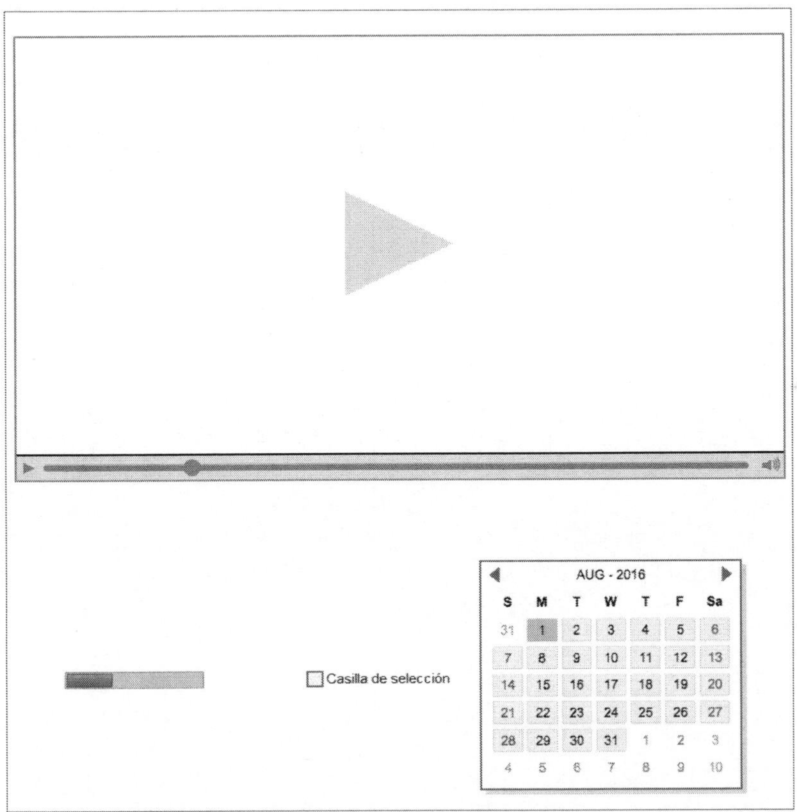

En este caso, las representaciones deben permitir comprender la función del elemento sin ningún tratamiento gráfico específico que pueda influir o desviar la atención. En este sentido, la barra de progreso de este ejemplo no es necesariamente acertada, porque su color atrae la mirada. Es preferible que los *wireframes* sigan siendo acromáticos: negro, blanco y gris y excluyan otros colores.

1. Estrategias para wireframes

Como ocurre con todos los prototipos, la creación de *wireframes* o maquetas alámbricas depende de su finalidad. Pero, por regla general, considere que va a utilizar un *wireframe* para cada tipo de pantalla. Por ejemplo, en el caso de un sitio de comercio electrónico:

- Página de inicio
- Página de categoría
- Página de producto
- Página de promoción
- Páginas de pedido
- Páginas de creación de cuenta

También debe incluir parches que representen ventanas intersticiales como promociones, alertas y gestión de la cesta.

En resumen, los *wireframes* deben permitirle mostrar a un interlocutor cómo funciona el dispositivo.

a. Ejemplo de maquetas alámbricas

El objetivo de las siguientes maquetas alámbricas o *wireframes* era probar el proceso de compra de muebles. La cesta no permitía ninguna compra adicional y después de poner seis sillas en la cesta, había que volver a la página del producto, desplazarse hacia abajo y, por último, añadir la mesa. Cuatro *wireframes* fueron suficientes para describir este proceso. Además habíamos previsto una nota adhesiva para que el participante pudiera indicar en la maqueta de la cesta dónde le habría gustado ver aparecer los productos adicionales.

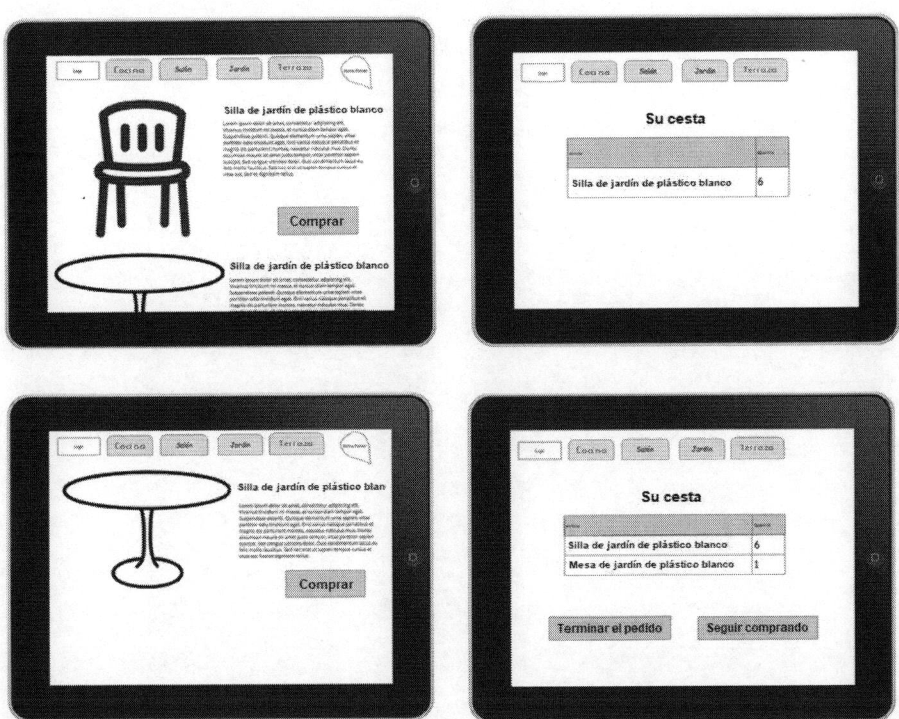

b. Crear wireframes utilizando kits gráficos

Las maquetas alámbricas del ejemplo anterior se han hecho con material al alcance de cualquiera: un ordenador con un software gráfico para construir los elementos que procedían de kits gráficos y cliparts para los objetos, una impresora, cartón, tijeras y pegamento. Esta combinación de informática y trabajo manual puede parecer sorprendente, pero es la más eficaz en términos de gestión del tiempo y facilidad de producción. Aquí tienes algunas ideas para encontrar kits gráficos para crear prototipos de tus interfaces.

Si quieres trabajar sin ningún programa informático utiliza el estarcido, es un método que utiliza plantillas o esténciles que permiten esbozar rápidamente maquetas alámbricas.

- Visite la página web de **UIStencils**: https://www.uistencils.com/products/iphone-stencil-kit y por la módica suma de 28 euros podrá modelar aplicaciones para iPhone. También necesitará un lápiz o un rotulador.

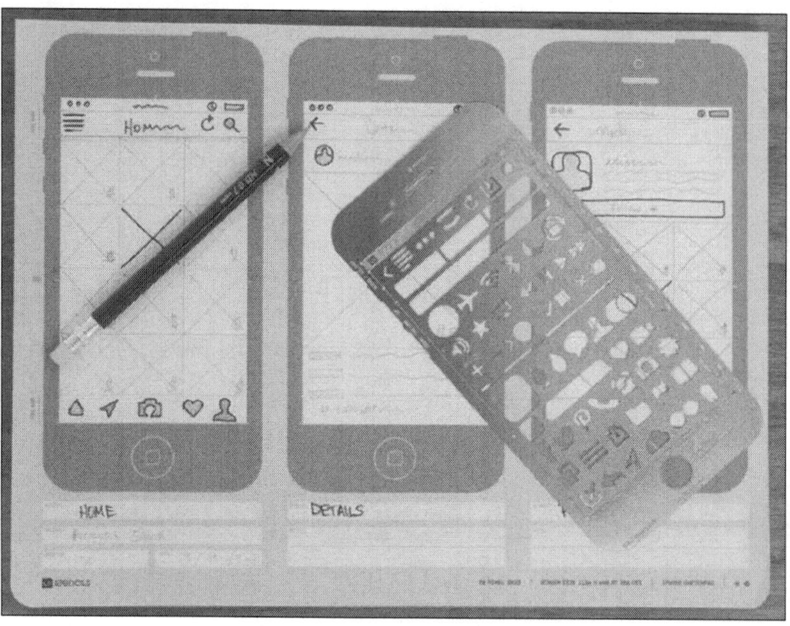

➜ En el mismo sitio también puede descargar plantillas de cuadrícula para diseñar sus maquetas alámbricas o *wireframes*. Para ello, despliegue el menú **Resource - Downloads**, introduzca su dirección de correo electrónico y haga clic en **Download**.

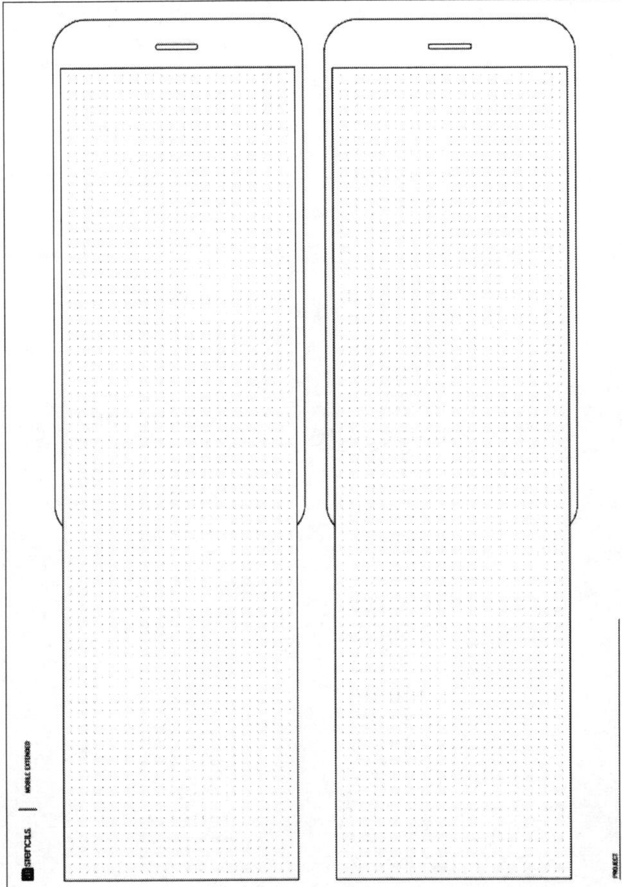

- En **Sneakpeekit** (http://sneakpeekit.com) también puede descargar cuadrículas para construir sus prototipos para navegadores, smartphones y tabletas.

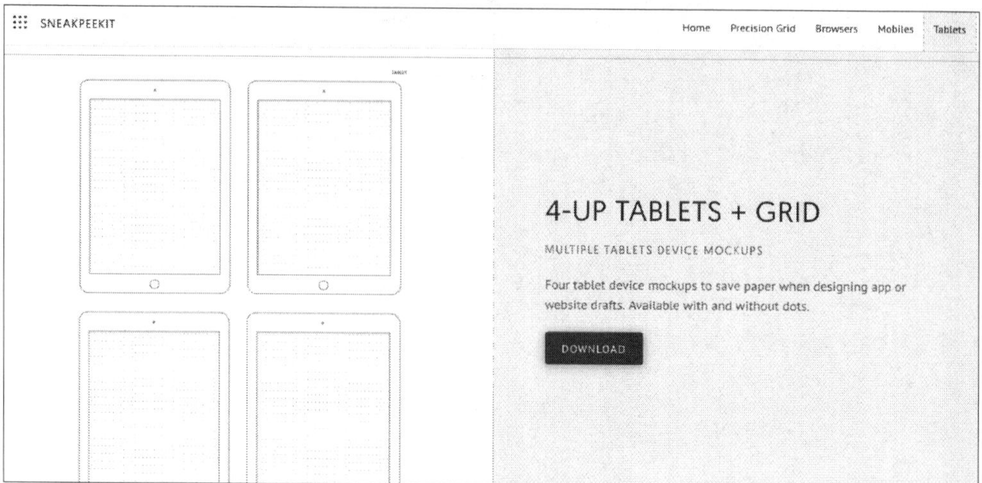

- **Dessky** (http://dessky.com/freebies/web-design-wireframe-kit/) ofrece un kit de interfaz bastante completo en formato PSD (documento de Photoshop) para su descarga gratuita. Es necesario estar registrado, pero crear una cuenta es gratis.

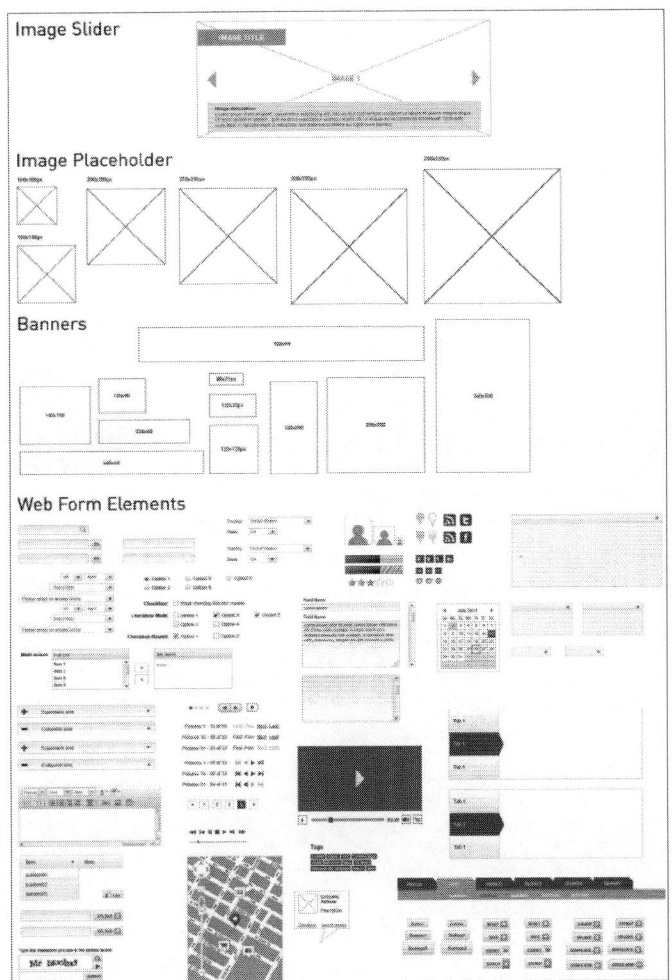

- El kit que ofrece **Medialoot** (http://medialoot.com/item/free-sketchy-mobile-wireframe-elements/) es muy completo. Sin embargo, deberá especificar la propiedad intelectual del material gráfico que publique con él. Haga clic en el botón **Free download** para descargarlo.

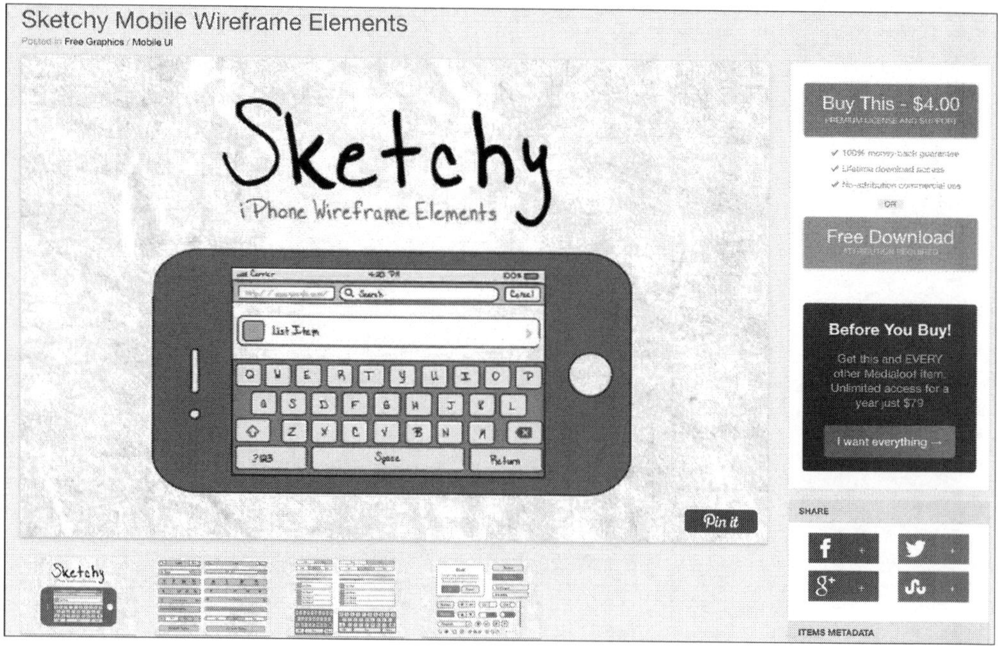

Una vez descomprimido, el archivo contiene elementos en formatos vectoriales .AI SVG y EPS.

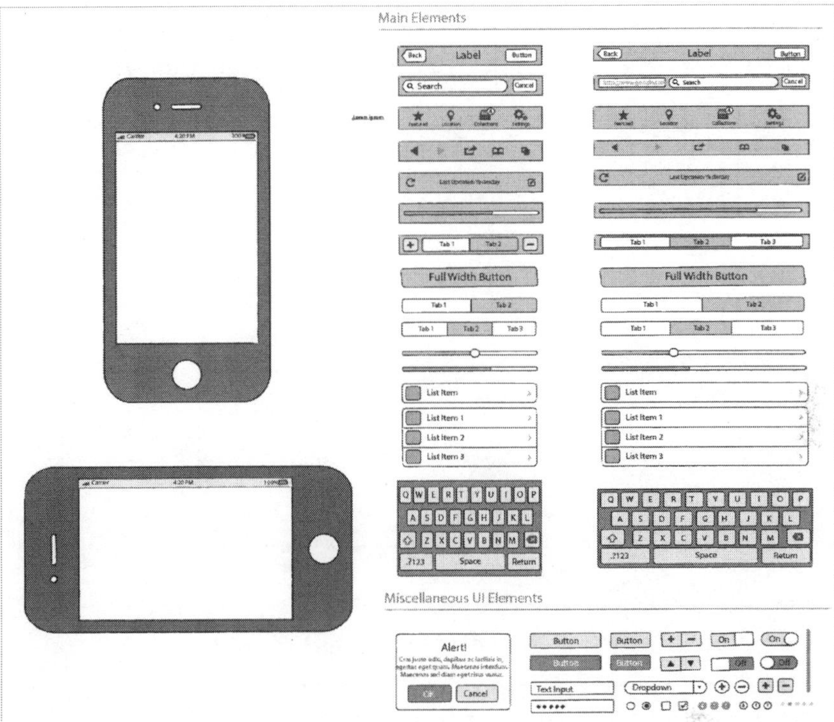

E. Wireframes: el software de creación

Aunque sus maquetas alámbricas o *wireframes* vayan a imprimirse para producir prototipos en papel que se utilizarán como material de apoyo para pruebas presenciales, el software puede facilitarle el trabajo. Puede aumentar su productividad si tiene muchos prototipos para crear y modificar porque trabajará con un proceso iterativo. También puede poner en común elementos recurrentes y considerar la posibilidad del diseño colaborativo en el caso del software en línea.

1. Pencil Sketching

a. Instalar Pencil

Pencil Sketching es el programa más fácil de instalar y utilizar, además es gratuito. En la actualidad ya no se desarrolla como extensión para Firefox, sino que funciona como programa independiente por derecho propio.

➔ Visite http://pencil.evolus.vn/.

→ Haga clic en el enlace **Downloads** del menú superior derecho.

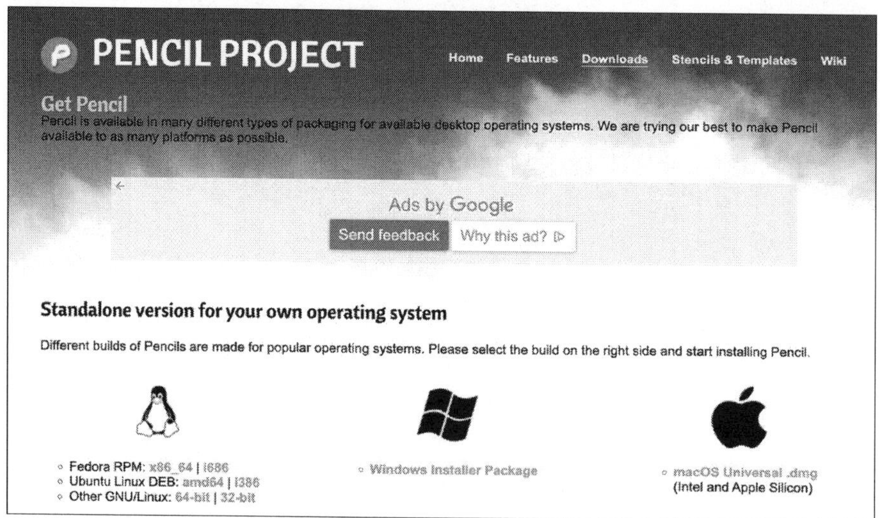

→ Elija la versión correspondiente a su plataforma. Para Windows, se trata de un instalador. Solo hay que iniciarlo y seguir las indicaciones del asistente de instalación.

→ Para Mac, se trata de un archivo. El formato DMG funciona muy bien, pero puede optar por el archivo ZIP que tardará menos en descargarse si su conexión no es muy rápida.

Haga doble clic en el archivo DMG para abrirlo. Arrastre Pencil a la carpeta de aplicaciones y Pencil estará listo para trabajar.

b. Descubrir la interfaz de Pencil

El único inconveniente de Pencil es que su interfaz está en inglés. Por lo demás, es muy similar a cualquier software gráfico que haya podido utilizar.

No obstante, vamos a echar un vistazo a las principales funciones que puede utilizar, empezando por su interfaz.

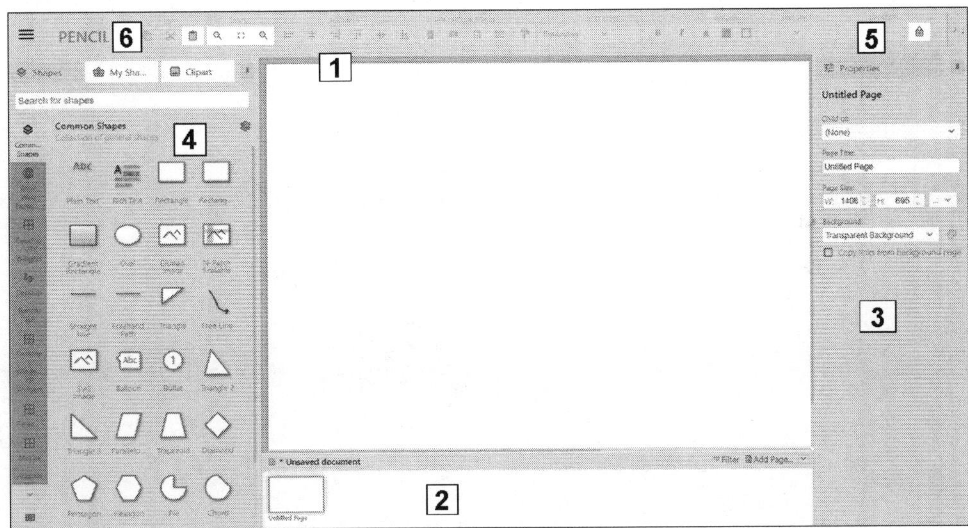

1. **Superficie de trabajo**: su tamaño se define al crear la página.
2. **Páginas del documento**: haga clic con el botón derecho del ratón en una de estas páginas para acceder a sus propiedades. Añada una página haciendo clic en **Add Page**.
3. **Panel de propiedades**: muestra y edita las propiedades de los elementos seleccionados.
4. **Panel de formas**: muestra todas las formas clasificadas por categorías. Se colocan en la superficie de trabajo arrastrándolas y soltándolas.
5. **Barra de herramientas**: alinea y distribuye los elementos y permite dar estilo al texto.
6. **Menú principal**: gestiona los documentos guardándolos, exportándolos e imprimiéndolos, así como las preferencias y las colecciones de formas.

c. Crear un prototipo con Pencil

Vamos a crear un prototipo sencillo utilizando Pencil. Representará la pantalla de inicio y de inicio de sesión de una aplicación móvil, constará de dos páginas.

→ Empiece haciendo clic en la colección **Mobile-iOS UI Stencils** o en **Mobile - Android ICS**. Haga clic en el visual de iPhone o en el de Android y arrástrelo a la superficie de trabajo.

➜ Si la superficie de trabajo es demasiado pequeña, haga clic con el botón derecho en la miniatura de la página, vuelva a hacer clic en la opción **Properties** del menú y cambie las dimensiones. Aproveche para darle nombre.

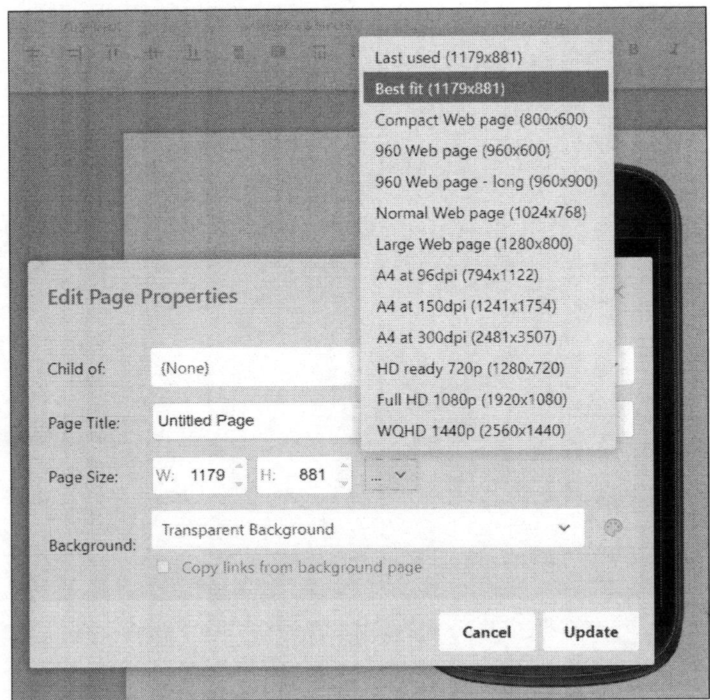

→ Abra la colección **Desktop Sketchy GUI** y arrastre el elemento que representa una imagen a la superficie de trabajo. Ajústela al tamaño de la pantalla. Comprobará que:

- las dimensiones de la imagen se actualizan en tiempo real,
- el panel de propiedades permite modificarla.

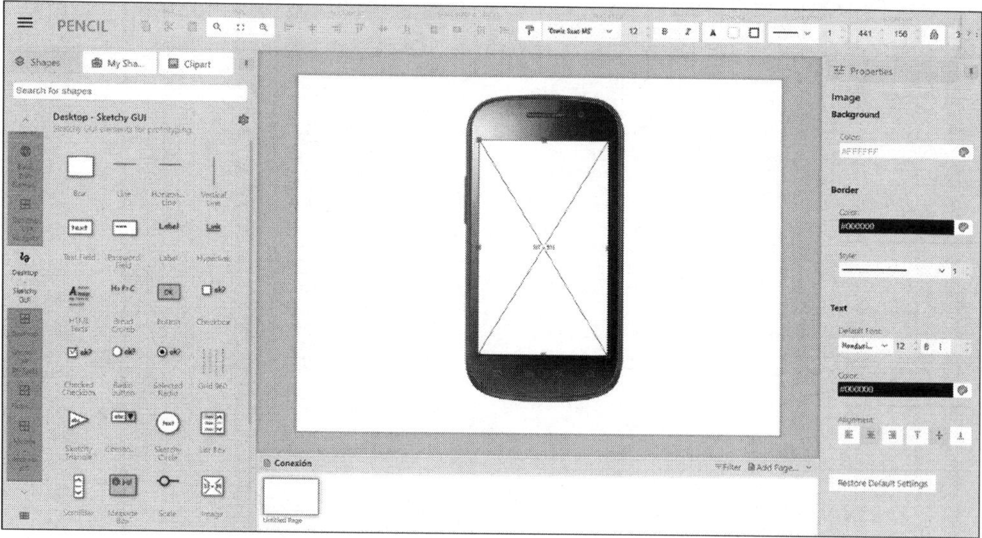

→ A continuación, coloque del mismo modo los elementos que compondrán la interfaz:

- El logotipo y el texto de bienvenida: creados a partir de la forma **HTML Texts**.
- Los campos de formulario y el botón: creados a partir de las formas **Text field** y **Password field**.

Para centrar todos los elementos, haga clic con el botón derecho del ratón en un elemento y elija **Select All** en el menú; a continuación, haga clic en el icono de centrado de texto situado en la barra de control superior.

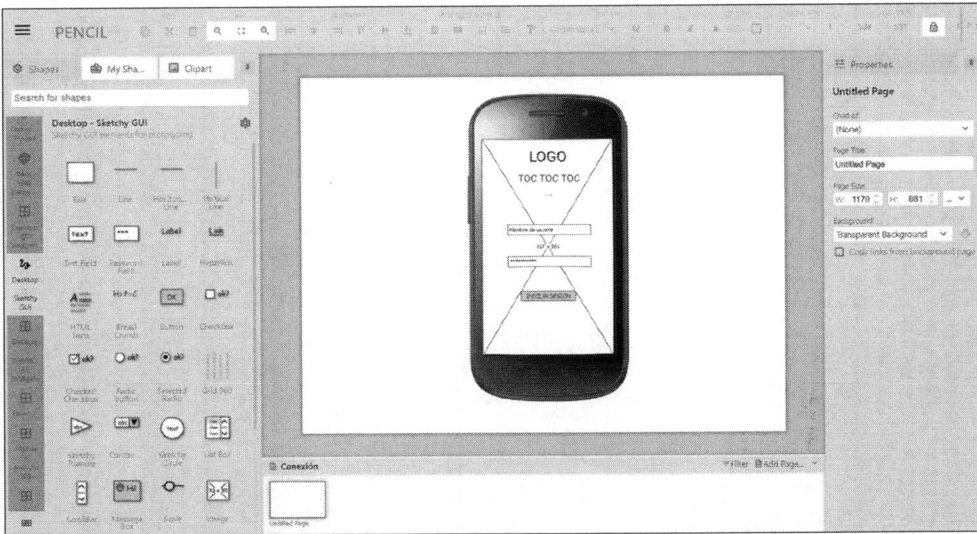

➔ Para crear la segunda página, vamos a aprovechar el trabajo ya realizado. Haz clic con el botón derecho en la miniatura de la página y seleccione **Duplicate** en el menú.

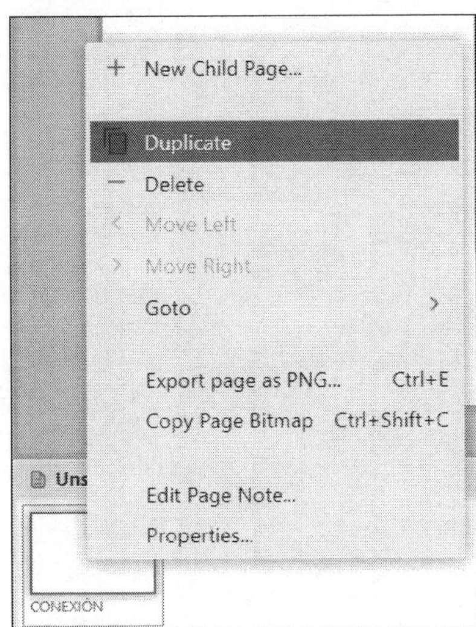

- Renombre la página nueva.
- A continuación, coloque los elementos que desee mediante arrastrar y soltar. Aquí hemos cambiado el color de la foto de fondo, la idea es que la foto inicial sea borrosa y luego, una vez identificada, se vuelva clara.

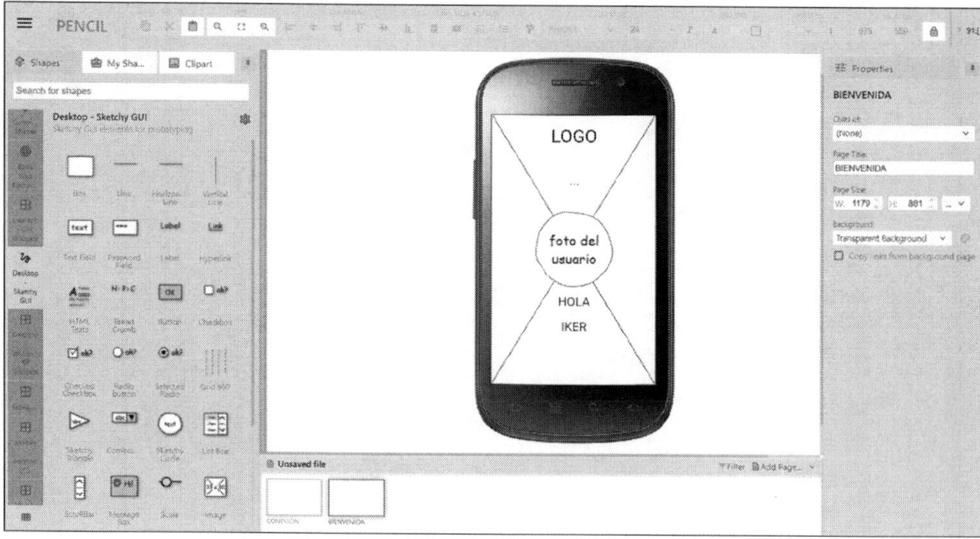

d. Guardar y exportar los prototipos

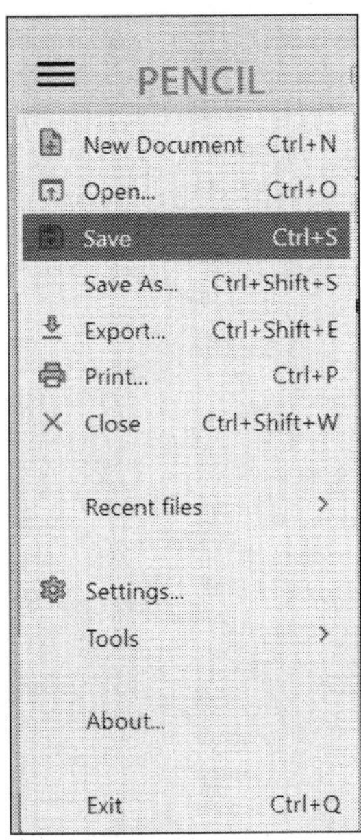

- Para guardar el documento, abra el menú principal en la parte superior izquierda y haga clic en **Save**.
- Para imprimir el documento, solo tiene que hacer clic en **Print**.
- Para exportar el documento, haga clic en **Export**.
- A continuación, elija el formato que desee:
  - **Rasterized Graphics (PNG)**: las páginas se exportarán como archivos con formato PNG.
  - **Single web page**: se creará una página web que contendrá todas las páginas. Más adelante veremos que se pueden colocar enlaces entre las páginas.
  - **Print**: impresión.
  - **Multi-layer vector graphics**: formato vectorial SVG en capas.
  - **OpenOffice.org**: formato ODT que puede abrirse con programas de tratamiento de textos, incluido Word, que puede convertirlo.

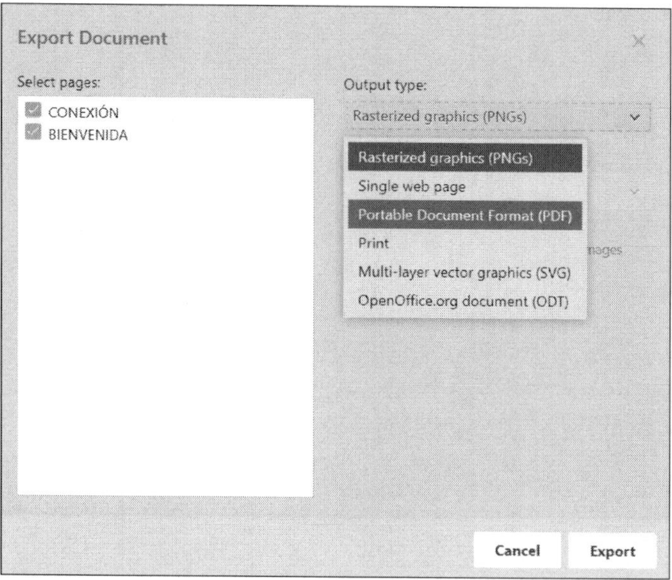

e. Ir más lejos con Pencil

Nos hemos centrado en lo esencial para que pueda familiarizarse rápidamente con Pencil. No dude en explorar sus otras funciones, que son muchas. Por ejemplo, puede colocar enlaces entre elementos y páginas. A continuación, hemos vinculado el botón **INICIAR SESIÓN** a la página de **BIENVENIDA**.

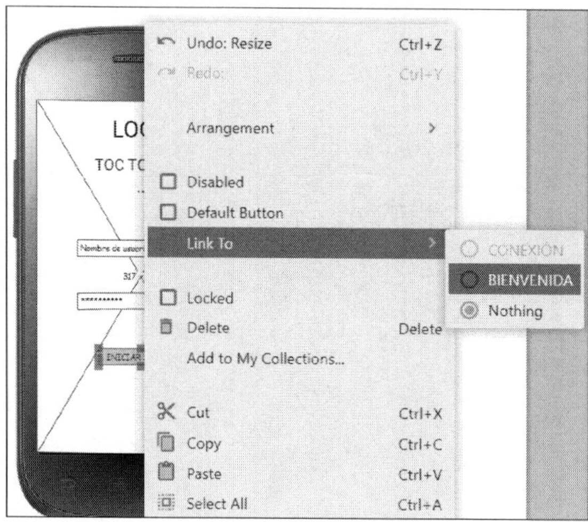

Una vez exportado el documento en formato **Single web Page**, teniendo cuidado de seleccionar la opción **Clickable Prototype HTML Template**, el enlace del botón se activa, como puede ver a continuación. Esta función permite probar una interacción sencilla en línea.

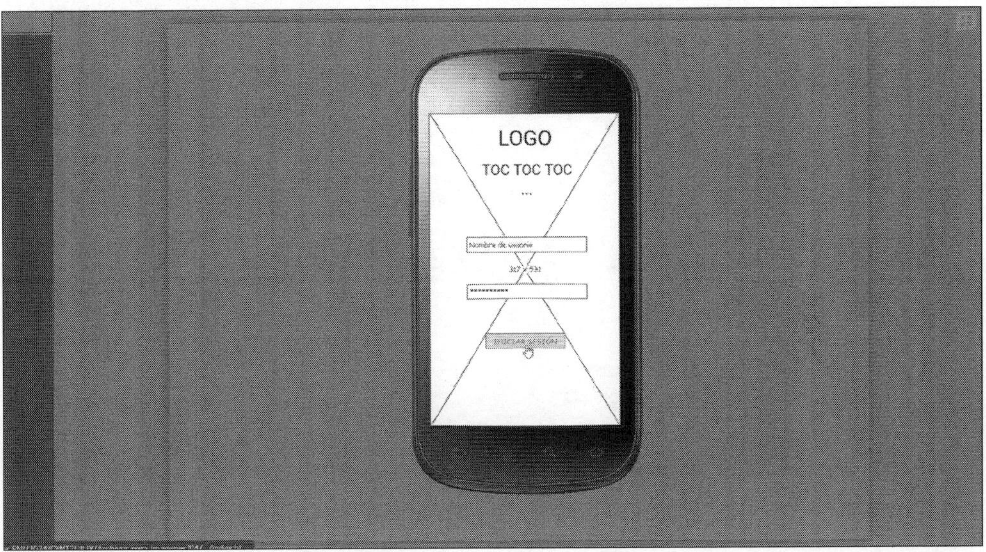

2. Justinmind

Justinmind no es un software gratuito, pero una vez finalizado el periodo de prueba gratuito, siempre puede decidir continuar de forma gratuita con funciones limitadas. Si tiene que gestionar una gran cantidad de prototipos, es una solución profesional a tener en cuenta.

a. Instalar Justinmind

➙ Visite esta URL: https://www.justinmind.com/. Haga clic en el botón **Download Free**.

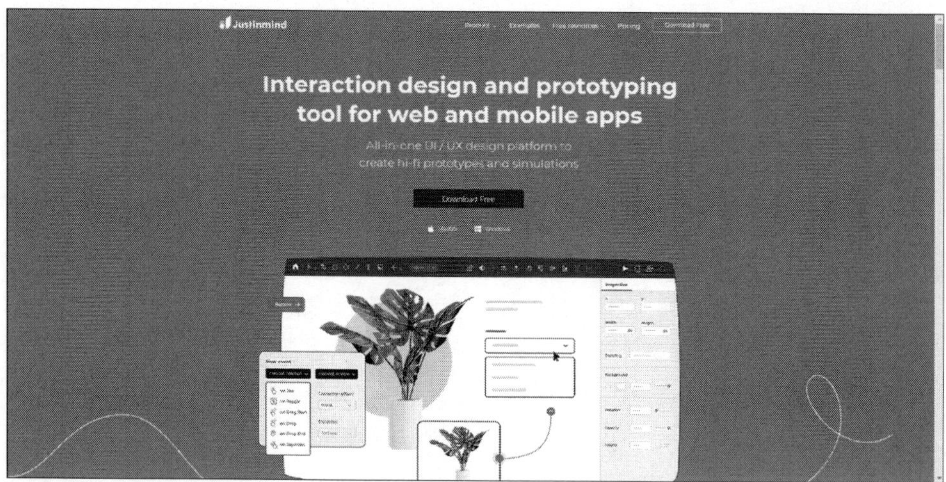

Para Windows, el archivo descargado es un ejecutable que hay que lanzar; para Mac, es un archivo DMG que hay que abrir y desde el que se lanza un instalador.

➙ Para iniciar Justinmind, antes deberá crear una cuenta en el sitio web de Justinmind. Si no es así, haga clic en el enlace **Sign up** cuando se abra el software.

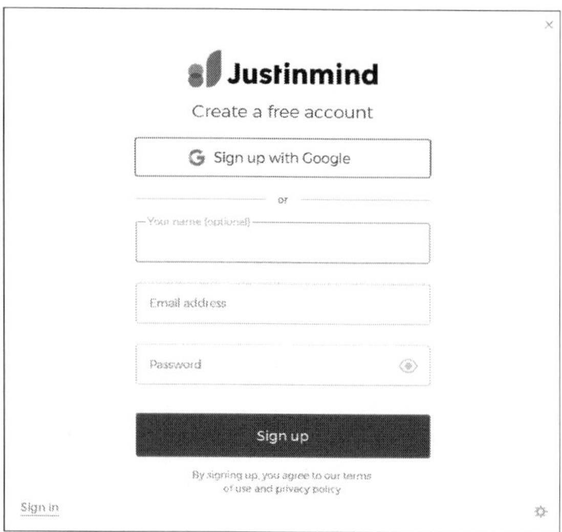

b. Descubrir la interfaz de Justinmind

La interfaz se parece a otro software profesional como el de Adobe. Sin embargo, es bastante similar a otro software de creación de prototipos de *wireframes*. Así que aquí vamos a ver las principales diferencias.

La interfaz consta de cinco zonas:

1. **Superficie de trabajo**: muestra las pantallas en pestañas.
2. **Paneles de propiedades**: muestran información contextual sobre los elementos y permiten editarlos. Tenga en cuenta que existe un sistema de capas similar al de Photoshop.
3. **Pantallas**: muestra las páginas que ha creado y le permite crearlas o gestionarlas.
4. **Widgets**: formas y elementos de la interfaz que se pueden arrastrar y soltar.
5. **Barra de control**: sirve para organizar y dar formato a los elementos.

c. Primeros pasos con Justinmind

- Al igual que con Pencil, arrastre y suelte el elemento deseado (en la figura de debajo es una imagen) en la superficie de trabajo y cambie su tamaño utilizando los tiradores de anclaje.

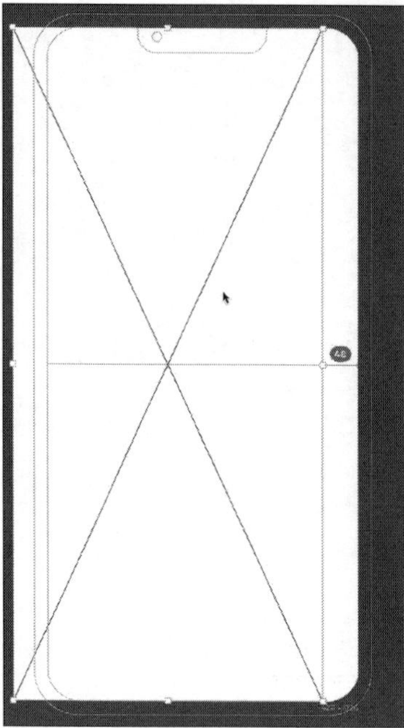

- Del mismo modo, añada el texto y las formas para el prototipo.

  El texto no se gestiona tan fácilmente. Entre otras cosas, hay que especificar si el texto es de una o varias líneas en el panel de propiedades.

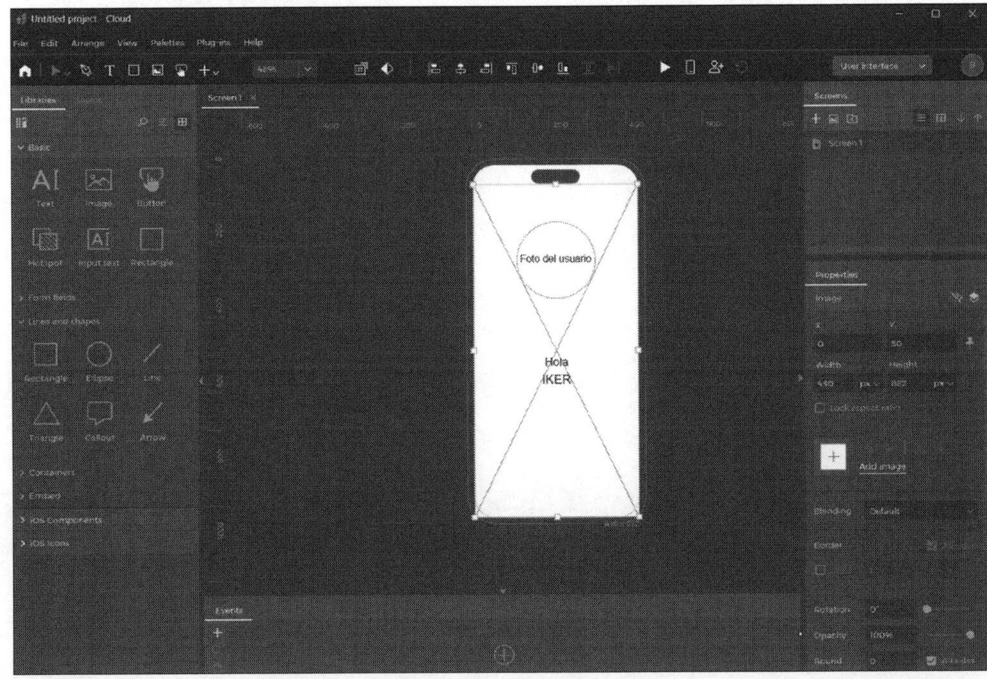

➙ La duplicación de las pantallas es idéntica a la de Pencil: haga clic con el botón derecho del ratón en la miniatura de la pantalla que desea duplicar en el panel **Screens** y seleccione **Duplicate** en el menú.

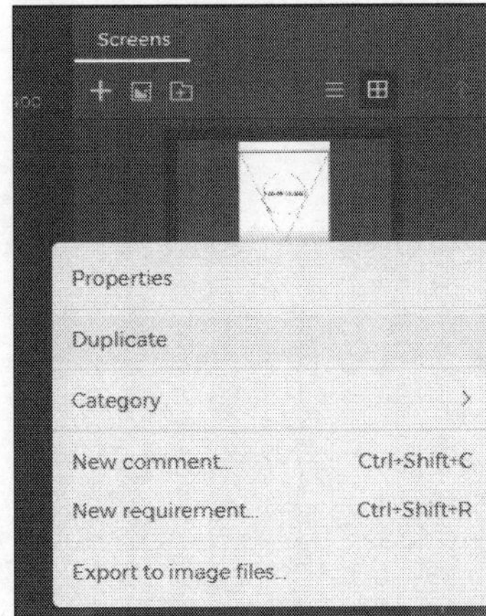

- Justinmind también gestiona enlaces con la versión de pago (9 euros/mes). Para ello, haga clic con el botón derecho en el elemento de activación y seleccione **Add Link** en el menú contextual. A continuación, especifique la página que desea enlazar.

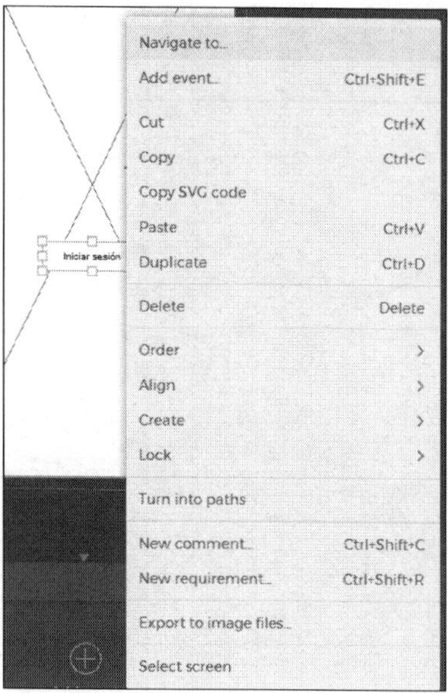

- Con la versión gratuita no es posible exportar en los distintos formatos, pero puede simular el funcionamiento de la aplicación pulsando el botón **Simulate** situado en la esquina superior derecha.

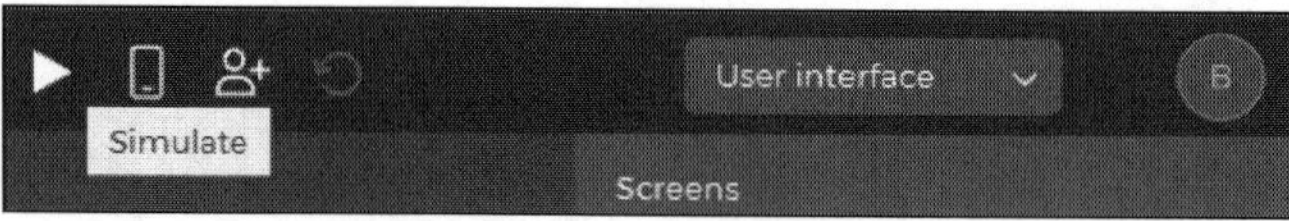

- El prototipo se abrirá en el navegador. Puede verlo y, si existen enlaces, activarlos para pasar de una página a otra.

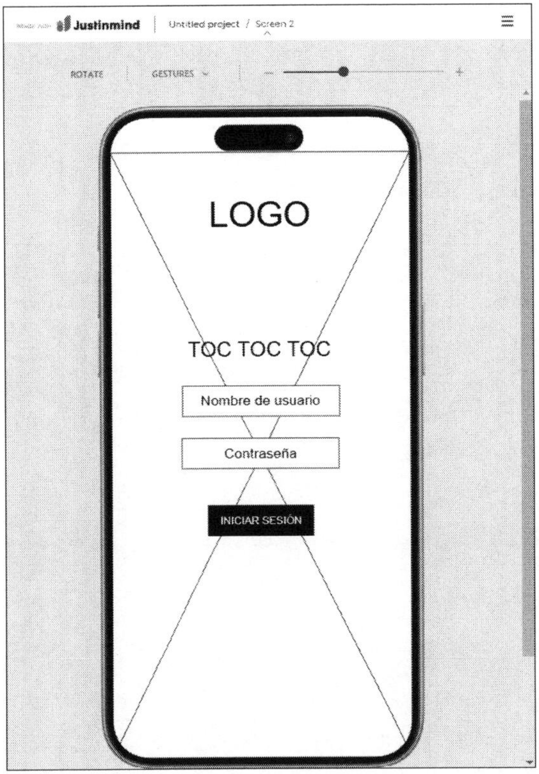

- Aunque con la versión gratuita no podrá navegar entre páginas haciendo clic, los campos del formulario serán interactivos y se mostrará el teclado.

La versión de pago mediante suscripción mensual de Justinmind ofrece funciones avanzadas de exportación y, sobre todo, la posibilidad de compartir y trabajar en colaboración. Por lo tanto, puede ser una elección acertada para estudios o agencias web, mientras que los autónomos pueden preferir Pencil, más rudimentario pero completamente gratuito.

d. Otras herramientas para crear wireframes

También puede explorar por sí mismo las características de estas otras herramientas para crear *wireframes* o estructuras alámbricas, que pueden ser capaces de satisfacer sus necesidades particulares:

Balsamiq Mockups (https://balsamiq.com/products/): herramienta para ordenadores Mac/PC

Axure (https://www.axure.com/): herramienta para ordenadores Mac/PC

Gliffy (https://www.gliffy.com/): herramienta en línea

PowerPoint Prototyping Toolkit (http://www.istartedsomething.com/20071018/powerpoint-prototype-toolkit-01/): plantilla de wireframes para PowerPoint

Keynotopia (http://keynotopia.com/themes/): plantillas de prototipos de pago para Keynot (Mac)

Esta lista no es exhaustiva y seguro que no es imparcial. Si ha encontrado otras herramientas interesantes para crear *wireframes*, no dude en compartirlas.

Capítulo 5: Prototipos funcionales

A. Creación de prototipos HTML

1. ¿Por qué crear prototipos en HTML?

En los capítulos anteriores hemos visto la importancia de incluir la creación de prototipos en las fases previas al diseño, y después en el diseño de estructuras destinadas a presentar contenidos y garantizar la interacción.

Cada una de estas fases va seguida de prototipos específicamente adaptados: personas, luego escenarios y storyboards y, por último, *wireframes*.

Ahora vamos a profundizar en las herramientas de creación de prototipos que se utilizarán en las fases posteriores de un proyecto digital.

El principal objetivo ahora es probar recorridos o secuencias en condiciones lo más parecidas posible a la realidad.

En esta fase, se ha definido el producto mínimo viable, ya se ha establecido la identidad visual, se han integrado parcialmente los contenidos validados y las funcionalidades están operativas.

Siempre es vital que el responsable de UX mantenga la presión y garantice que durante las fases de diseño gráfico y desarrollo no se produzcan desviaciones que puedan perturbar la experiencia del usuario.

Por otro lado, en un proceso iterativo de mejora continua, las interfaces diseñadas inicialmente para el proyecto se han mejorado con funciones nuevas, probablemente los recorridos han evolucionado y, en algunos casos, se ha replanteado el objetivo inicial.

También hay un componente técnico presente, porque antes del desarrollo hay que asegurarse de que las soluciones elegidas, sobre todo en términos de diseño responsivo (adaptable a todas las pantallas), producen la mejor experiencia de usuario posible.

Por último, puede ser necesario reelaborar el sistema existente, ya sea para considerar una posible actualización, la adición de funciones nuevas o una reforma completa.

Por todas estas razones, necesitaremos crear prototipos de alta fidelidad que puedan visualizarse directamente en una estación de trabajo, ya sea un ordenador o un dispositivo móvil.

¿Hay que crear prototipos en HTML, es decir, programando de verdad las interfaces que se van a probar?

La respuesta a esta pregunta es a veces objeto de animados debates, sobre todo porque no todas las estructuras creativas pueden necesariamente integrar esta etapa en su flujo de producción por razones de presupuesto, competencias del equipo o plazos establecidos.

Para otros, esta fase es sistemática. Creen que la creación de prototipos en HTML evitará frustraciones en el equipo: el diseñador debe asegurarse de que sus ideas pueden realizarse sin ser traicionadas por el desarrollo, y los integradores deben asegurarse de que las maquetas no serán inmanejables durante la programación.

2. Las 3 fases de la creación de prototipos HTML

Podemos considerar varios niveles de creación de prototipos HTML, que corresponden a diferentes propósitos.

a. Prototipo HTML sencillo

Algunos se refieren a este tipo de prototipos como *greybox*. Se trata de prototipos realizados en HTML, pero no tienen los contenidos integrados. Mantienen el espíritu de los *wireframes* con un enfoque más acabado desde el punto de vista técnico.

El contenido textual se presenta mediante texto sustitutivo (el famoso »Lorem ipsum» o «Splendida Poro Oculi fugitant»), y las imágenes se simulan mediante espacios reservados representados por bloques grises (*placeholders*).

Por el contrario, el prototipo pretende representar fielmente las dimensiones reales de los elementos, y las variaciones de su presentación y comportamiento cuando se ven en diversos dispositivos.

Se basa en una construcción HTML enriquecida con hojas de estilo CSS y scripts (principalmente de tipo JavaScript) para que la interfaz pueda funcionar en condiciones lo más parecidas posibles a la versión final tal y como se desarrollará.

Finalidad: probar la idoneidad técnica de las soluciones de desarrollo con las maquetas del proyecto. Estos prototipos son principalmente para uso interno del equipo del proyecto, no para pruebas con usuarios.

b. Prototipo HTML estático

Una vez garantizada la viabilidad del prototipo anterior, podemos pasar a la integración de contenidos estándar. No se trata necesariamente de contenidos finales, ni tienen que ser exhaustivos.

El objetivo es poder probar interfaces, recorridos y secuencias, e interacciones con los usuarios.

Así pues, este prototipo incorporará contenidos reales necesarios para estas fases de prueba. Llamamos estáticos a estos prototipos porque, en esta fase, aún no hemos desplegado una base de datos para gestionar los contenidos. Sin duda son maquetas HTML elaboradas con contenidos reales, pero de momento no se trata de un sitio web operativo.

Las interacciones siguen siendo simuladas. Por ejemplo, en una prueba en la que el usuario haga clic en el botón de envío después de rellenar un formulario, este no se enviará realmente. Sin embargo, el script de validación funcionará y se mostrará la página de confirmación o las páginas de error tras las acciones realizadas.

Finalidad: probar interfaces, rutas y secuencias e interacciones lo más cercanas posible a la realidad final.

c. Prototipo HTML dinámico

Para este prototipo, vamos un paso más allá, con la puesta en marcha del entorno definitivo basado en la base de datos y un servidor de evaluación, de nuevo con contenido limitado.

Desde el punto de vista informático, podemos considerar que este prototipo es prácticamente una versión beta del sitio web o la aplicación.

Finalidad: probar la solución en su entorno final antes de integrar todo el contenido.

Estas tres fases demuestran que la creación de prototipos HTML requiere tanto conocimientos de desarrollo (HTML5/CSS/JavaScript) como una integración bien coordinada en el proyecto, lo que significa que es más adecuada para grandes proyectos con un presupuesto y plazos holgados.

3. Frameworks: entornos de trabajo HTML

Para sitios web o aplicaciones más sencillos, y cuando el objetivo es simplemente validar la experiencia del usuario con prototipos más fieles que las maquetas *wireframe*, hay que recurrir a software de creación de prototipos colaborativo como Adobe XD o Figma, que veremos más adelante.

Por el contrario, si para el proyecto es necesario crear prototipos HTML sencillos o estáticos, será mejor utilizar *frameworks* (entornos de trabajo) para facilitar el diseño de prototipos HTML sencillos o estáticos.

Un *framework* es una compilación de archivos que forman el esqueleto en el que se basa un desarrollo: archivos HTML para la estructura, hojas de estilo CSS para el formato y la adaptabilidad, y JavaScript para gestionar los eventos, el comportamiento y la interacción.

A continuación veremos los *frameworks* más utilizados, que se han establecido como auténticos estándares.

a. Bootstrap

Bootstrap está considerado como el estándar del diseño responsivo (adaptable a diferentes tamaños de pantalla). Sistemas de gestión de contenidos como Joomla! lo integran de forma nativa en sus plantillas básicas.

Archivos básicos

- Para descargar Bootstrap, vaya a esta URL: https://getbootstrap.com/

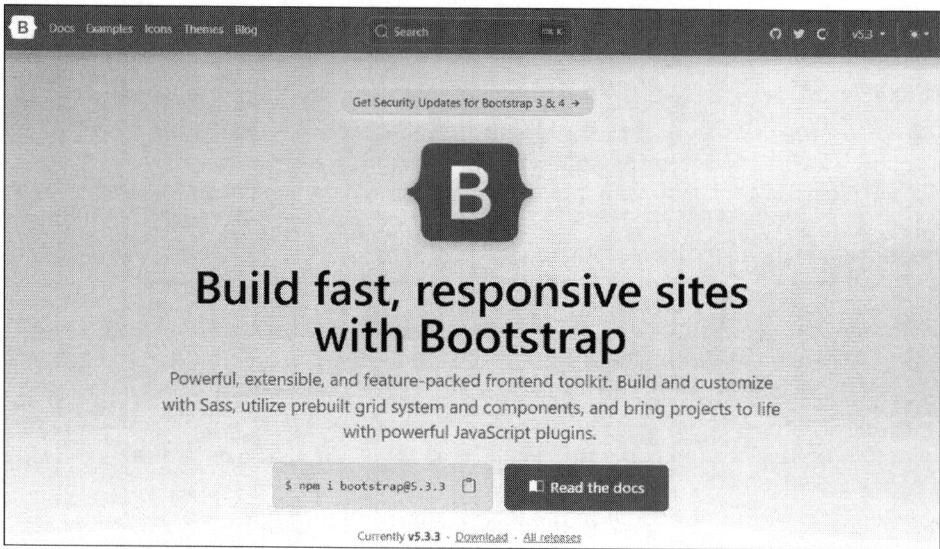

- Haga clic en el enlace **Download** y, a continuación, en la nueva página para descargar los archivos CSS y JS compilados.

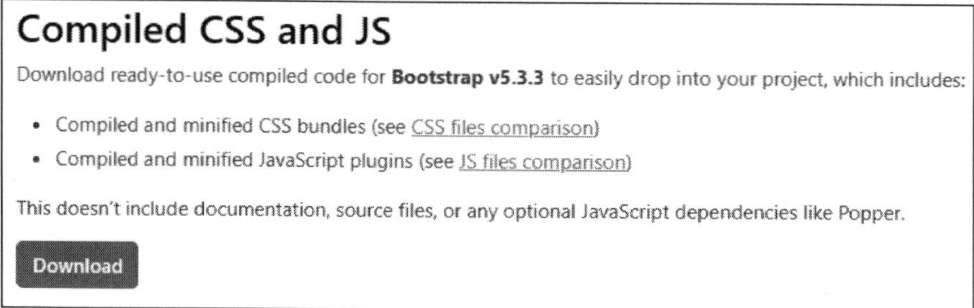

→ Una vez descomprimidos, podrá utilizar estos archivos vinculándolos a sus páginas HTML.

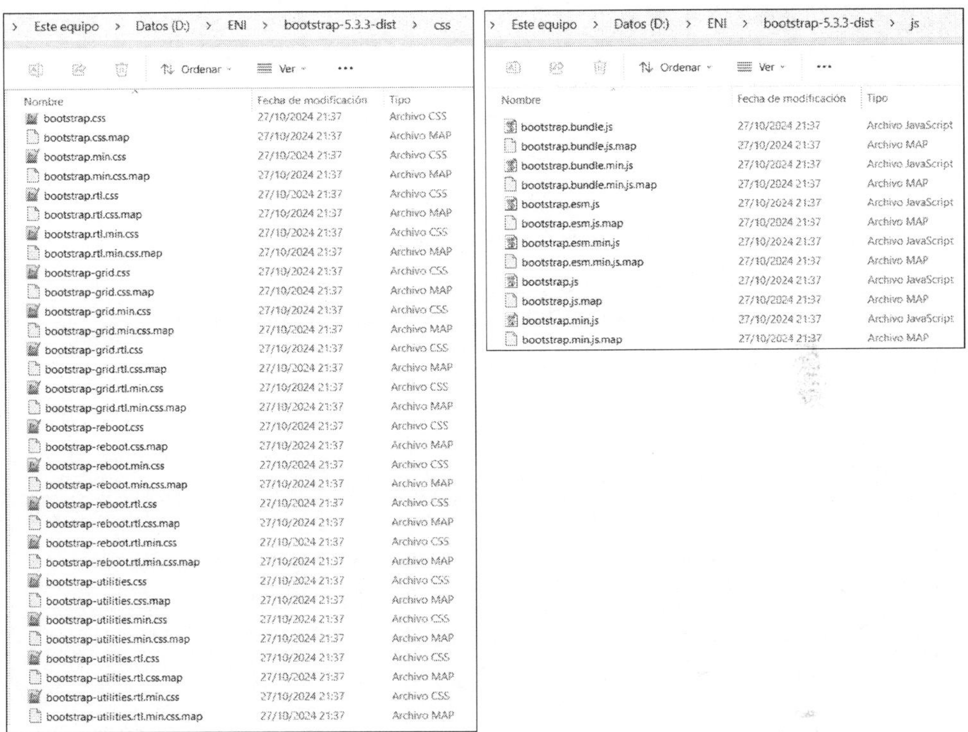

b. HTML5 BOILERPLATE

Hay que señalar desde el principio que aunque los kits como **Boilerplate** ahorrarán tiempo en comparación con una instalación de Bootstrap, solo deben ser utilizados por desarrolladores con buenos conocimientos de diseño web.

→ Vaya a esta URL: https://html5boilerplate.com/ y haga clic en **Get Started** para acceder a la documentación y poder descargar el kit.

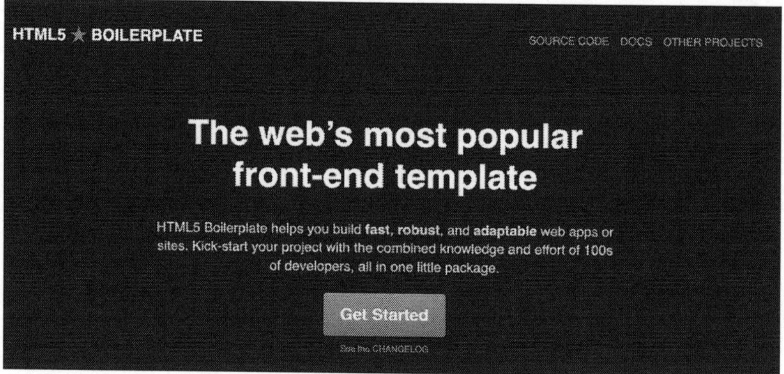

→ Localice el bloque **Download the latest stable release** y haga clic en el enlace **here**.

- Download the latest stable release from here. This zip file is a snapshot of the `dist` folder. On Windows, Mac and from the file manager on Linux unzipping this folder will output to a folder named something like `html5-boilerplate_v9.0.0`. From the command-line, you will need to create a folder and unzip the contents into that folder.

→ Una vez descargado y descomprimido el archivo zip, la carpeta contiene los elementos CSS y scripts del kit que el desarrollador podrá utilizar para crear el sitio.

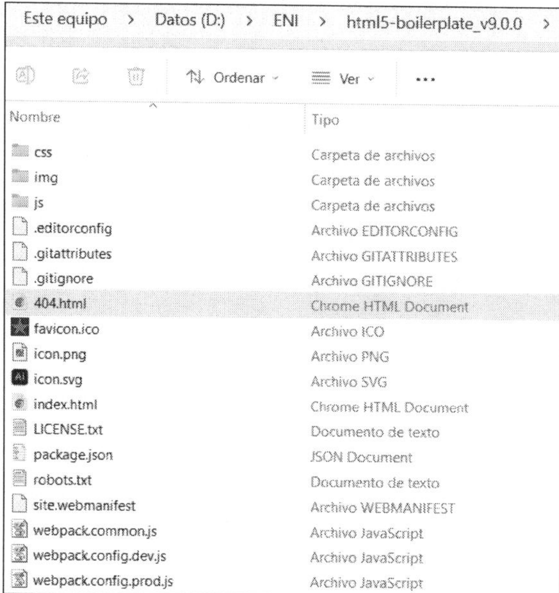

Han aparecido otras soluciones, pero la mayoría han sido abandonadas por sus autores, como Initializr de Jonathan Verrechia (http://www.initializr.com/) o Google Web Starter Kit (https://github.com/google/web-starter-kit). Si su desarrollador es lo suficientemente hábil, aún puede descargar estos archivos para desarrollar su propia solución.

c. Foundation

Bootstrap tiene un contrincante. El *framework* **Foundation** ofrece una solución alternativa muy popular en la actualidad, muy centrada en la creación de prototipos.

- Vaya a esta URL: https://get.foundation/

Primeros pasos con Foundation

- Haga clic en el botón **Download Foundation 6**.

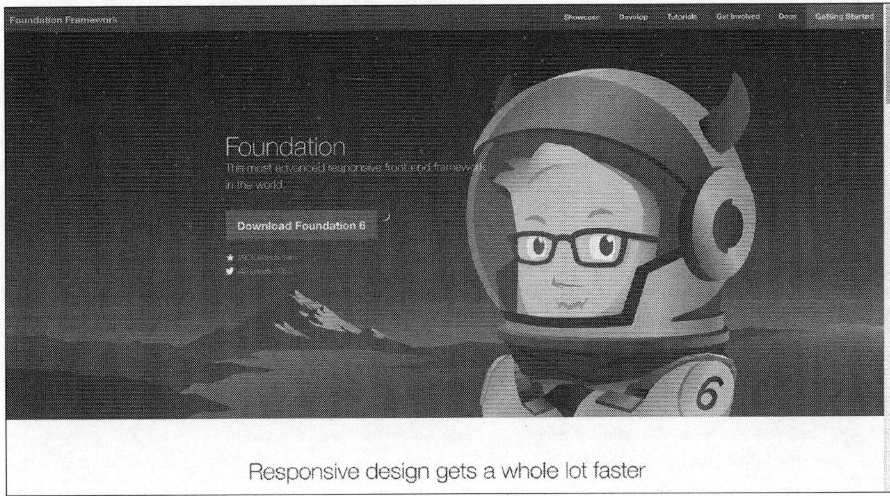

- Una vez descargado, descomprima el archivo zip. La carpeta contiene los archivos necesarios para dar formato a un sitio responsivo (adaptable a distintos tamaños de pantallas). Abra el archivo **Index.html**.

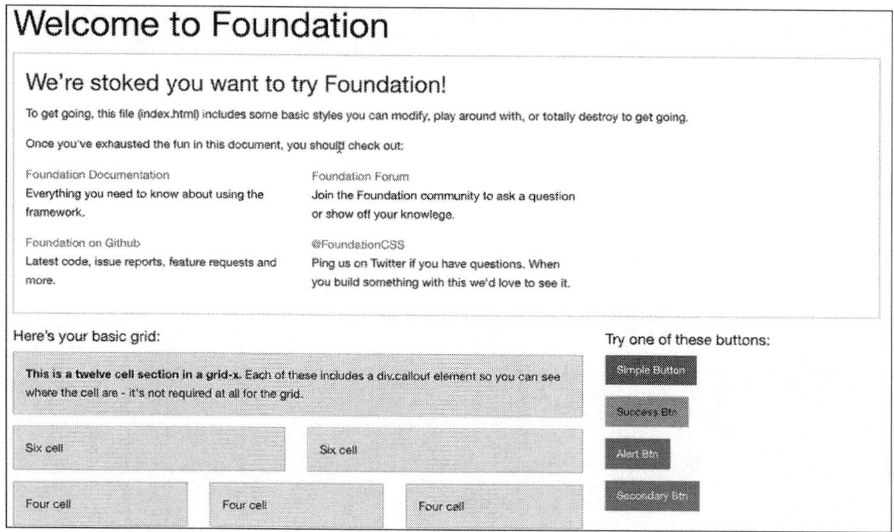

- A continuación, podrá ver los distintos elementos en situaciones reales: estructura (*grid*), botones (*buttons*), etc.

- Para acceder a la documentación completa, haga clic en el botón **Go to Foundation Docs** del bloque **So many components, girl**!

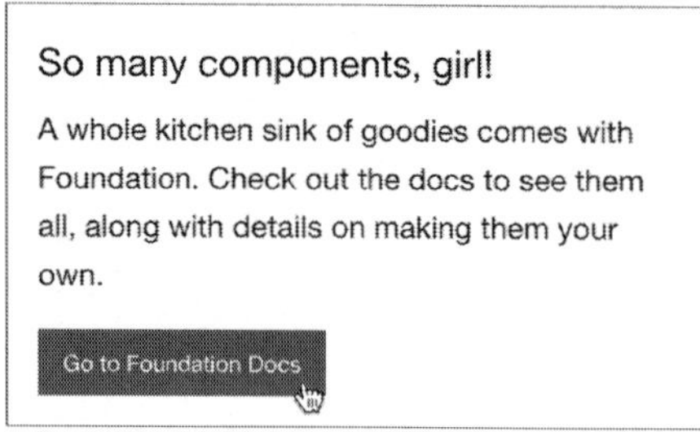

El menú lateral permite navegar por todas las categorías de componentes que componen el *framework*.

Si se desplaza un poco hacia abajo por la página principal de Foundation (https://get.foundation/), verá que este *framework* no solo funciona para sitios web, sino también para correos electrónicos. Haga clic en **Learn more about Foundation for Emails** para acceder a la explicación detallada.

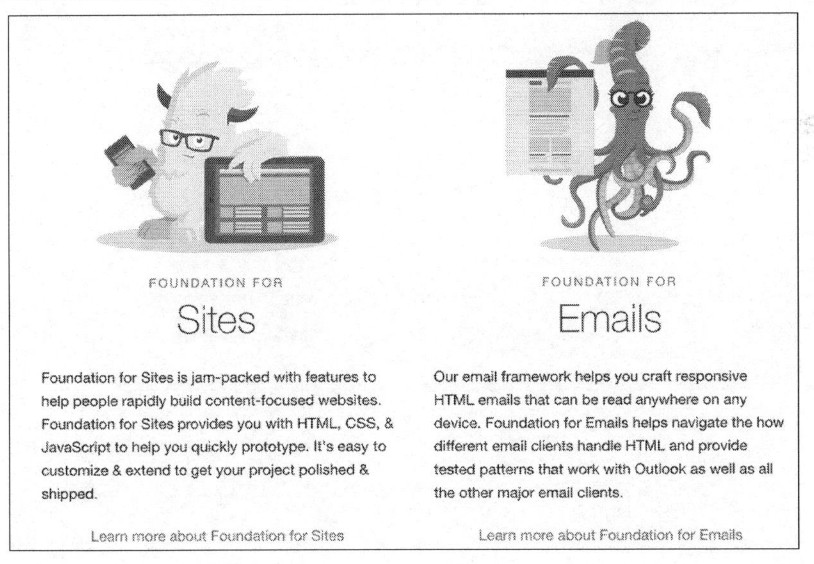

Templates

Foundation ofrece **templates** (plantillas de sitios predefinidas).

- Puede acceder a las plantillas directamente en esta URL: https://get.foundation/templates.html o a través del menú **Develop - HTML Templates**.

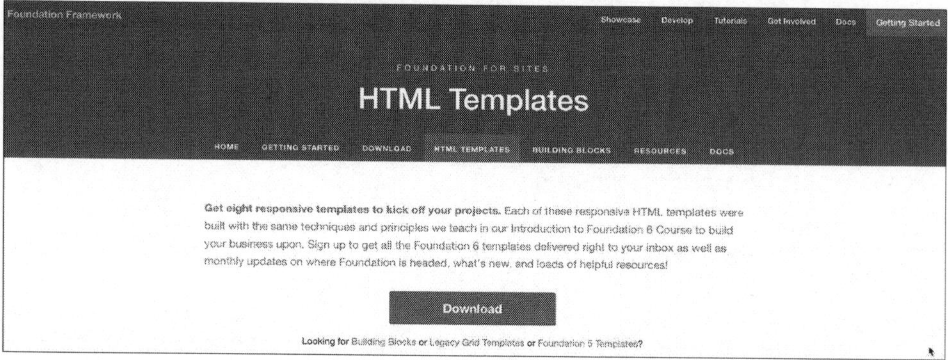

- Haga clic en el botón **Download** para descargar ocho plantillas predefinidas. También puede desplazarse hacia abajo para ver las plantillas y descargarlas individualmente, o ver las demostraciones haciendo clic en los botones **See Demo**.

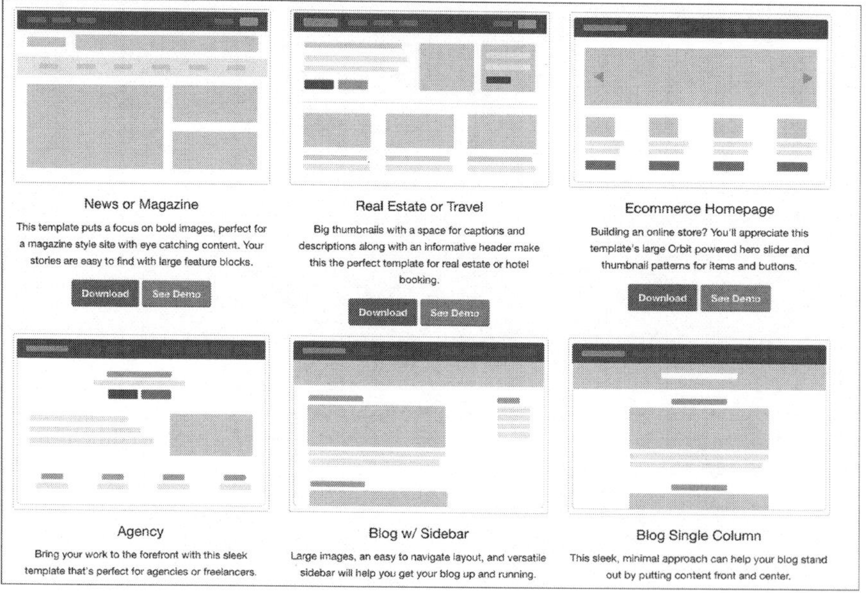

La plantilla **Ecommerce**, por ejemplo, proporciona un diseño inicial para un sitio web destinado a la venta.

Recursos

El sitio web de Foundation es una mina de oro para los desarrolladores.

→ Seleccione el menú **Building Blocks**.

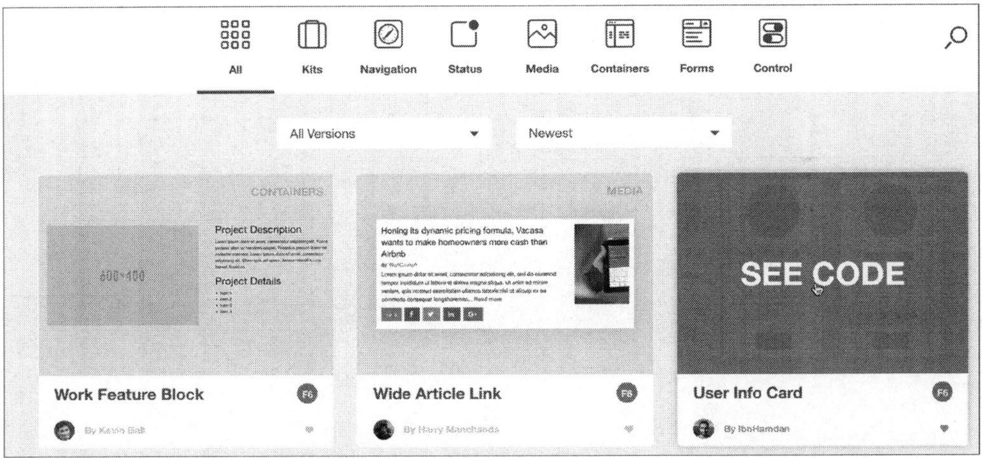

→ Se accede a una biblioteca de elementos muy completa y organizada por categorías. Al pasar el ratón por encima de cada módulo, puede hacer clic para ver el código necesario para crear-lo.

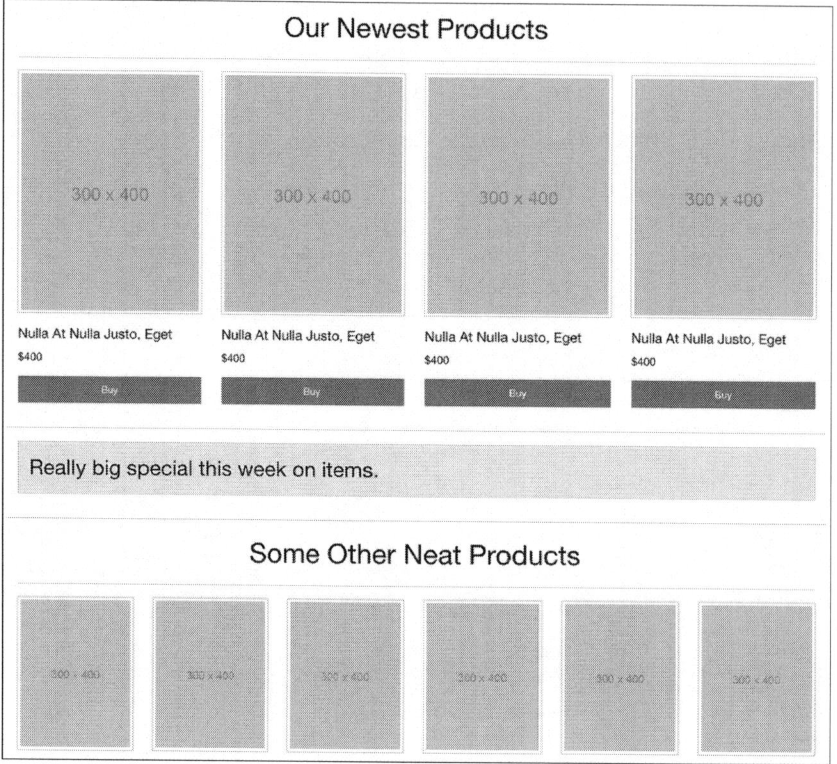

Para sus prototipos HTML, considere utilizar Foundation porque un framework serio que se ha establecido como una alternativa más sencilla a Bootstrap y ofrece plantillas que proporcionan un buen punto de partida para un desarrollo sólido y conforme a los estándares en vigor.

d. WIREFY

WIREFY es un *framework* específico para crear *wireframes* directamente en HTML.

→ Vaya a esta URL: http://getwirefy.com/

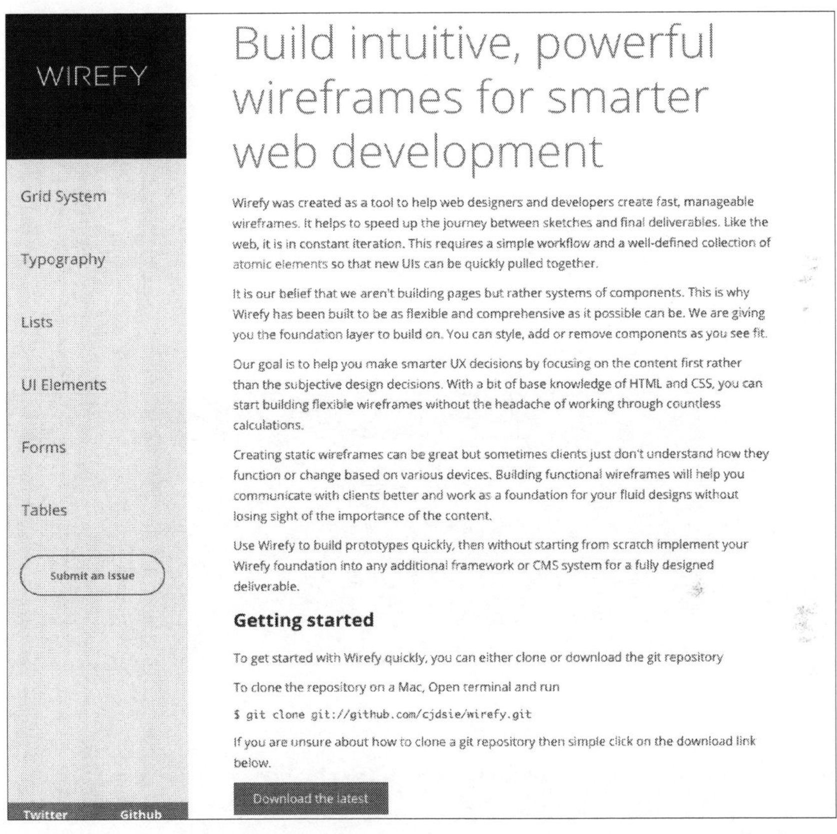

- Navegando por el menú lateral puede ver todas las características de los elementos del *framework*: cuadrícula, tipografía, listas, elementos de interfaz, formularios y tablas. Esto le ayudará a entender cómo están programados para que pueda editarlos y adaptarlos a las necesidades de su prototipo.

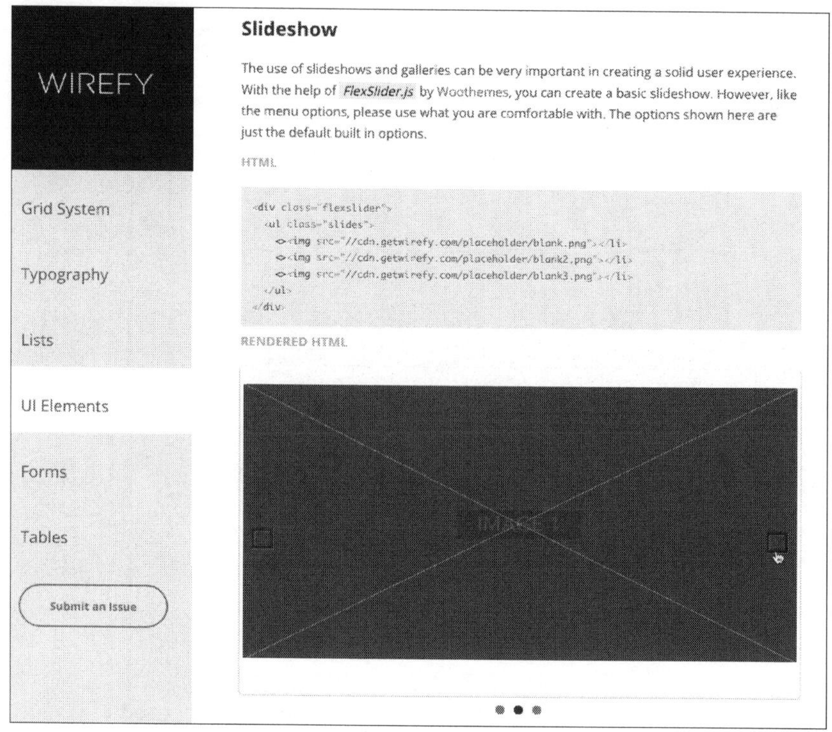

- Para descargar WIREFY, haz clic en **Download the latest** en la página de inicio.

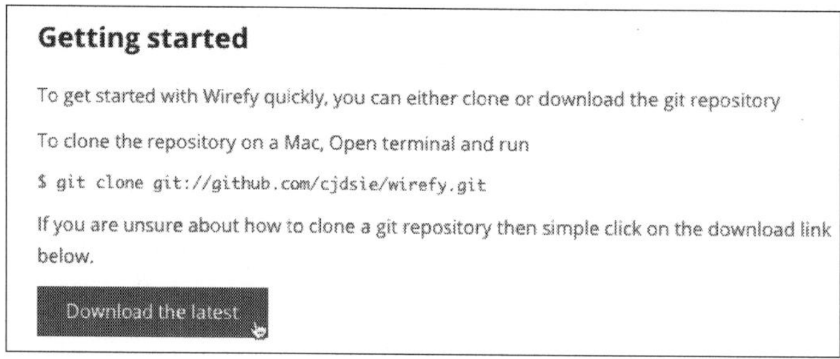

➜ Una vez descomprimido el archivo .zip, la carpeta contiene todos los archivos pero ninguna plantilla. El archivo index.html está vinculado a las hojas de estilo y los scripts, por lo que puede utilizarse como base para crear páginas del prototipo, pero todos los elementos deberán programarse con referencia a la documentación.

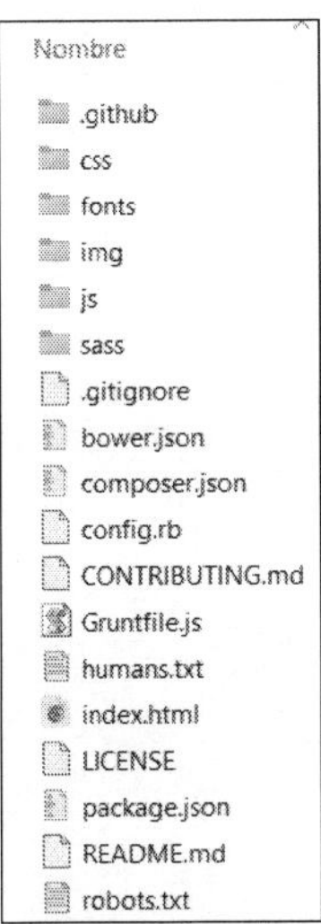

➜ Si, por ejemplo, necesita insertar un formulario, copie el código del sitio web de WIREFY.

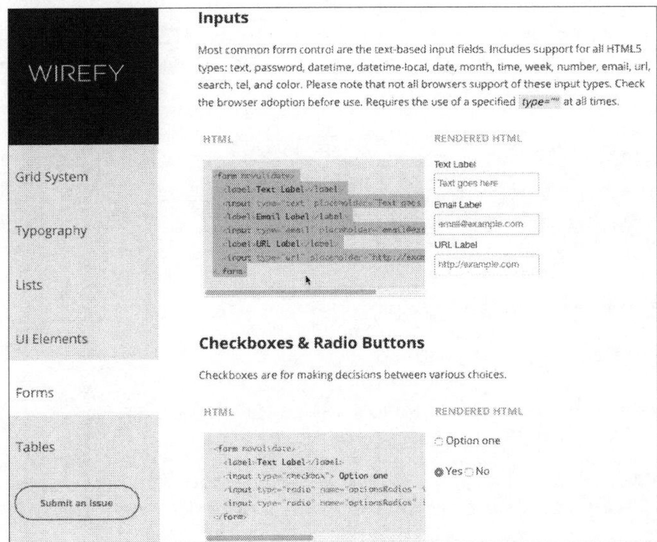

- Péguelo en el lugar desea en el archivo index.html utilizando un editor de código.

```
<body>

  <!-- Begin adding your site or application content here -->
  <form novalidate>
  <label>Text Label</label>
  <input type="text" placeholder="Text goes here">
  <label>Email Label</label>
  <input type="email" placeholder="email@example.com">
  <label>URL Label</label>
  <input type="url" placeholder="http://example.com">
</form>
```

- A continuación, reproduzca el archivo index.html en un navegador para comprobar la posición de los elementos pegados.

Con esta última herramienta, puede ver que la creación de prototipos HTML requiere conocimientos de desarrollo HTML/CSS/JavaScript. Así que es una técnica que debe desplegarse cuando pueda contar con al menos un desarrollador front-end.

> También existen kits de scripts para facilitar la creación de prototipos. Por ejemplo, consulte esta lista de scripts de tipos **Reactjs**: https://hashnode.com/post/10-best-reactjs-ui-frameworks-for-rapid-prototyping-cit49tqx414z89c53equ4zc5k.

B. Herramientas colaborativas de creación de prototipos funcionales

Hemos comprobado que la creación de prototipos funcionales en HTML requiere grandes conocimientos de desarrollo, lo que la hace ideal para proyectos a gran escala.

Cuando trabajamos en proyectos más sencillos y necesitamos crear prototipos de dispositivos para probar recorridos o interacciones en una estación de trabajo, necesitamos tener una gran capacidad de respuesta y por eso las herramientas deben ser rápidas y precisas.

Las experiencias en línea han surgido con rapidez, como Pixate (http://www.pixate.com/) que, lamentablemente, dejó de recibir soporte en octubre de 2016 porque su equipo se unió a la división de creación de prototipos de Google.

Los grandes editores de programas informáticos se dieron cuenta rápidamente de que había una necesidad que satisfacer y ahora ofrecen aplicaciones profesionales. Nosotros hemos optado por presentar dos soluciones fiables y accesibles para todos.

1. Adobe XD

Adobe XD CC (*Adobe Experience Design*) está integrado en la suite Creative Cloud, el sistema de suscripción de Adobe que proporciona acceso a todas las aplicaciones de este editor.

En el momento de escribir este libro, Adobe ha anunciado su intención de comprar el competidor en línea Figma y ya no ofrece XD a los usuarios nuevos. Sin embargo, sigue estando disponible para los titulares de cuentas Creative Cloud que lo tenían instalado.

Además, hay tres investigaciones en curso de las autoridades americanas, británicas y europeas para determinar si esta adquisición incumple las leyes antimonopolio. Por eso, el futuro de XD está en el aire.

Se puede acceder a XD a través de la aplicación dedicada de Creative Cloud en Mac o Windows.

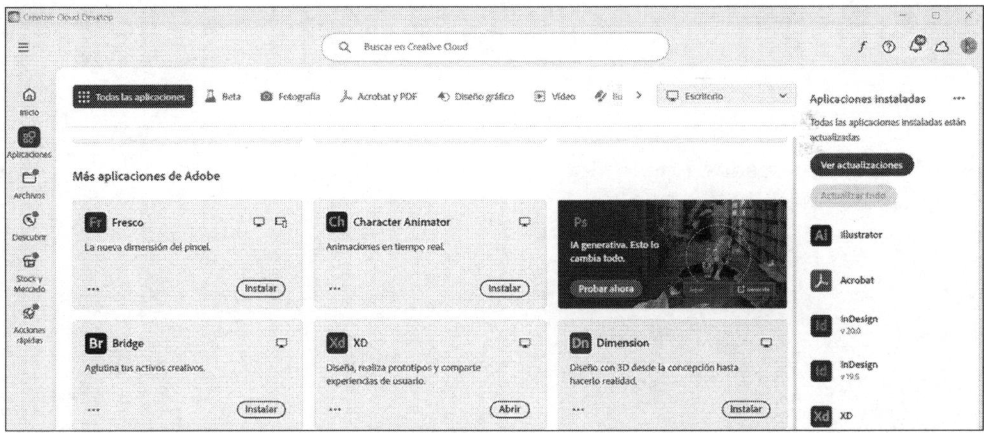

Con Adobe XD podrás crear prototipos de manera fácil y rápida para todas las fases del diseño, desde *wireframes* (maquetas alámbricas) de baja fidelidad hasta sofisticados prototipos interactivos para todas las pantallas.

Los prototipos se podrán compartir en línea y probarse directamente en dispositivos conectados.

a. Iniciar Adobe XD

Cuando inicias Adobe XD, una pantalla de bienvenida te ofrece varias opciones.

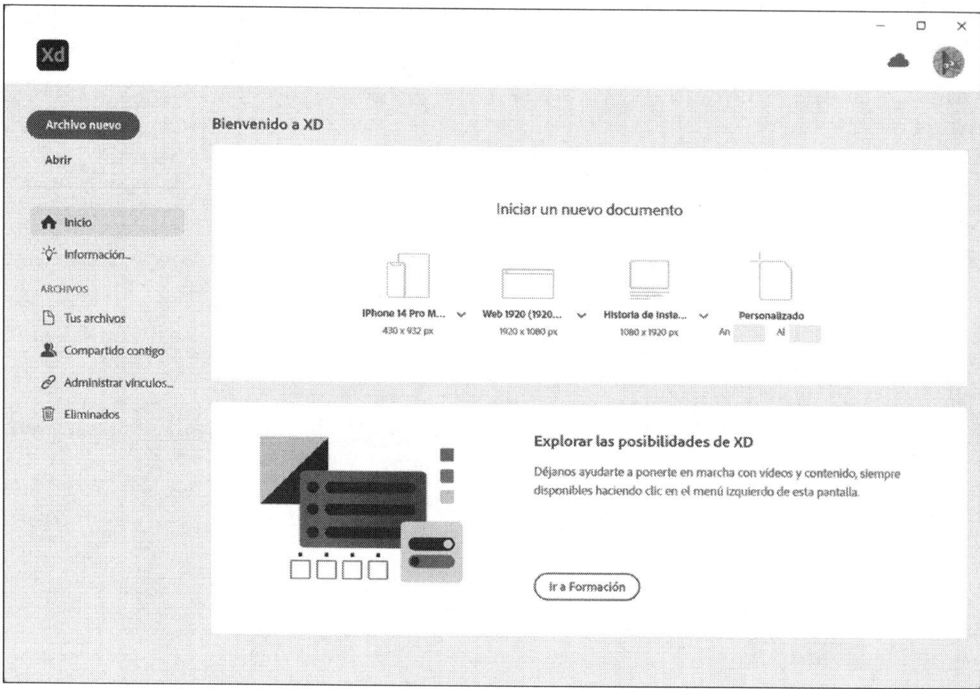

→ Para empezar puede elegir un formato predefinido. Por ejemplo, para nuestro prototipo elegiremos **iPhone 14 Pro Max**.

b. Utilizar kits gráficos

Kits de interfaz

➜ Seleccione el menú **Archivo - Obtener kits de IU...** para acceder a la página de documentación que los describe.

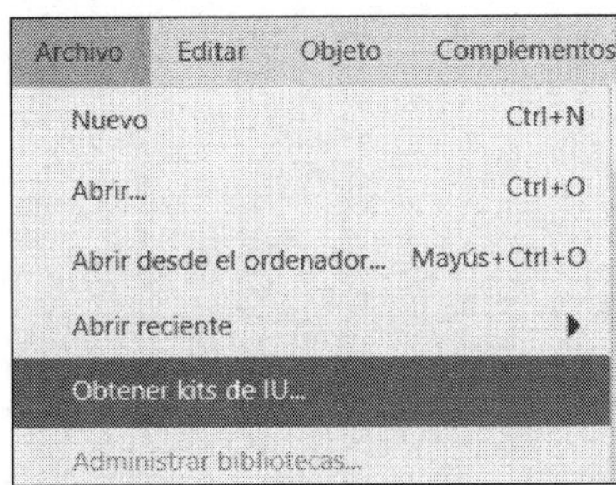

➜ En la página web que se abre, haga clic en el botón del kit que desea descargar, por ejemplo **Altura (comercio electrónico)**.

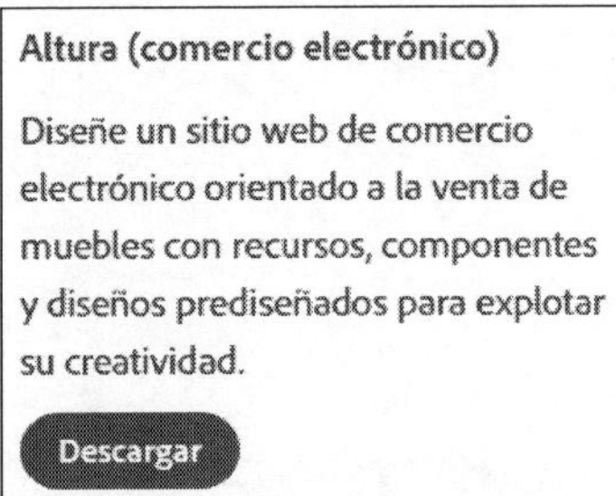

➜ Descomprima el archivo zip descargado y abra el archivo **IMPK-Desktop-Web-Starter-Kit-XD.xd**. Ahora dispone de plantillas y elementos listos para usar que puede utilizar para adaptarlos a su proyecto.

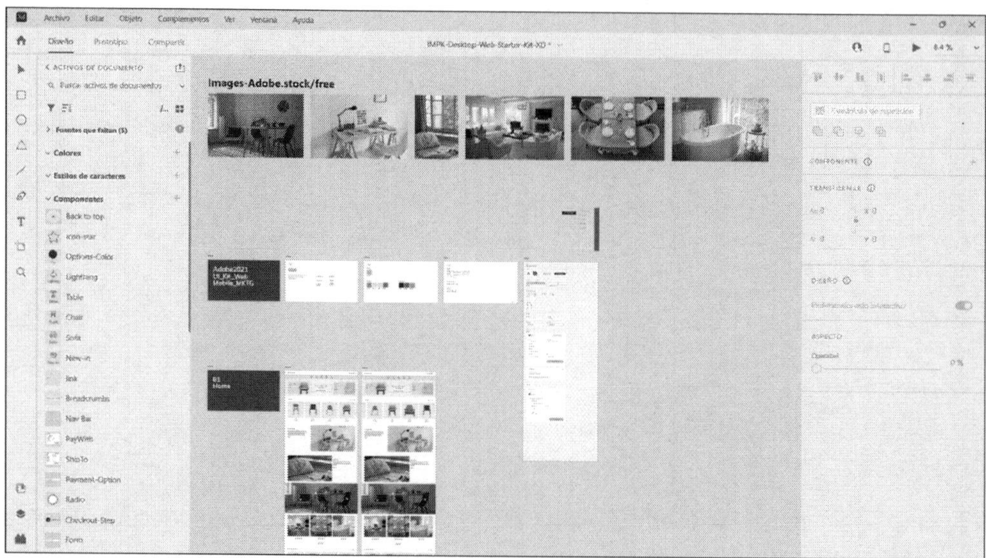

Puede encontrar muchos kits de interfaz en otros sitios, por ejemplo para Apple aquí: https://developer.apple.com/design/resources/:

c. La interfaz

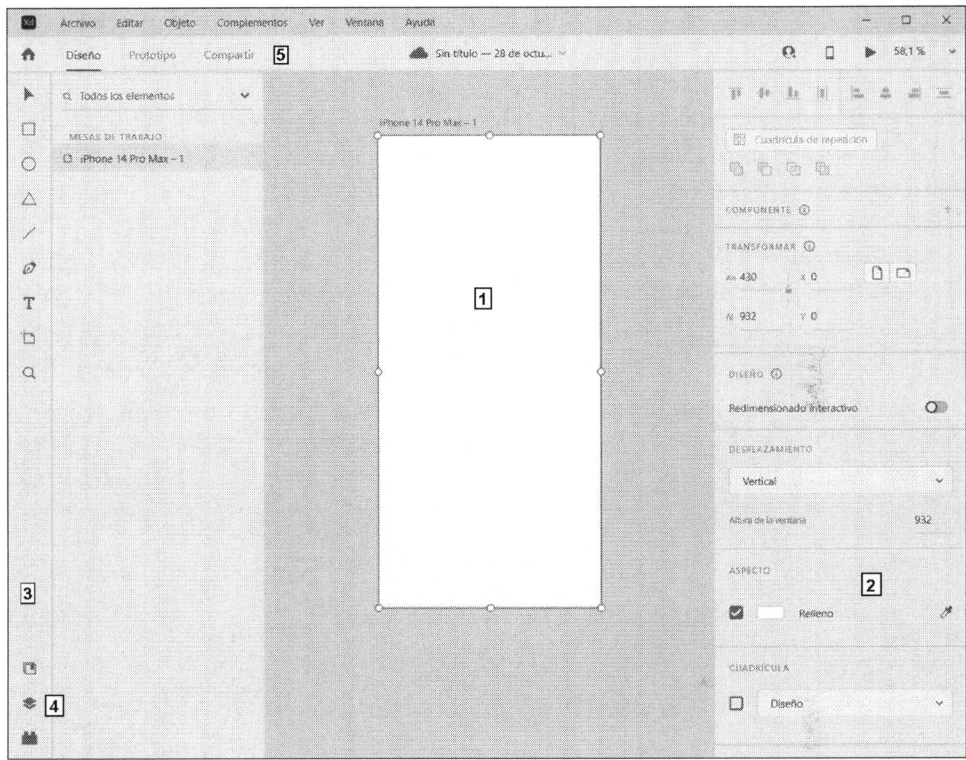

La interfaz de Adobe XD se basa en la misma estructura que los otros programas de este editor. Encontrará :

1. **La zona de trabajo**: aquí se colocarán tantas mesas de trabajo como pantallas para las que tengamos que crear prototipos.
2. **Los paneles**: sirven para especificar de manera contextual los parámetros de los elementos seleccionados.
3. **La barra de herramientas**: muestra las herramientas de selección y dibujo. Fíjese en los dos iconos de la parte inferior para mostrar activos o capas en el panel desplegable.
4. **Los activos/capas**: muestra los elementos guardados como activos o capas.
5. **La barra de opciones**: sirve para cambiar entre los modos **Diseño** (diseño del prototipo), **Prototipo** (creación de interacciones) y **Compartir**. También gestiona la visualización, la previsualización y el uso compartido.

d. Crear un prototipo con Adobe XD

Para empezar con Adobe XD, vamos a crear una interfaz de aplicación con dos pantallas: Inicio de sesión y Bienvenida.

Nuestro escenario es el siguiente:

- Al iniciarse, la imagen de fondo aparece borrosa.
- En cuanto el usuario activa uno de los campos de entrada, la imagen de fondo se vuelve nítida.
- El usuario debe introducir su nombre de usuario y contraseña y hacer clic en el botón de inicio de sesión.
- La pantalla de bienvenida muestra el avatar del usuario.
- Al hacer clic en el avatar, aparece la página de los productos ofrecidos.

→ Por lo tanto, vamos a crear prototipos de cuatro pantallas. Si XD ya se ha iniciado, active las mesas de trabajo haciendo clic en el icono del panel de herramientas. En el panel de la derecha puede elegir el formato de la mesa de trabajo. Hemos elegido **iPhone 14 Pro Max**.

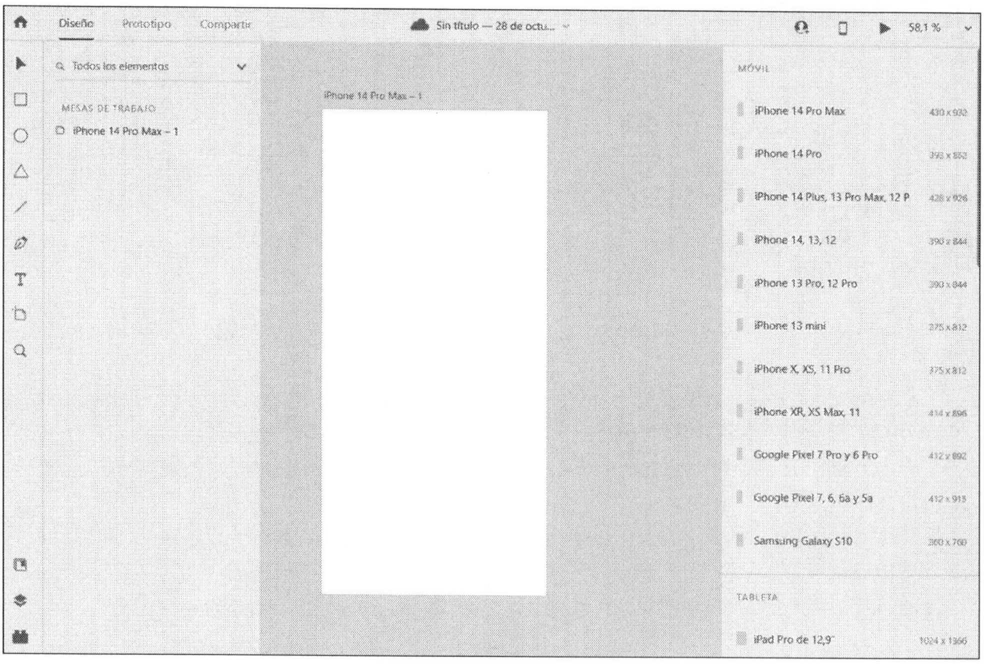

- Cambie el nombre de la mesa de trabajo para que sea más fácil encontrarla cuando haya muchas en el proyecto.

- Seleccione la mesa de trabajo y abra el menú **Archivo - Importar...**, después seleccione la imagen en su ordenador.
  También puede arrastrar y soltar.

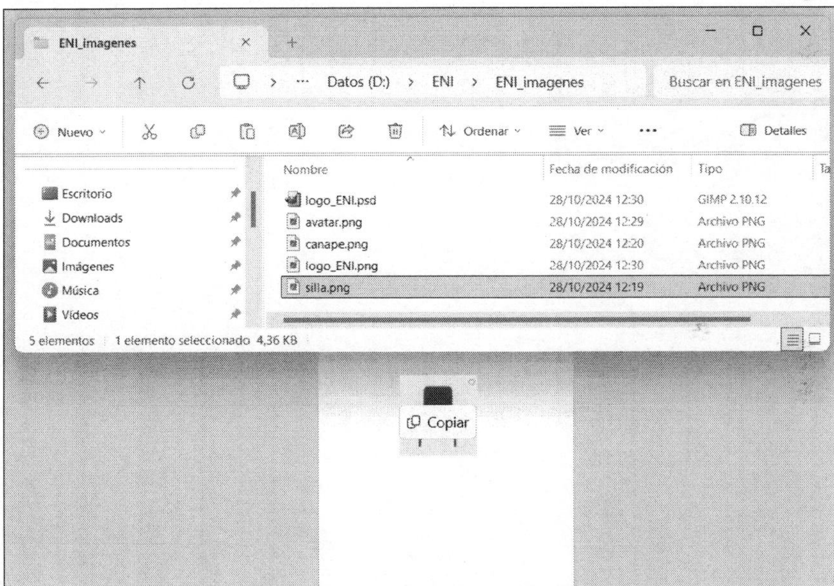

- La imagen importada puede redimensionarse y posicionarse como se desee.

- Cuando manipula la imagen, ésta aparece en su totalidad, pero cuando anula la selección del plano de trabajo, se limita al propio plano de trabajo:

➙ Para desenfocar la imagen de la pantalla, selecciónela y, en el panel **EFECTOS** de la derecha, utilice el deslizador **Desenfoque de objeto** para obtener el efecto deseado.

- Para colocar otras imágenes, como el logotipo, puede arrastrarlas y soltarlas. Aparecerán guías que le ayudarán a posicionarlas.

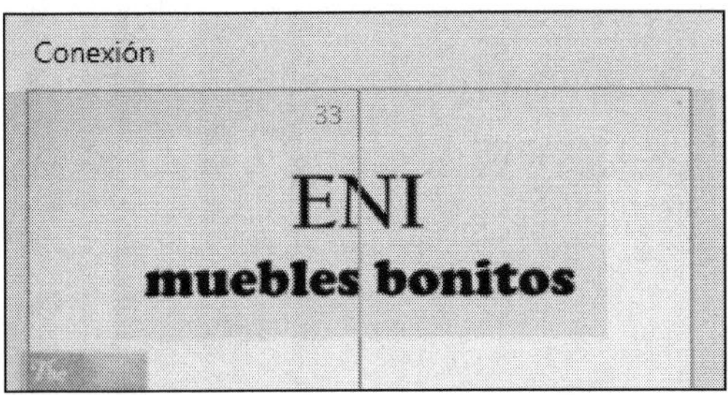

- Para colocar los campos de nombre de usuario y contraseña, seleccione el icono de la barra de herramientas y dibuje el rectángulo con el tamaño deseado.
- En el panel **ASPECTO** de la derecha, haga clic en la casilla **Fondo** para elegir el color de la carta de colores.

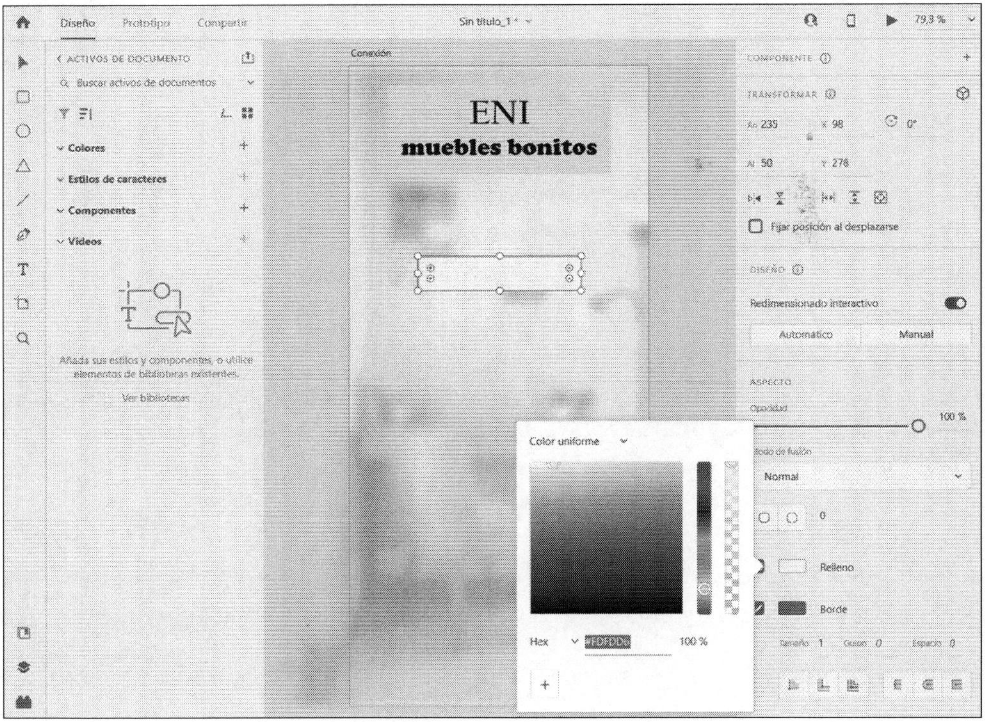

- Para introducir el texto, seleccione el icono T de la barra de herramientas y haga clic en el plan de trabajo.
- Tenga en cuenta que puede seleccionar el campo creado anteriormente y el texto haciendo clic en el panel izquierdo que muestra las capas y, a continuación, vincularlos haciendo clic con el botón derecho y seleccionando **Agrupar**. Esto facilitará el posterior movimiento conjunto de los dos elementos.

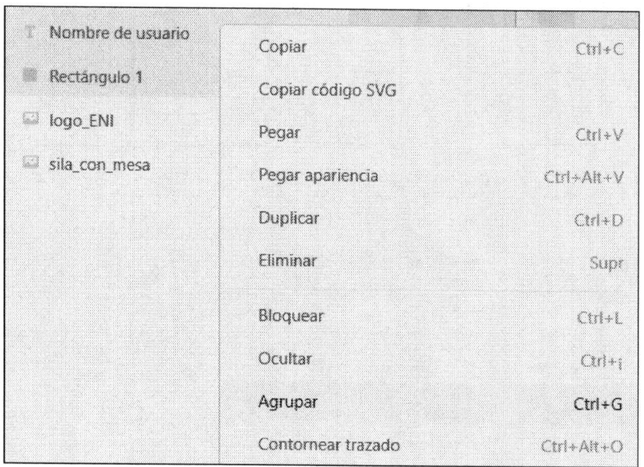

- Para crear el botón, utilice de nuevo esta herramienta, a continuación, puede hacer clic y arrastrar los tiradores de las esquinas para redondearlas.

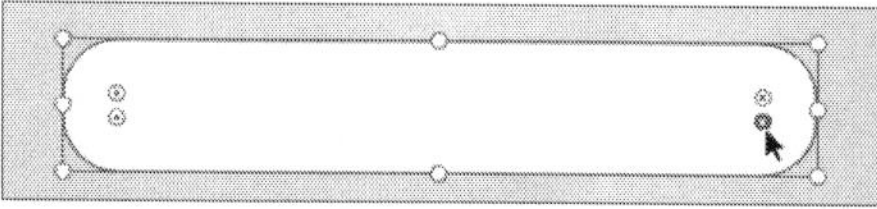

Observe que cuando desplaza un elemento, las guías muestran espacios de idénticas dimensiones. En lo sucesivo, la distancia entre el botón y la contraseña es la misma que entre el nombre de usuario y el logotipo.

- Una vez creada la primera pantalla de conexión, selecciónela haciendo clic en su título y duplíquela utilizando el menú **Editar - Duplicar** o la combinación de teclas cmd ⌘ **D** (Mac) Ctrl **D** (PC).
- Seleccione el fondo y vuelva al panel de la derecha **ASPECTO** para aumentar la nitidez de la imagen de fondo poniendo a cero el deslizador **Desenfoque de objeto**.

Para crear la imagen de perfil del usuario, vamos a trabajar con máscaras.

- Cree una mesa de trabajo nueva, llámela **Bienvenida** e importe una imagen para el fondo.
- Haga clic en una imagen de retrato y arrástrela a la mesa de trabajo; a continuación, active la herramienta ◯ y dibuje un círculo.
- Selecciona la imagen y el círculo (haz clic en uno y luego en el otro mientras mantiene pulsada la tecla Mayús).
- Elija **Objeto - Máscara con forma**.

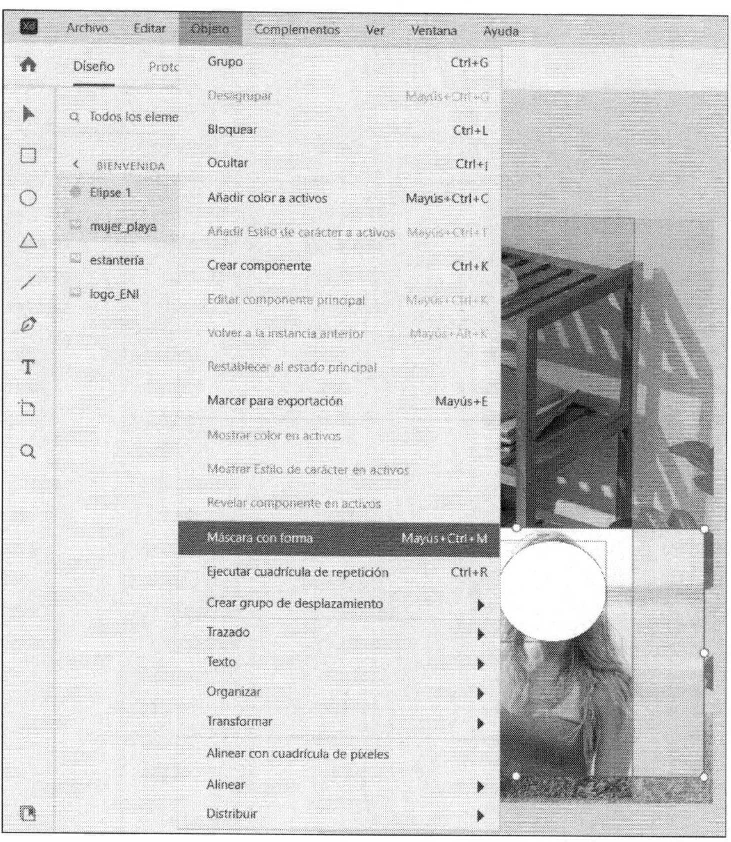

→ La imagen se incluirá en el círculo, y entonces siempre podrá moverla o redimensionarla si es necesario, activándola con un doble clic.

→ A continuación, añada el texto de bienvenida.

Ya están listas las tres pantallas y solo falta crear la página de presentación de los productos.

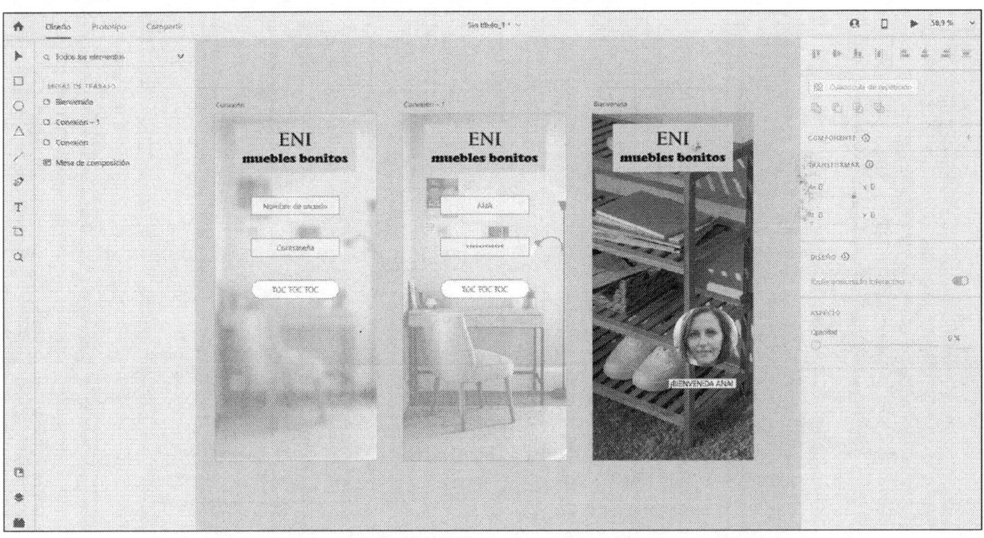

→ Añada una mesa de trabajo en blanco con el mismo formato que los tres anteriores. Coloque una imagen en la parte superior de la pantalla y luego un título.

- A continuación, coloque un rectángulo para la imagen del producto y dibuje un rectángulo con la herramienta Texto para contener un cuadro de texto.

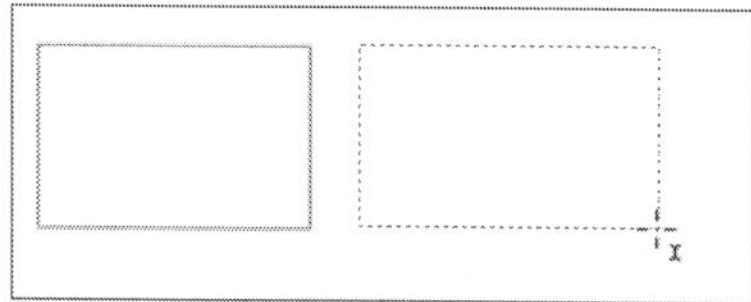

- También puede añadir un icono al final de la línea. Seleccione estos tres elementos juntos.

- A continuación, en el panel de la derecha, haga clic en [Cuadrícula de repetición].
- Un marco delimitador rodea el grupo seleccionado. Arrastre hacia abajo para duplicar el grupo tantas veces como sea necesario.

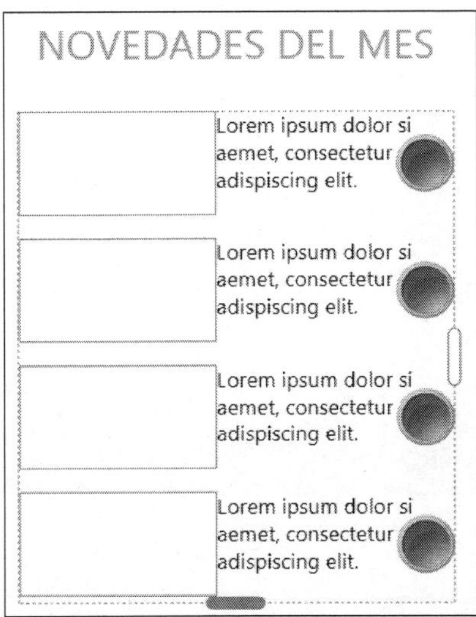

- A continuación, seleccione varias imágenes juntas en su ordenador y arrástrelas y suéltelas en el primer rectángulo. Se distribuirán automáticamente en los demás rectángulos según una progresión circular.

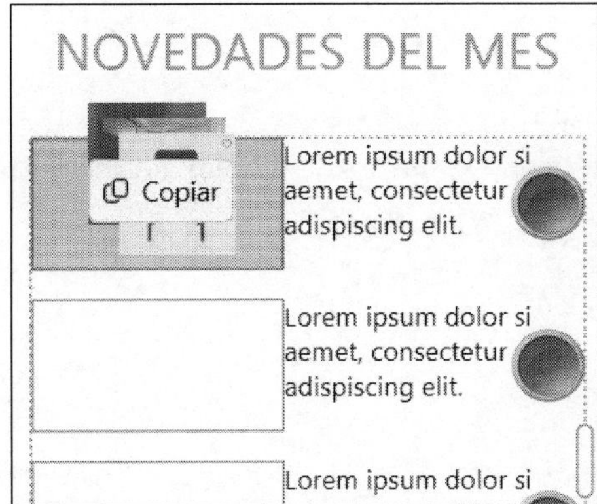

- Para simular el desplazamiento, basta con activar la mesa de trabajo y seleccionar **Vertical** en el panel **DESPLAZAMIENTO**.

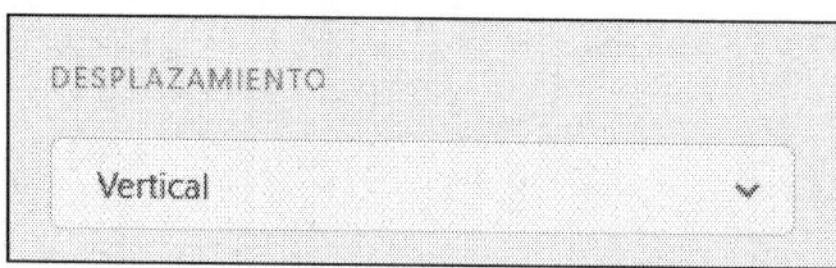

- A continuación, arrastre la mesa de trabajo hacia abajo todo lo que sea necesario por debajo de la línea de flotación de la pantalla. Después podrá seleccionar los elementos que se repiten verticalmente y arrastrarlos también hacia abajo.

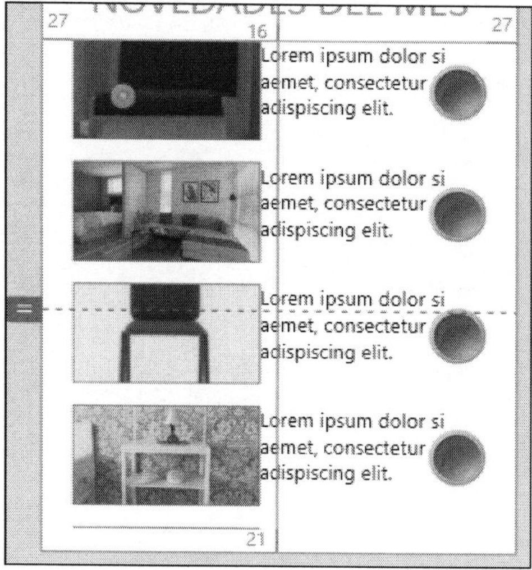

e. Gestionar las interacciones

Nuestras pantallas, de las que una se desplaza hacia abajo, están listas. Ahora podemos gestionar la interacción.

- Haga clic en la pestaña **Prototipo**.

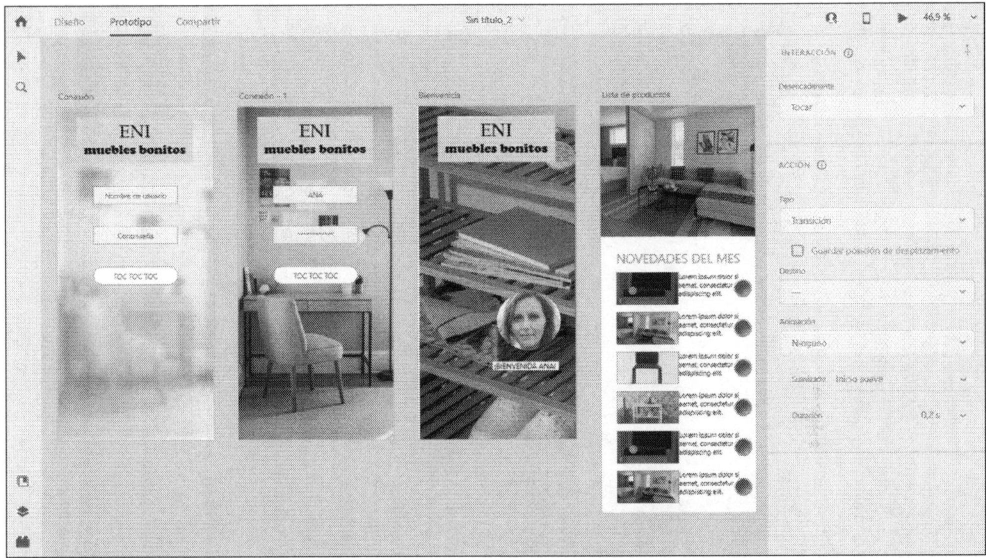

- Puede reducir el panel lateral, inútil en esta fase, haciendo clic en el icono para ocultar los activos y en para ocultar las mesas de trabajo, quedando como única herramienta activa el selector .
- Haga clic en la primera mesa de trabajo para seleccionarla.
- En la esquina superior izquierda, este icono indica que se trata de la pantalla de inicio, la que se abrirá por defecto al previsualizar el prototipo. Para las otras mesas de trabajo, este icono aparece en gris. Para cambiar la pantalla de inicio, haga clic en el icono de la mesa de trabajo deseada.

- A la derecha, verá este icono : haga clic en él y señale la pantalla de destino para gestionar la interacción.

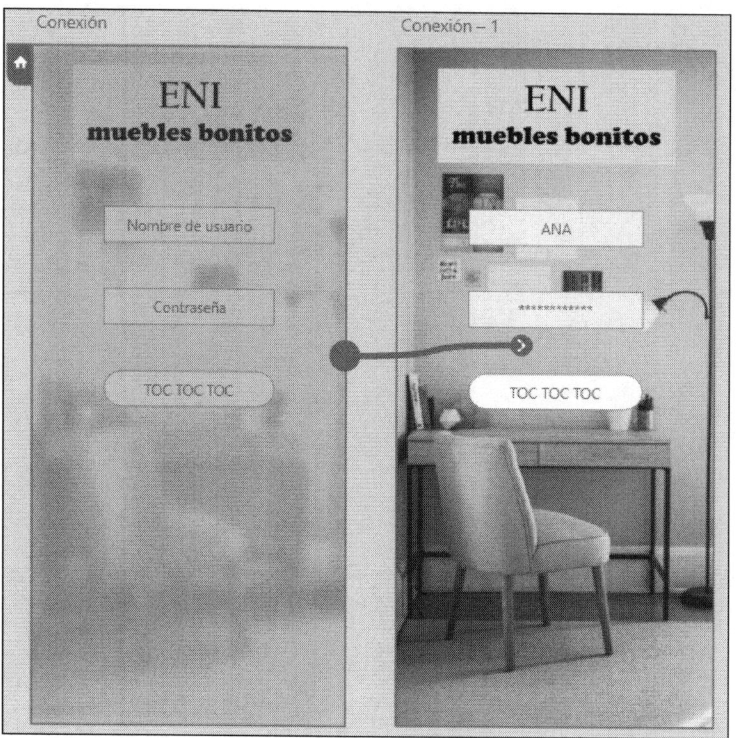

- Para colocar un enlace activado por un elemento, solo tiene que seleccionarlo como hemos hecho con la mesa de trabajo.

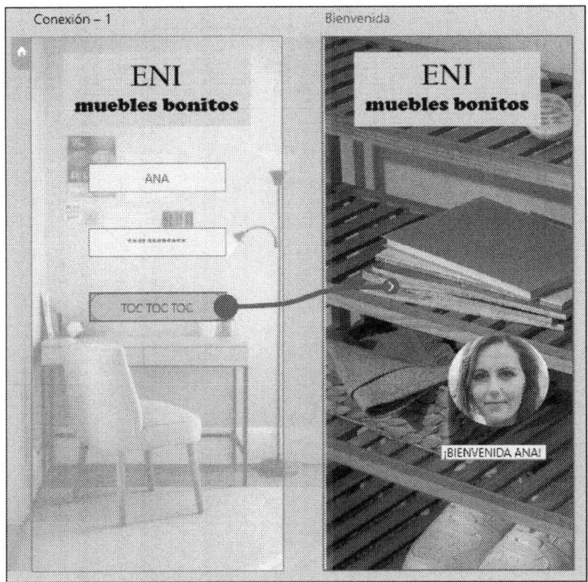

➜ En el panel **ACCIÓN**, puede refinar la acción eligiendo el tipo de transición y el suavizado, es decir, efectos como final suave, inicio suave de la transición y otros.

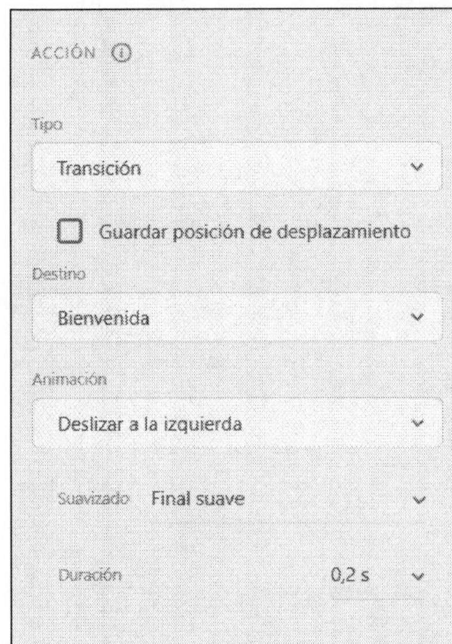

- También puede cambiar el objetivo, es decir, la pantalla de destino del enlace.

> Por el momento, la única interacción gestionada consiste en enlaces de una pantalla a otra. Si por ejemplo desea simular la visualización de una ventana intermedia, tendrá que crear una pantalla con y sin esta ventana. A continuación, hemos reducido la opacidad de los elementos situados debajo de la ventana. Al hacer clic en la ventana se activará el enlace a la segunda pantalla sin la ventana. En este caso, esta última transición se hará mejor con animación **Disolver** y aceleración **Inicio/fin suaves**.

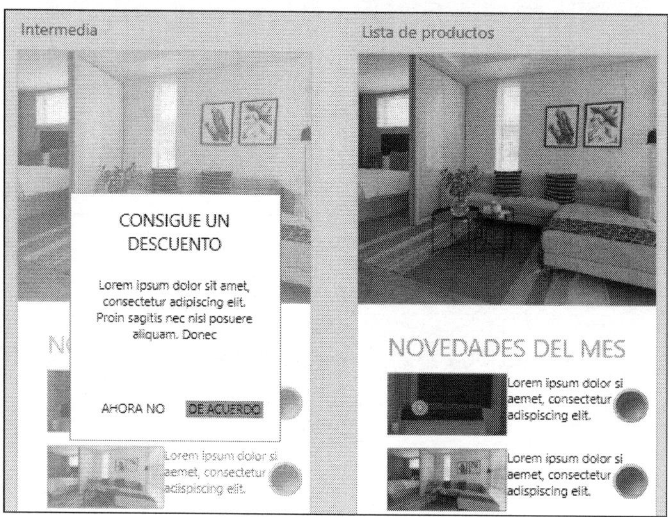

f. Vista previa en tiempo real

En la esquina superior derecha hay dos botones que controlan las funciones de previsualización.

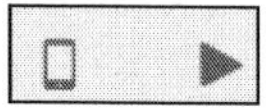

- Para previsualizar el prototipo en su ordenador, haga clic en el botón ▶.

  Se abre una ventana y puede interactuar con el prototipo en tiempo real. Esta función puede utilizarse para hacer pruebas en el puesto de trabajo.

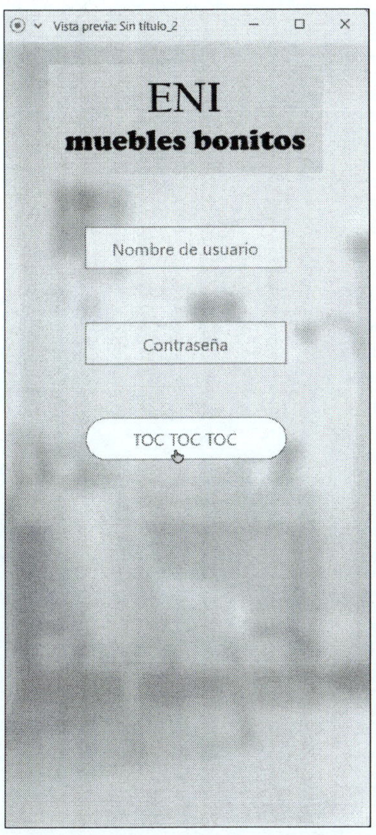

➜ Para previsualizar el prototipo en un dispositivo conectado al ordenador, haga clic en ▯.

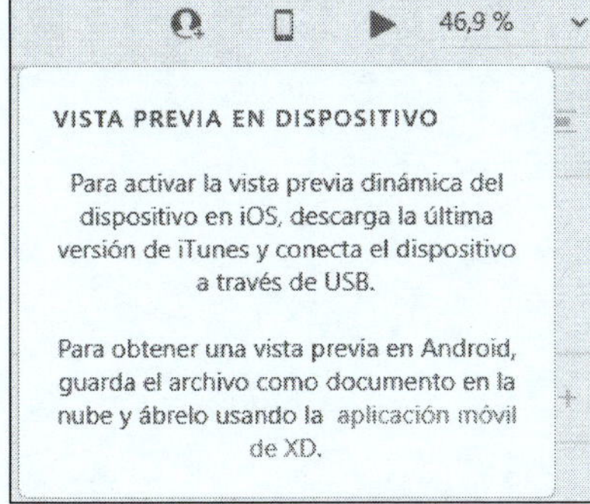

La aplicación XD para móvil, disponible en App Store y Google Play, debe estar activa en el dispositivo conectado.

- En esta aplicación, haga clic en **Vista previa en directo**. El prototipo muestra la pantalla de inicio y está operativo.
- En esta aplicación, vaya al icono de la nube y toque una vez sobre el proyecto guardado en la nube que desea abrir. En la pantalla del teléfono aparecerá la pantalla de inicio y estará operativa.

Manténgalo pulsado para que aparezca un menú de navegación por las encimeras:

Toque tres veces sobre la pantalla y aparecerá un menú para navegar por las mesas de trabajo:

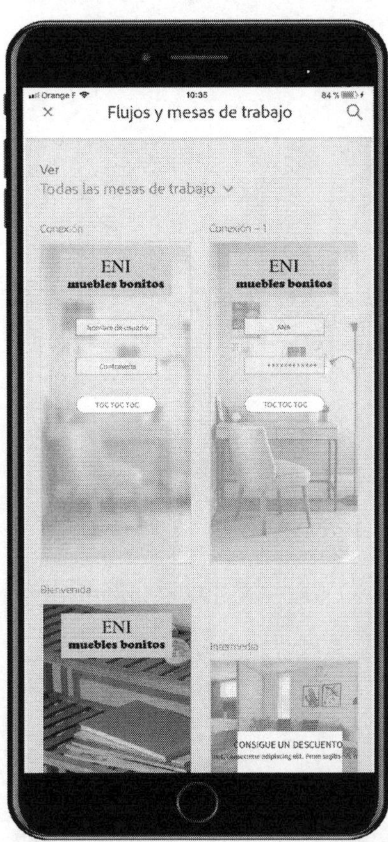

g. Compartir y colaborar

- Para compartir un prototipo active la pestaña **Compartir** y, en el panel **CONFIG. DE VÍNCULO**, seleccione la configuración deseada. La opción **Prueba de usuario** es ideal para comprobar el prototipo durante las sesiones de prueba. A continuación, haga clic en **Crear vínculo**.

Una vez creado el enlace, puede copiarlo , incrustarlo en un sitio web </> e incluso compartirlo en Behance Bē.

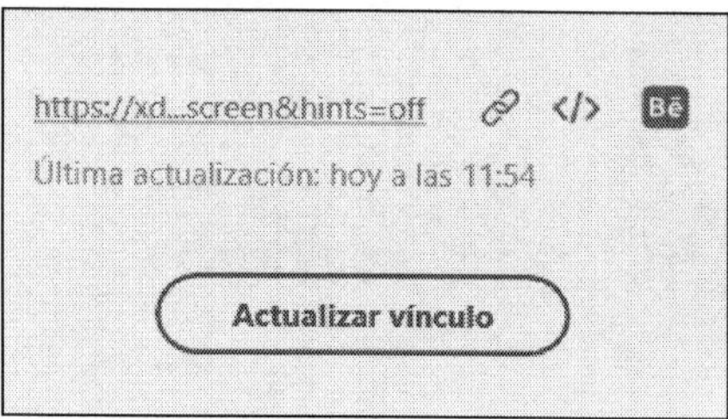

Al activar este enlace, se mostrará el prototipo funcional en el navegador del usuario:

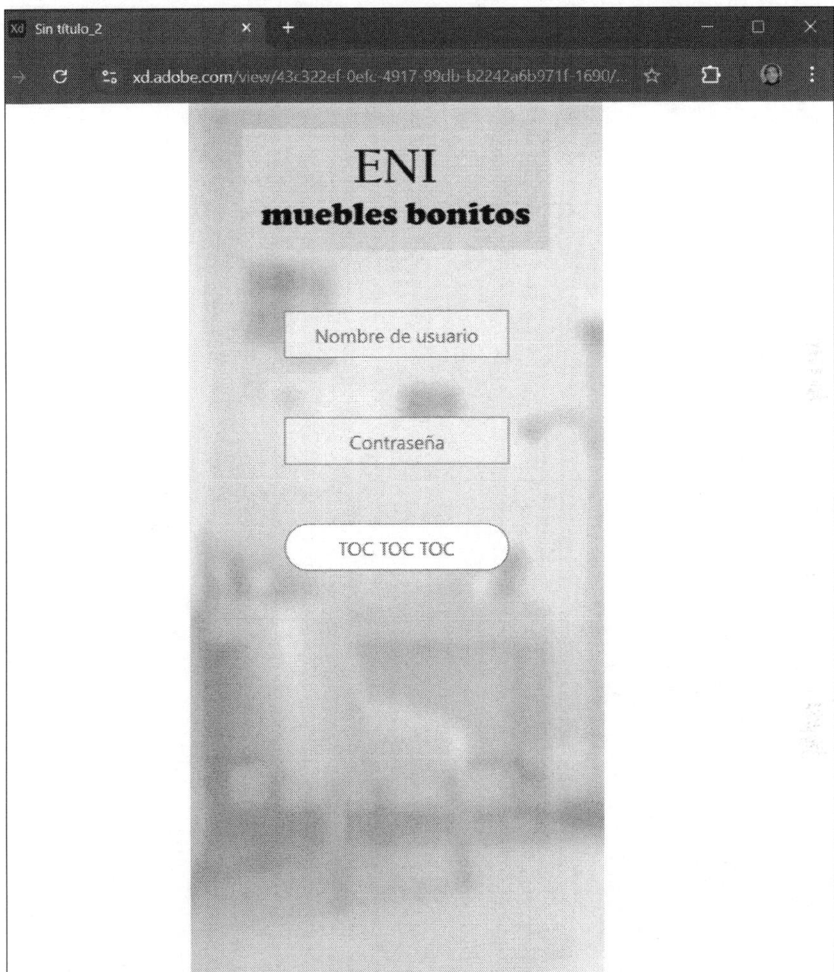

- Podrá personalizar los ajustes como parte de un enfoque colaborativo para trabajar en el prototipo.

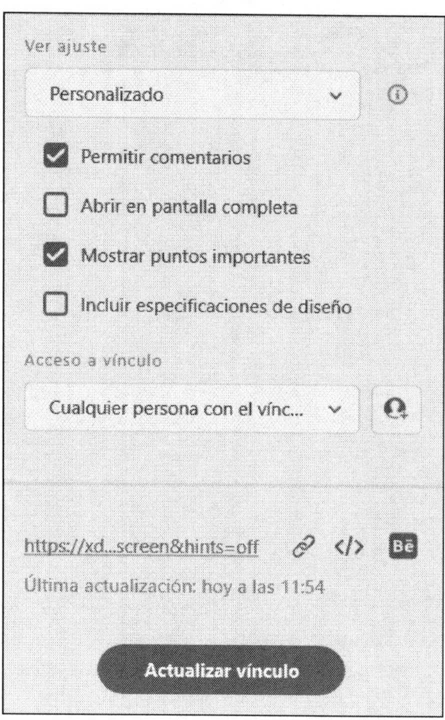

En este caso, el prototipo se muestra para que pueda trabajar en él.

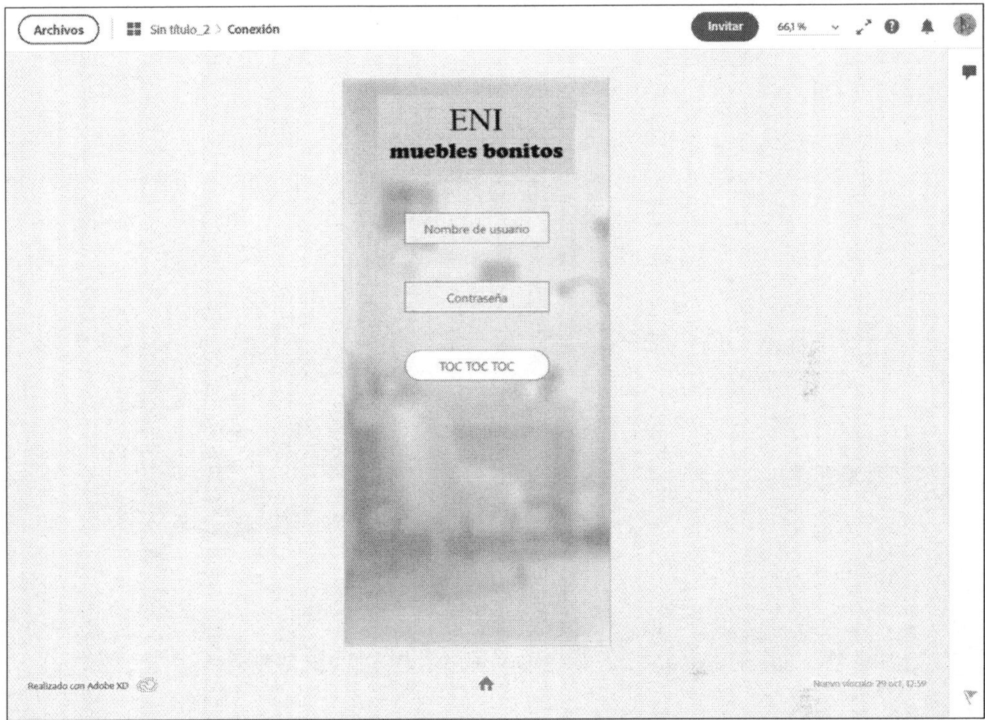

Así pues, con Adobe XD disponemos de una herramienta de creación de prototipos colaborativa y avanzada, desde la creación de plantillas alámbricas hasta la posibilidad de probar los prototipos en directo en el dispositivo y compartirlos de forma colaborativa a través de la web.

2. Figma

Figma es una alternativa interesante; esta aplicación aún no ofrece las mismas posibilidades de pruebas en vivo en periféricos que Adobe XD, pero tiene funciones para crear y compartir prototipos de forma colaborativa que merece la pena examinar.

Figma funciona conectándose al servicio a través de un navegador web o con una aplicación descargable. Esta última incorpora su propio navegador y funciona en combinación con archivos alojados en los servidores de Figma. Empecemos por descubrir las principales características de la versión en línea.

a. La interfaz

La interfaz de Figma es muy similar a la de Adobe XD, así que no se sentirá fuera de lugar si ha seguido el capítulo anterior.

- Vaya a la siguiente URL: https://www.figma.com/
- Para empezar tiene que crear una cuenta, pero es un proceso rápido y gratuito. Para hacerlo haga clic en **Empieza gratis** en la esquina superior derecha y, a continuación, siga el proceso de registro clásico.

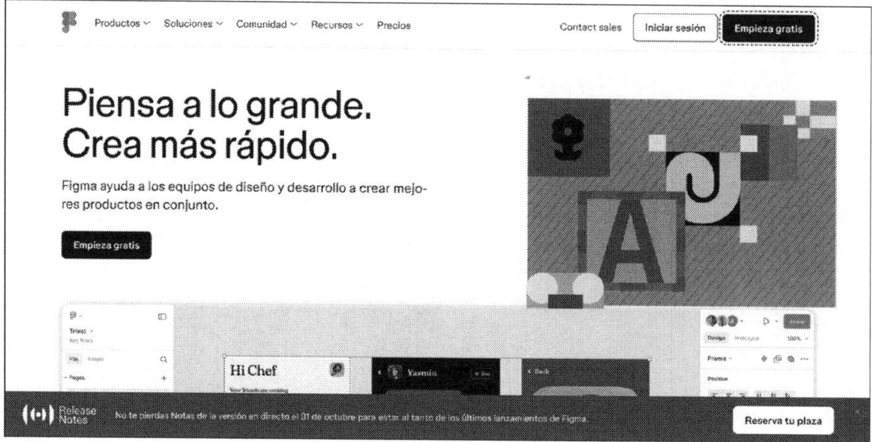

- Después de crear una cuenta, conéctese haciendo clic en **Iniciar sesión** e introduzca sus datos de acceso. Entonces aparecerá la ventana que da acceso a los archivos. En el momento de escribir este libro, aunque el sitio web de Figma está en español, la interfaz aún no se ha traducido y está en inglés.

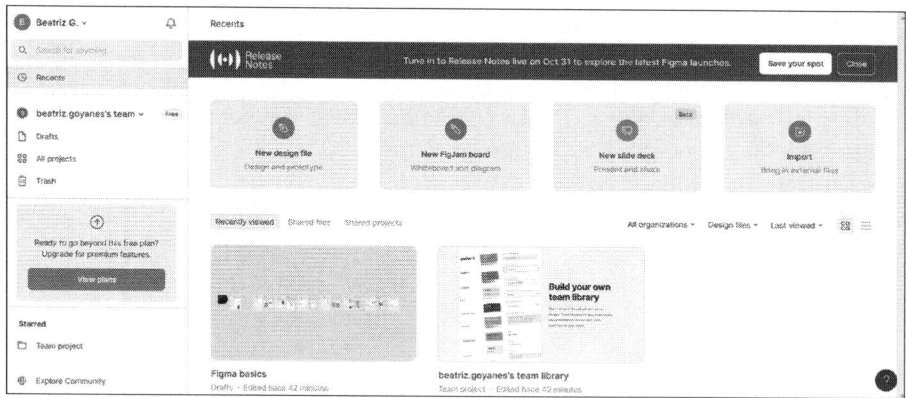

➙ Para crear un prototipo nuevo, haga clic en el bloque **New design file**.

La interfaz está dividida en cuatro zonas:

1. **La zona de trabajo**: aquí es donde colocará las pantallas.
2. **El panel de páginas**: una lista de páginas y *frames*. A diferencia de XD, una página puede incluir varias pantallas o *frames* para simular interacciones.

3. **La barra de menús**: todas las funciones están agrupadas en el menú de tipo hamburguesa, arriba a la izquierda.

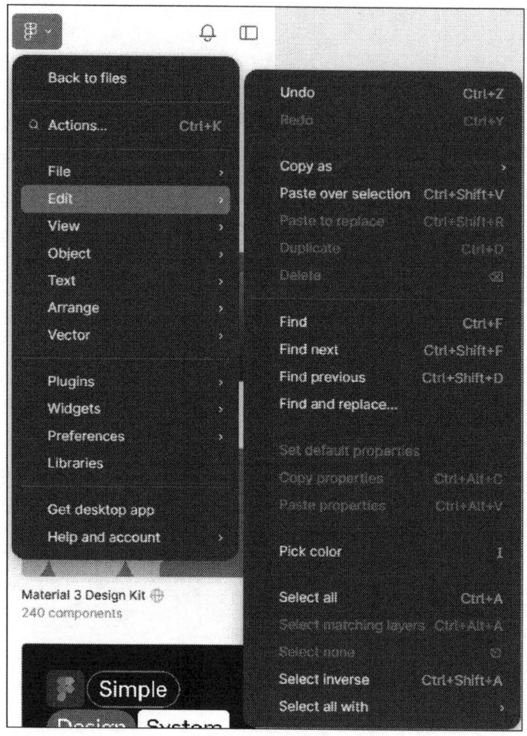

Las funciones esenciales también son accesibles mediante botones situados en la parte inferior central.

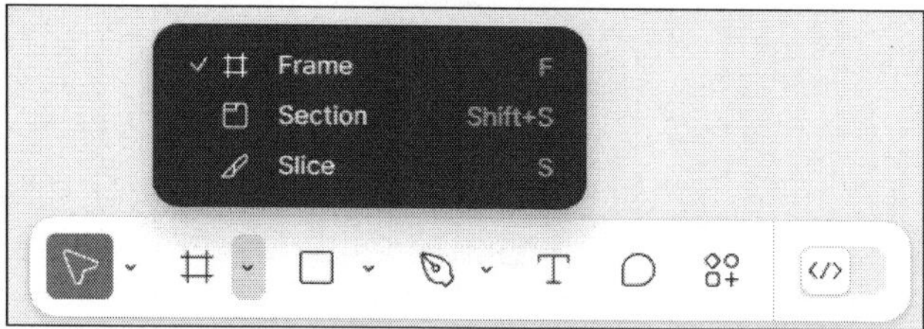

4. **Propiedades**: este panel permite dar formato con precisión a todos los elementos.

b. Crear un prototipo con Figma

- Haga clic en el bloque **New design file** de la pantalla de inicio o despliegue el menú **File - New design file**.
- Se crea una página de manera predeterminada. Haga doble clic en el título para cambiarle el nombre.
- Para crear la primera pantalla, coloque un frame haciendo clic en el icono **Frame** de la barra de herramientas situada en la zona inferior central y elija el formato deseado en el panel de propiedades de la derecha, por ejemplo **iPhone 14 & 15 Pro Max**.

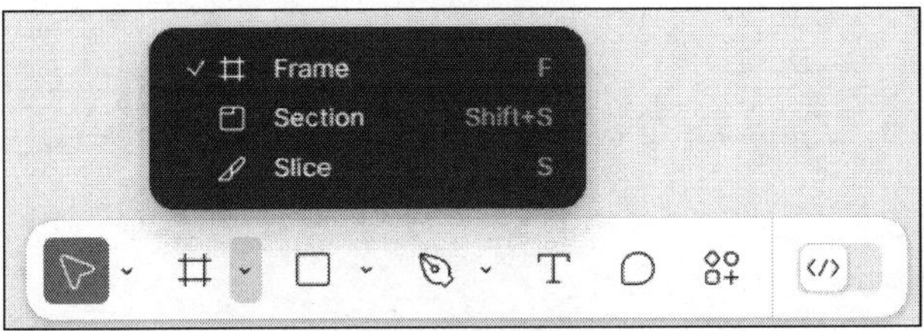

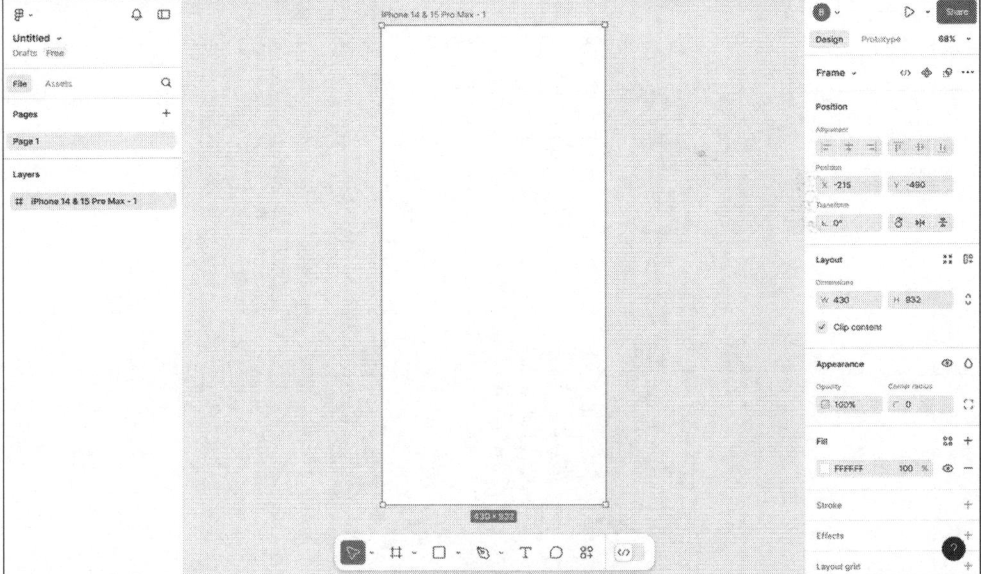

- Para colocar una imagen en el fondo, seleccione la pantalla (*frame*) y elija **Image...** en el menú.

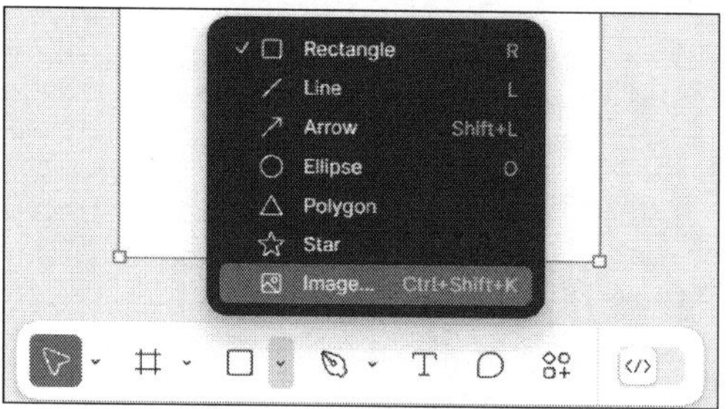

- A continuación, seleccione en su ordenador la imagen que desea importar y haga clic en **Abrir**.

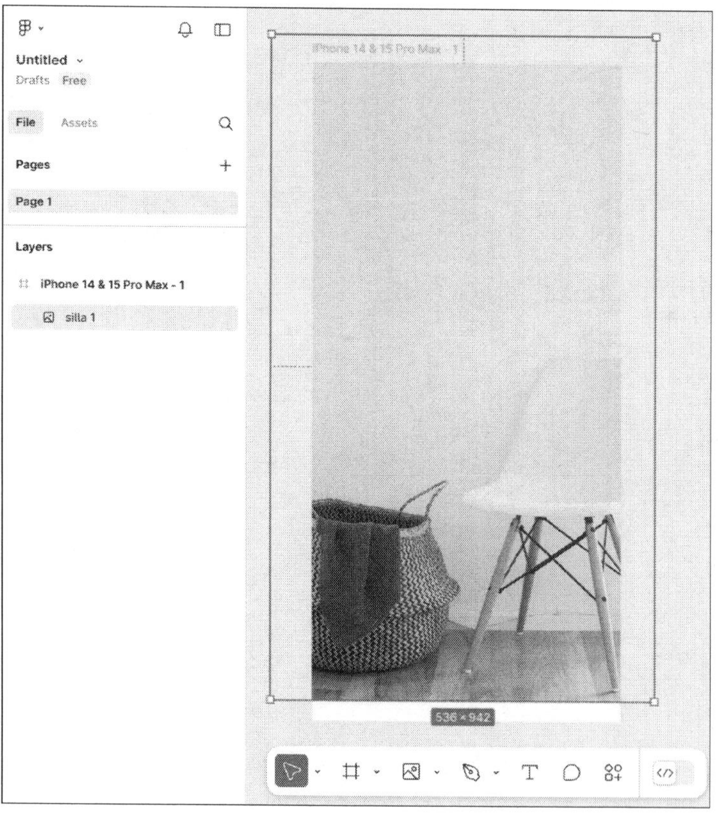

- Para aplicar un efecto a la imagen, como el desenfoque, haga clic en el símbolo **+** de la línea **Effects** y seleccione **Layer Blur** en el menú desplegable. Al hacer clic en el icono situado a la izquierda de **Layer Blur**, se abre el cuadro de configuración del efecto, donde puede establecer el valor.

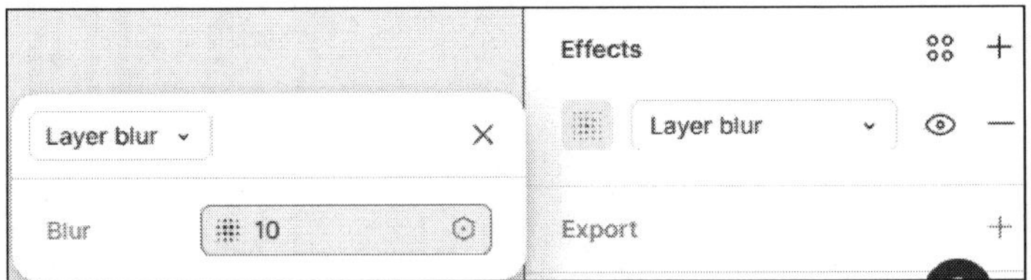

- Para cambiar el tamaño de la imagen, haga doble clic sobre ella y active los tiradores de anclaje.

- También puede colocar imágenes arrastrándolas y soltándolas desde su ordenador hasta la zona de trabajo. Añada los elementos necesarios, como el logotipo. Las indicaciones visuales facilitan la orientación.

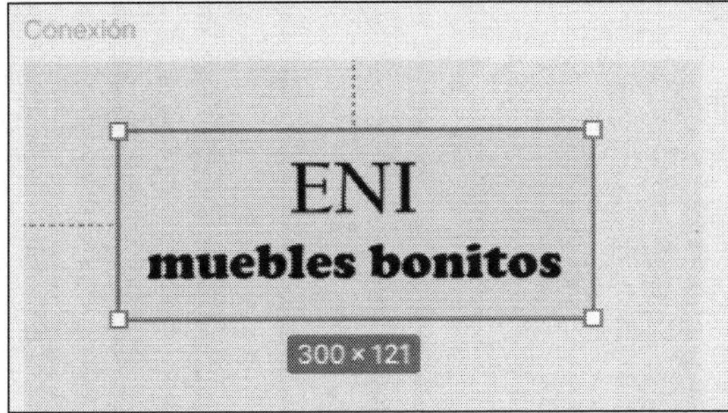

- Con la herramienta **Rectangle**, añada los campos para el formulario de acceso. En el panel de propiedades podrá definir los parámetros de apariencia como el color, el contorno y posibles efectos como sombras proyectadas.

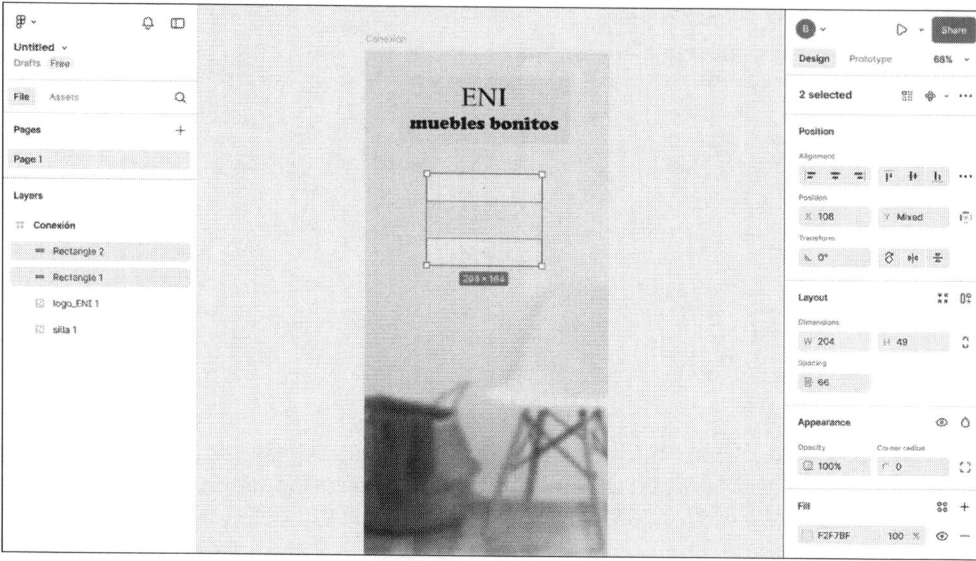

→ Para agrupar elementos, como un texto y un campo, seleccione ambos haciendo clic en ellos sucesivamente mientras mantiene pulsada la tecla Mayús. A continuación, haga clic con el botón derecho y elija **Group Selection** en el menú contextual.

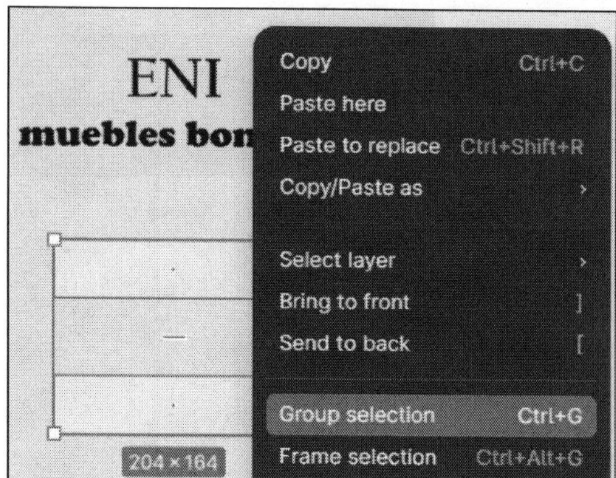

- Para duplicar una pantalla, lo más fácil es seleccionarla y moverla manteniendo pulsada la tecla Alt.

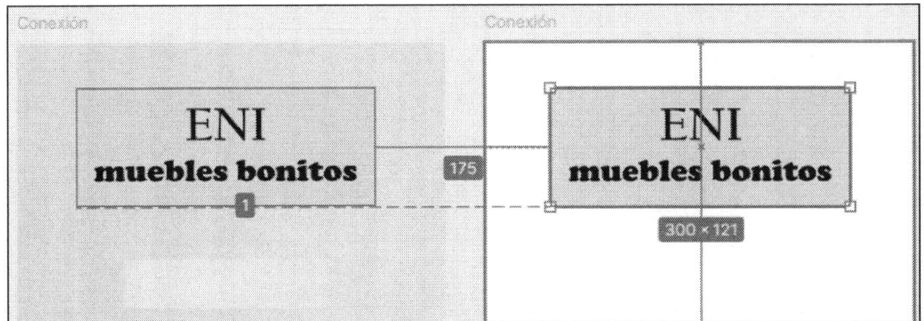

El principio es el mismo para todos los elementos que pueden duplicarse de una pantalla a otra.

- Para añadir una máscara a una imagen, seleccione la imagen y la forma (que debe estar situada en el fondo). Haga clic con el botón derecho y seleccione **Use as mask** en el menú emergente contextual.

c. Presentar un prototipo con Figma

- Una vez finalizado el diseño, cambie al modo **Prototype** haciendo clic en la pestaña situada en la parte superior derecha.

- Entonces la interacción se gestiona simplemente seleccionando el elemento que activará el enlace y arrastrando una flecha desde el puerto de salida hasta la pantalla de destino.

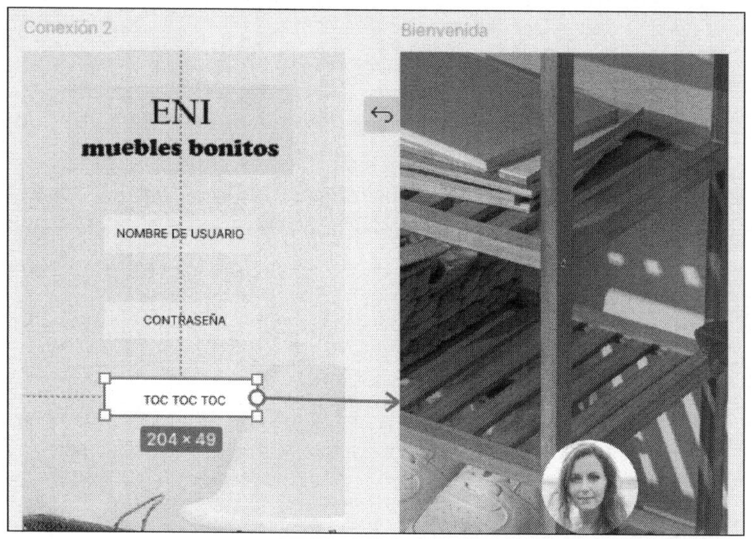

Para presentar el prototipo, haga clic en el botón de la esquina superior derecha. Se abrirá una nueva pestaña (o ventana, según el navegador) para mostrar una presentación funcional del prototipo. Al hacer clic en el botón se mostrará el prototipo a pantalla completa.

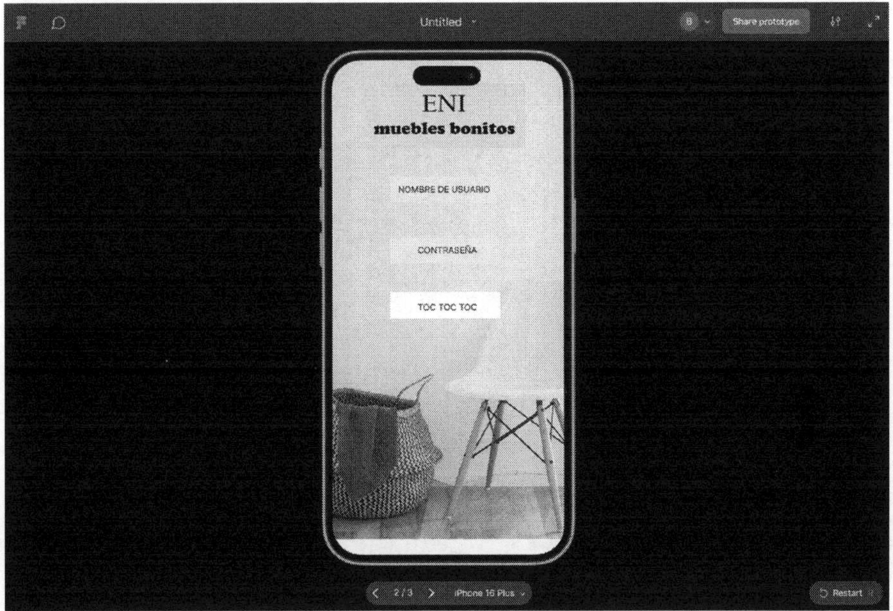

d. Comentar un prototipo

Es muy fácil añadir y ver comentarios. Con esta función, Figma ofrece un auténtico sistema de trabajo colaborativo para la creación de prototipos.

→ Haga clic en el botón . Haga clic para colocar un comentario en el lugar deseado. Introduzca el texto y haga clic en **Post**.

- Al hacer clic en el mismo botón , aparecerán los comentarios y podrá participar en la conversación. Cuando un punto se considere resuelto, puede hacer clic en **Resolve** para archivarlo.

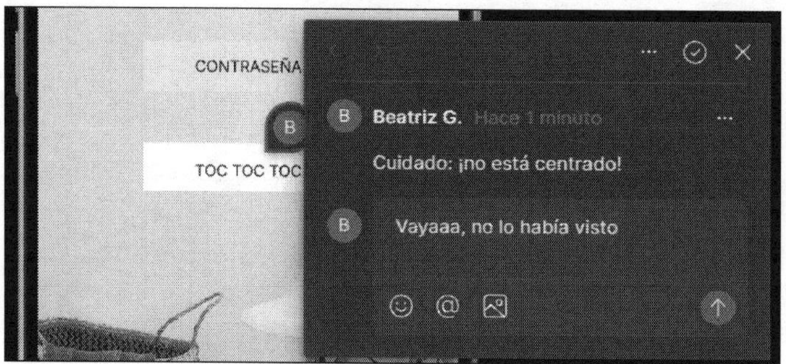

e. Compartir un prototipo con Figma

- Haga clic en el botón **Share Prototype** si está en modo Presentación o **Share** si está en modo Edición.

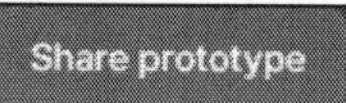

- En la ventana de diálogo, seleccione los derechos que desea asignar.

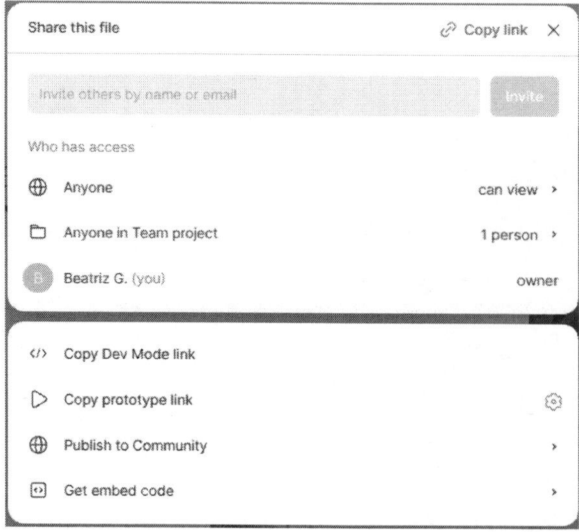

Para la opción **Anyone** (todas las personas):

- **can view**: ver el prototipo
- **can edit**: modificar el prototipo
- **remove**: eliminar el prototipo

Para la opción **Invite someone** (invitar a una persona introduciendo su dirección de correo electrónico):

- **can view**: ver el prototipo
- **can edit**: modificar el prototipo

Por lo tanto, puede limitar los derechos de todos los poseedores del enlace solo a la visualización, y especificar qué colaboradores tienen derecho a modificar o eliminar el prototipo.

f. Visualización en tiempo real en un dispositivo

El prototipo puede visualizarse, pero no será funcional en un dispositivo, por ejemplo para pruebas de usuario. La previsualización en tiempo real en un dispositivo funciona en modo diseño como prototipo, pero no en modo presentación. No obstante, esta interesante función permite ver en tiempo real el resultado del trabajo en uno o varios dispositivos móviles.

→ Instale e inicie la aplicación **Figma** (disponible en App Store y Google Play) en el dispositivo.

El ordenador en el que esté trabajando y el dispositivo deben estar conectados a la misma red Wi-Fi al mismo tiempo.

→ Haga clic en la herramienta **Mirror**.

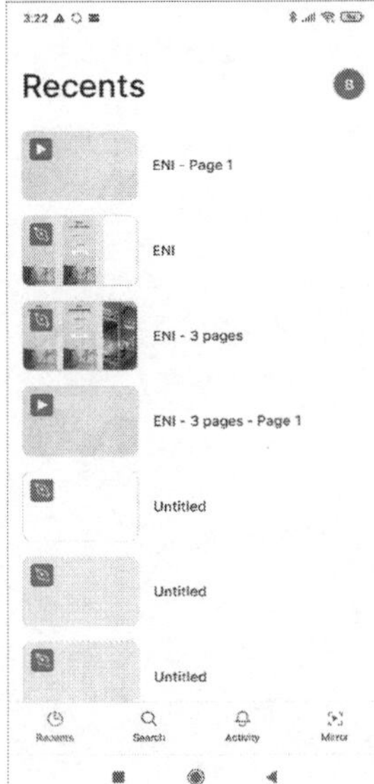

En el ordenador, active el fotograma que desea ver.

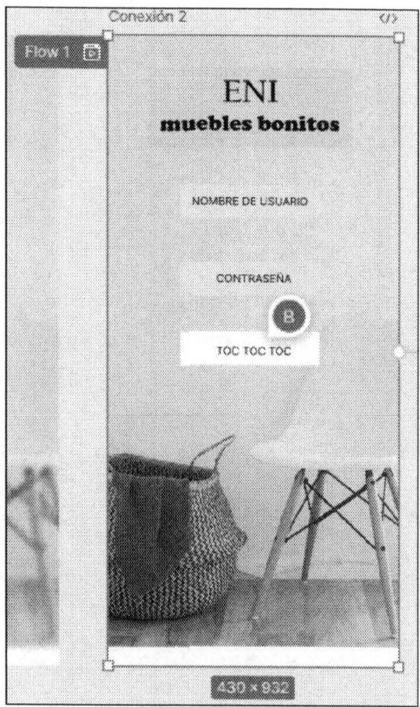

➙ En su smartphone, haga clic en **Begin mirroring**.

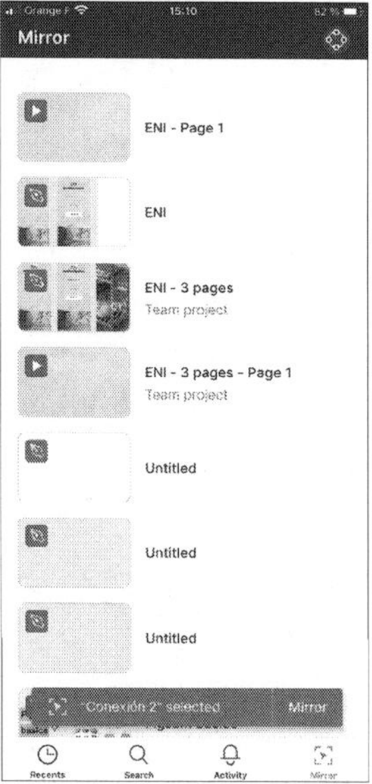

A continuación, el reflejo del PC se muestra en el smartphone:

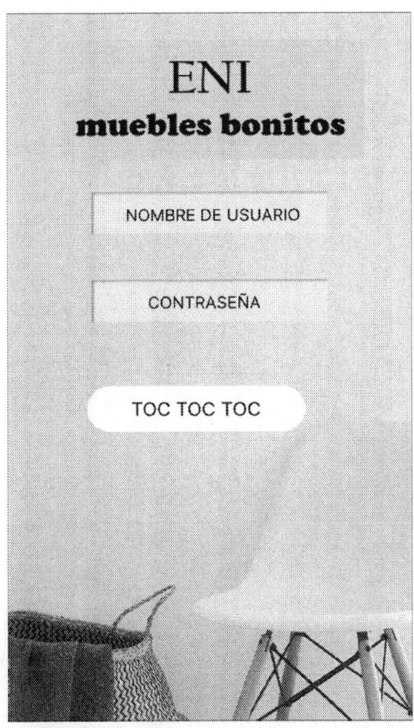

g. Exportar el código

Es muy útil poder comunicar el código fuente de los elementos con formato al desarrollador *front-end*, para ahorrarle un tiempo precioso.

- Abra la pestaña **Inspect** y seleccione el elemento cuyas características desea exportar.
- En el menú desplegable, elija las características que desea mostrar:
  - **CSS**: código de las hojas de estilo
  - **iOS**: código de integración iOS
  - **Android**: código de integración Android
- Haga clic en el botón [<>] para ver el código. Seleccione y copie el código que desea exportar.

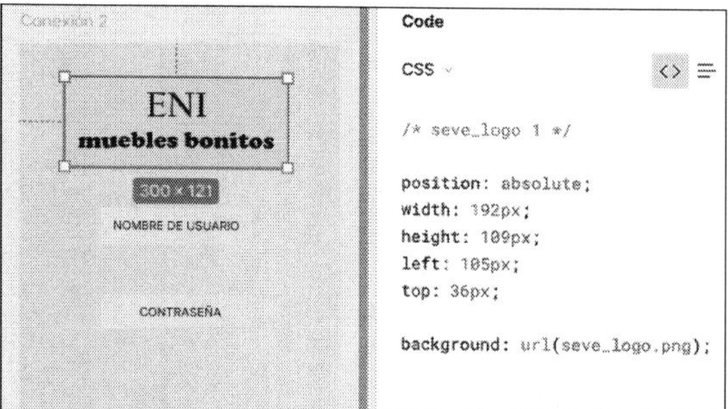

Seleccionar varios elementos facilitará la exportación del código. Los elementos aparecen con nombres que puede especificar:

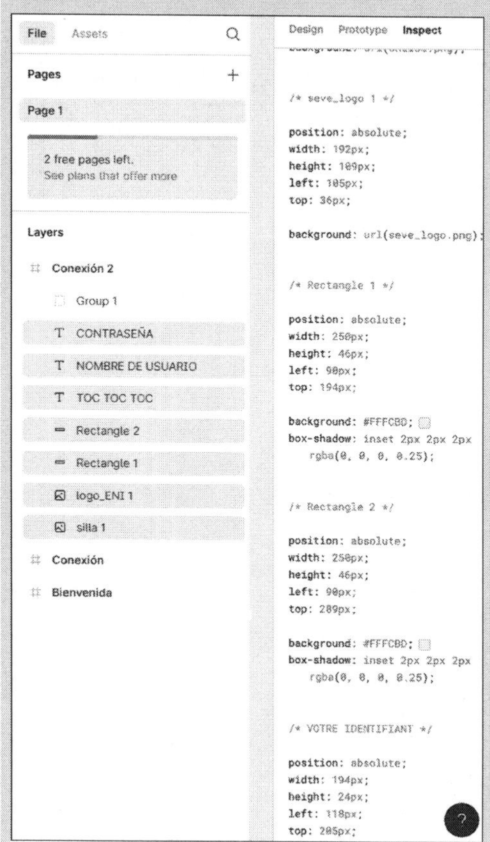

h. La aplicación de escritorio Figma

La aplicación Figma funciona de la misma manera que la aplicación en línea salvo porque tiene una barra de menús, que es más práctica que el menú desplegable pero siempre está visible.

➔ Para descargar la aplicación de escritorio para su sistema, vaya a esta URL: https://www.figma.com/downloads

Aunque no ofrece todas las funciones de Adobe XD, Figma es muy completo para una solución básica gratuita. En el momento de escribir este libro Figma está en proceso de ser adquirida por Adobe, siempre que las conclusiones de las investigaciones en curso sobre abuso de posición dominante en EE.UU., Europa y el Reino Unido lo permitan. Si esto ocurre, Adobe XD acabará siendo sustituido por Figma. Por lo tanto, solo podemos aconsejar a los usuarios de Adobe XD que se familiaricen ahora con Figma.

Capítulo 6: Realización de pruebas

A. Pruebas como parte del enfoque ergonómico

Los prototipos y la realización de pruebas están estrechamente vinculados al enfoque de diseño centrado en el usuario, con el objetivo declarado de optimizar continuamente la experiencia del cliente.

El diseño centrado en el usuario es un método que se engloba dentro de la ergonomía. Hay que empezar por despejar cualquier ambigüedad al respecto y aclarar qué es en realidad el concepto de ergonomía aplicada a los sitios web y las aplicaciones.

Es probable que alguna vez se haya enfrentado a este tipo de afirmaciones: «Este sitio (o esta aplicación) es (o no es) ergonómico(a)» o «El sitio que va a crear para nosotros tendrá que ser ergonómico».

Estos juicios de valor son indicativos de la borrosa representación que sus autores tienen de la ergonomía. Estas afirmaciones no son necesariamente falsas en sí mismas, pero no dan ninguna indicación relevante de lo que implican ni indican maneras de mejorar lo que ya existe.

Por tanto, debe educar a sus clientes para que vayan más allá de esta vaga noción de ergonomía inespecífica y hacerles comprender la naturaleza del enfoque ergonómico, que puede resumirse en una frase:

La ergonomía mide **la idoneidad** de un dispositivo, utilizado por un **humano**, para realizar una **tarea** en un **contexto** determinado.

De hecho, una herramienta puede ser perfectamente adecuada para una operación sin ser ergonómica para ninguna otra función.

Un martillo es ideal para clavar un clavo. Es una herramienta con una serie de características ergonómicas determinadas: el mango permite sujetar el martillo en la mano con firmeza, la masa de su cabeza produce el choque necesario para impulsar el clavo dentro del soporte, etc.

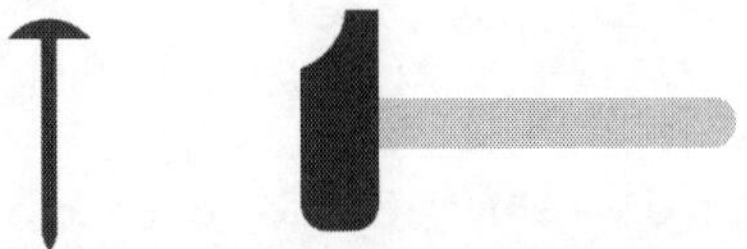

Pero si el objetivo es deshacerse de un insecto sobre el cristal de una ventana, aunque esta herramienta es ergonómica, no solo no logrará su objetivo, sino que causará daños definitivos.

Por lo tanto, la idoneidad de la herramienta no es intrínseca, sino que es inseparable de la naturaleza de la **tarea que debe realizarse** y su **contexto**.

Además, el usuario puede recibir una herramienta «mala» para llevar a cabo una tarea determinada, y aún así conseguir un resultado.

Es probable que ya haya utilizado un destornillador normal para atornillar un tornillo de estrella. El éxito será relativo, considerando las consecuencias para el estado de la cabeza del tornillo al final de la operación, pero incluso así habrá conseguido un resultado.

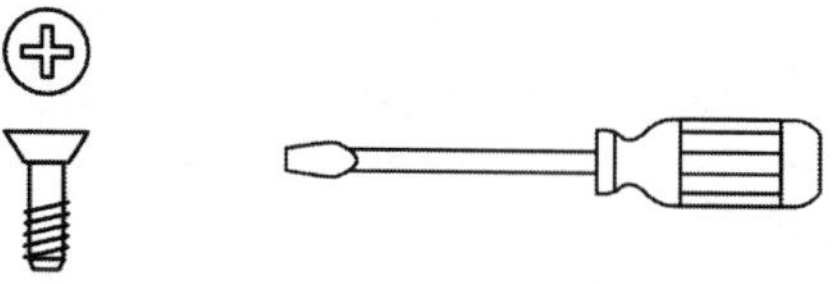

En este caso no hay duda de que alcanzará el objetivo, pero de forma incorrecta. Como resultado, la valoración del usuario sobre la dificultad de completar la tarea y su opinión sobre su experiencia serán negativas.

Así, el usuario puede realizar completamente las transacciones que usted ha previsto, como visitar su sitio web, consultar y elegir productos, y comprarlos sin que los dispositivos sean realmente óptimos para él.

Alcanzará su meta, pero con recorridos que se percibirán como llenos de trampas y dificultades. La irritación causada afectará a las elecciones posteriores del usuario y le llevará a dirigirse a sus competidores.

Por lo tanto, no podemos calificar una herramienta o un dispositivo como ergonómico en términos absolutos. Y tampoco podemos declarar que un sitio web es (o no es) ergonómico sin referirnos al objetivo del visitante, y al camino que tendrá que recorrer para alcanzar su meta.

Periódicamente analizamos el rendimiento de un sitio o aplicación estudiando de cerca las estadísticas de visitas, y esta información es muy valiosa. Pero no nos dice necesariamente **por qué**, **cómo** y, sobre todo, cómo **se siente** el usuario.

Por eso se realizan pruebas para medir la idoneidad de los dispositivos que proponemos a los usuarios, en función de las tareas que tienen que realizar y el contexto en el que operan.

Solo las pruebas pueden medir la experiencia del usuario. Además de grabar y analizar secuencias y recorridos, mediremos tres parámetros:

- **El índice de éxito**: ¿en qué medida se alcanza el objetivo propuesto por el escenario? Por ejemplo, el usuario completa la tarea prevista, sigue un procedimiento hasta su conclusión y comprende la información proporcionada.
- **La porcentaje de error**: ¿se está logrando el objetivo según lo previsto? Por ejemplo, el usuario realiza la tarea prevista utilizando un método alternativo, ha realizado la tarea incorrectamente o cree que ha realizado la tarea cuando no es así.
- **El índice de facilidad/satisfacción**: ¿cómo se siente el usuario al final del recorrido propuesto? ¿Le parece fácil la experiencia? ¿Está satisfecho o frustrado?

B. Organizar y gestionar una sesión de pruebas

Hemos visto que la creación de prototipos es uno de los factores clave del éxito de un proyecto. Al crear prototipos modelizaremos eficazmente a nuestros usuarios desde la fase de prediseño, luego las ideas, las funcionalidades, los recorridos y todas las interacciones, para optimizar continuamente las soluciones que proponemos.

La función principal de los prototipos es poder ser probados para validar u optimizar los dispositivos en función de los resultados obtenidos.

La creación de prototipos va acompañada de la realización de pruebas como parte del proceso iterativo de diseño centrado en el usuario.

Si forma parte de una gran organización y trabaja en proyectos con presupuestos importantes, podrá confiar la organización y el procesamiento de las sesiones de pruebas a empresas especializadas.

Si, por el contrario, trabaja en una startup o forma parte de una PYME, tendrá que organizar y realizar usted mismo las sesiones de prueba. Esto no significa que el coste vaya a ser cero; habrá que establecer un presupuesto para poder operar en buenas condiciones y obtener resultados significativos. Incluso con recursos reducidos, tendrá que aplicar los mismos métodos y respetar los mismos principios para garantizar la validez de los resultados.

Los objetivos de las pruebas son, sobre todo, medir la adecuación y eficacia de las funcionalidades:

- noticias
- los más utilizados
- lo más importante
- los más problemáticos

1. Las normas básicas

El aspecto fundamental a la hora de realizar pruebas es su validez. Los resultados deben ser fiables e imparciales porque, incluso en el caso de funciones sencillas, darán lugar a decisiones que repercutirán en el rendimiento del dispositivo sometido a prueba.

Los resultados de una sesión de prueba nunca son totalmente objetivos y pueden variar en función de los participantes, el contexto y la forma en que se lleve a cabo la sesión.

Por lo tanto, es necesario controlar estos tres parámetros para garantizar que la sesión de prueba no produzca información errónea.

En este capítulo repasaremos los aspectos más importantes a tener en cuenta, que pueden resumirse de la siguiente manera:

- probadores específicos y filtrados,
- número razonable de participantes (5 - 20),
- motivación (recompensa),
- duración fija (0,5 h - 1,5 h),
- un lugar adecuado y preparado.

Respetándolos limitaremos las causas de errores y obtendremos resultados fiables.

2. Reclutar probadores

a. Basarse en las personas

Los probadores son las personas más importantes para la prueba. Se les contrata siguiendo unos principios rigurosos.

Empezamos examinando las **personas** que hemos establecido durante el prediseño. Estas **personas** representan a nuestros usuarios, y sobre esta base reclutaremos a los participantes en la sesión de pruebas. Si hemos definido tres personas distintas, dividiremos la sesión en tres grupos. Esto nos permitirá comparar los resultados y poner de relieve las diferencias o similitudes entre las experiencias de las distintas personas.

b. Filtrar participantes

El filtrado de los participantes consiste en garantizar que se han tenido en cuenta las personas, pero también que ninguna característica individual distorsiona los resultados.

El cuestionario de reclutamiento debe ser sencillo para garantizar al principio que el participante potencial se corresponde con la persona objetivo.

Dependiendo de lo que tenga que probar, sobre todo asegúrese de que los participantes no tienen conocimientos específicos.

Añada filtros sobre los conocimientos relacionados con el dispositivo sometido a prueba, ya sea para confirmar al probador o para rechazarlo por tener cualificaciones o usos específicos.

Aquí vemos algunos ejemplos de las preguntas sobre el uso que ayudan a analizar mejor a los participantes y detectar particularidades:

- ¿Cuántas horas a la semana pasa delante del ordenador?
- ¿De qué marca es su teléfono móvil?
- ¿Qué actividades realiza en su tableta?

También hay que filtrar por nivel de experiencia:

- En una escala del 1 al 10, ¿cómo calificaría sus conocimientos sobre [dispositivo probado]?
- ¿Es desarrollador o programador?
- ¿Es diseñador?

El objetivo de estas preguntas de uso o conocimientos es detectar a los candidatos potenciales que entenderían una interfaz con mayor facilidad, debido a sus conocimientos técnicos o a su experiencia práctica, y que, por lo tanto, no representarían al usuario medio.

c. Confirmar participantes

Una vez seleccionados los participantes, hay que :

- pedirles formalmente que se inscriban en la sesión,
- especificar la remuneración. Esto es fundamental. La remuneración no tiene por qué ser monetaria. Puede ser en forma de beneficios, descuentos en artículos, regalos, vales, etc. Pero es absolutamente necesaria porque garantiza la implicación de los participantes,
- especificar el lugar, la fecha, la hora y la duración de la sesión,
- especificar que se tomarán y grabarán fotografías. No se registrarán ni los nombres ni los datos de contacto de los participantes y las imágenes no se difundirán; sin embargo, es posible que algunos participantes, por motivos personales, no deseen ser grabados y, desde luego, usted no debe enterarse de ello el día de la sesión de pruebas.

d. Número de participantes

Aunque un único participante pueda aportarle información cualitativa valiosa, debe corroborarla con los resultados obtenidos por otros probadores correspondientes a la misma persona.

Puede considerar que si los resultados convergen para al menos cinco personas del mismo grupo homogéneo, tendrá una idea bastante clara de los aspectos susceptibles de mejora. Si los resultados divergen, tendrá que ampliar o comprobar el muestreo.

Con más de veinte personas es probable que la situación sea complicada de gestionar en términos de material, tiempo y control.

En otras palabras, si ha identificado tres personas puede reclutar tres grupos de cinco a siete personas para la prueba.

3. Organizar la sesión

a. Planificación general

Organizar una sesión de pruebas implica recibir a una gran cantidad de participantes, preparar un lugar adecuado, prever el material necesario, garantizar la disponibilidad de los colaboradores personas que nos asistirán, etc. Por eso hay que planificar la operación con exactitud.

→ Por lo tanto, incluya las siguientes fases en su calendario:

D-8

- Invitación a los probadores
- Invitación a los asistentes
- Sala de confirmación
- Confirmación del material (¡incluidos y especialmente los prototipos!)

D-3

- Confirmación de los probadores
- Reunión de asistentes
- Acceso a la sala
- Instalación de material

D-2

- Ensayo general
- Entrega de documentos a los asistentes (hojas de asistencia, escenarios, fichas de notas o cuestionarios posteriores a la sesión).
- Configuración de la sala
- Prueba de material y software

  En resumen, en D-2 todos los participantes han sido confirmados y todos los documentos están preparados. El local, el material y el software están listos. Los escenarios se han probado. En el caso de pruebas en puestos de trabajo, está prevista una copia de seguridad.

b. Lugar

La sala no tiene que ser lujosa, pero debe ser cómoda y estar bien equipada. Los probadores deben poder concentrarse en sus tareas y no ser alterados por las distracciones del entorno.

En el caso de las pruebas en el puesto de trabajo, cada probador dispondrá de una zona privada, para evitar la interacción entre los participantes e impedir la puesta en común de información que distorsionaría los resultados.

Aquí hay dos ejemplos de configuración de sala que ocupan aproximadamente la misma superficie.

- La configuración A, a menudo elegida por ser más funcional en términos de conexiones eléctricas e informáticas, no es óptima. Los usuarios están uno frente al otro y, por lo tanto, pueden distraerse o estar más inclinados a entablar conversaciones con el de enfrente. Por otra parte, si un usuario ve que el de enfrente ha terminado una tarea, puede tener la tentación de acelerar o sentirse competitivo.

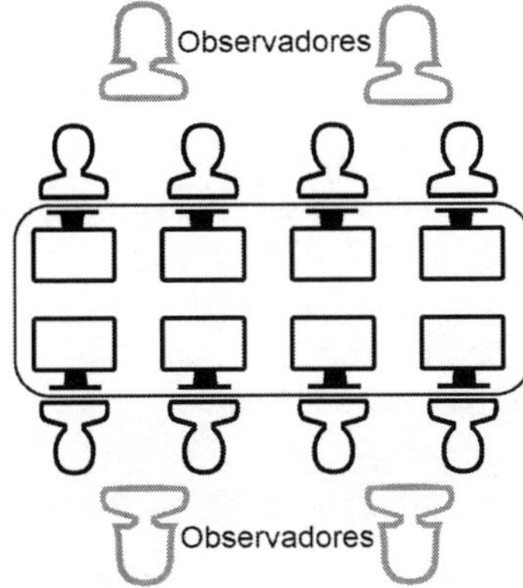

Configuración A

- La configuración B, en cambio, aísla mejor a los usuarios, no tienen una visión global de la sala y por lo tanto podrán concentrarse mejor en los recorridos que tendrán que probar. Además, el conductor de la prueba tendrá una visión más global de las intervenciones de los moderadores, que ocuparán una posición central.

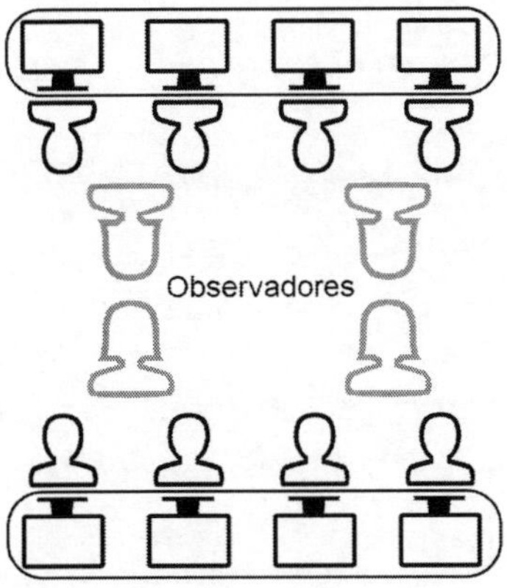

Configuración B

Preste especial atención a la configuración de la sala de pruebas, que desempeña un papel importante en el buen desarrollo de la sesión. Pruébelas siempre antes.

4. Moderación y control de la sesión

a. Bienvenida

Hay que prestar especial atención a la bienvenida porque el éxito de la sesión depende de la manera en que se haga sentir cómodos a los probadores.

El primer objetivo de una buena bienvenida es romper el hielo y hacer que los participantes se sientan cómodos.

A continuación, deberá marcar el tono de la sesión demostrando que está bien organizada. Explicará cómo va a funcionar la sesión para que los probadores sepan cómo se va a desarrollar y puedan concentrarse en los escenarios que se les van a presentar.

La duración es importante y se recomienda segmentar las pruebas con escenarios bastante cortos. En algunos casos, un proceso complejo (desde la selección del producto hasta la finalización del pedido, por ejemplo) puede llevar más tiempo. Pero es preferible limitar las secuencias a treinta minutos.

Por último, especifique las cláusulas de confidencialidad y haga firmar las autorizaciones de uso.

Aquí hay un ejemplo de discurso de bienvenida:

Gracias por participar en esta sesión de pruebas. Hoy le pedimos que evalúe este dispositivo y complete una serie de escenarios.

Nuestro objetivo es ver los niveles de facilidad o dificultad que encuentra. Anotaremos sus reacciones y opiniones. También es posible que de vez en cuando le pidamos que aclare alguna de sus afirmaciones.

Estamos aquí para registrar sus reacciones y comentarios sobre lo que ve.

Tenemos personas que observarán su interacción (o: será grabado en vídeo por una cámara).

Durante esta sesión no podré darle ninguna sugerencia o consejo.

Sin embargo, podría pedirle que explique por qué ha dicho o hecho una cosa determinada.

También le haremos una serie de preguntas sobre su experiencia al final de la sesión.

No le ponemos a prueba a usted, usted evalúa el dispositivo. No se preocupe si comete errores, porque no hay respuestas correctas o incorrectas.

En realidad, solo queremos saber que hemos diseñado el dispositivo adecuadamente para usted.

Si crees que se ha perdido o no puede completar un escenario con la información que ha recibido, díganoslo.

Le preguntaremos qué le bloquea y le orientaremos o pasaremos al siguiente escenario.

¿Tiene alguna pregunta antes de empezar?

b. Escenarios de prueba

La primera cualidad de un escenario de pruebas es que, a ser posible, se entienda en tres frases. Por lo tanto, debe redactarse utilizando términos familiares para el usuario y no lenguaje técnico.

Los objetivos de un escenario pueden ser esencialmente buscar información, realizar una tarea o efectuar una transacción.

Un escenario de prueba presentará el contexto, a continuación el objetivo que debe alcanzarse y, por último, según los casos, las herramientas para completar la tarea asignada.

Limite el escenario a una única tarea. Esta tarea puede constar de varias secuencias, pero el usuario debe centrarse en lo que tiene que conseguir y no en cómo hacerlo. Por ejemplo, puede pedir:

- Necesita comprar un paraguas para regalárselo a su mujer. Está en la página de inicio de nuestra aplicación, proceda según lo que le parezca más lógico y avíseme cuando haya terminado.

  Esta propuesta implica varias secuencias:

  - Búsqueda del producto
  - Poner en la cesta
  - Hacer el pedido
  - Envolver para regalo y entrega

  Por supuesto, podríamos probar cada una de estas secuencias individualmente, pero cuando probemos el escenario en su totalidad no detallaremos las secuencias para no influir en el participante.

  Un escenario puede incluir una serie de acciones. Por ejemplo :

- Ha encontrado una línea de muebles de jardín que le gusta. Va a añadir seis sillas a su cesta y luego una mesa a juego.

En este caso, el escenario se compone de dos acciones, pero están vinculadas y la tarea que queremos probar sobre todo es la adición de la mesa a juego con las sillas. El objetivo de la primera acción es poner al probador en situación de la mejor manera.

La relevancia de los datos que va a recoger durante la sesión de pruebas depende de la precisión y adecuación de los escenarios. Así que invierta tiempo en perfeccionarlos para que puedan ser comprendidos de inmediato por los participantes.

c. El papel de los moderadores-observadores

Lo ideal es que haya un ayudante (moderador-observador) para supervisar a dos probadores, lo que permitirá al responsable de la prueba mantener una visión de conjunto sin verse absorbido por el seguimiento de algún participante. El papel de los moderadores es ante todo de observación, aunque de vez en cuando tengan que desbloquear situaciones determinadas:

- Los moderadores no sugieren nada.
- Los moderadores no explican la interfaz.

- Los moderadores no entablan conversación con los probadores porque estos deben permanecer concentrados en sus tareas.
- Los moderadores no deben ser percibidos como expertos que tienen la solución.
- Los moderadores recogen las expectativas.
- Los moderadores examinan los errores.
- Los moderadores preguntan «¿Por qué?»

Y, por encima de todo, los moderadores deben tomar tantas notas como sea posible. Principalmente anotarán:

- comportamientos reveladores,
- descripción de las acciones,
- comentarios de los probadores,
- duración de realización de las acciones,
- problemas encontrados,
- soluciones encontradas (o no),
- sensación de facilidad.

Al interactuar con los probadores, sobre todo cuando hay que desbloquear una situación o pasar al siguiente escenario, el moderador deberá hacer preguntas abiertas. Por ejemplo, si la pregunta es «¿Está satisfecho?», se trata de una pregunta cerrada a la que la respuesta solo puede ser sí o no. En su lugar, haga preguntas del tipo «Explíqueme cómo lo ha hecho», porque en este caso la respuesta contendrá más información.

5. Herramientas de pruebas

a. Los prototipos

Los prototipos deben ser impecables, ya sea en papel o en estaciones de trabajo creados con software como Adobe XD o Figma.

Prototipos en papel

Los prototipos en papel están destinados a ser manipulados por el probador en compañía del moderador, que observará y registrará las acciones del probador. Por tanto, el moderador debe poder ayudar al probador proporcionándole los elementos de la misma manera que lo haría un sistema informático. Cuando se trata de prototipos en papel, hay que tomar algunas precauciones.

Lo mejor es pegarlos sobre cartón porque así aguantarán mejor las manipulaciones. Piensa también en duplicarlos o incluso triplicarlos. Una taza de café se derrama muy rápido y los prototipos pueden estropearse con las manipulaciones. Si prevé tener 5 probadores, se recomienda tener diez conjuntos de prototipos aproximadamente. A veces también es útil que algunos de ellos se registren con notas o notas adhesivas añadidas por los usuarios.

Incluya todos los elementos de interfaz necesarios para dispositivos móviles, como teclados de entrada o selectores.

Recuerde también proporcionar notas adhesivas para que los usuarios puedan añadir algún elemento que falte. Por ejemplo, el probador puede señalar que no puede acceder a una interfaz de inicio de sesión porque simplemente no tiene una cuenta. En este caso, puede pedirle que coloque una nota adhesiva donde le gustaría ver el enlace de creación de cuenta en el prototipo.

No es obligatorio que los prototipos en papel se elaboren gráficamente. Puede crearlos fácilmente a partir de *wireframes*, pero deben permitir simular las interacciones previstas en el escenario. Por lo tanto, hay que prever los elementos de interfaz como teclados, selectores, etc.

Las pruebas realizadas con los prototipos en papel se hacen cara a cara en modo conversacional. Para evitar cualquier deriva, elabora un escenario preciso para el hilo principal.

Por ejemplo:

Moderador: Hola, para probar nuestra futura aplicación voy a pedirle que realice algunas operaciones en esta maqueta para ver si funciona correctamente.

Moderador: Ha iniciado la aplicación y se encuentra delante de esta pantalla. Se le pide que introduzca su nombre de usuario y contraseña, luego haga clic en **Aceptar**.

A continuación comienza la prueba y lo que sigue no está guionizado, sino que se registrará para que al final de la prueba podamos entender cómo mejorar el sistema.

Probador: Hago clic en el campo Identificador.

Variante del probador: ¿Cómo puedo introducir esta información?

Variante de probador: ¿No tengo cuenta? ¿Cómo se crea una?

Variante del probador: ¿Qué es el nombre de usuario?

Prototipos en la estación de trabajo

En el caso de las pruebas en estación de trabajo, sea cual sea la herramienta de creación de prototipos elegida, el usuario se enfrentará solo a un sistema. Aunque un moderador observe eficazmente la secuencia, es necesario grabarla en vídeo.

Asegúrese de tener una herramienta para capturar la secuencia en la pantalla. Un poco más adelante veremos herramientas para todos los presupuestos.

Grabe en vídeo también al probador. Y si habla solo describiendo lo que está haciendo, ¡mucho mejor! Así podrá recopilar información valiosa no verbal analizando las expresiones faciales y los gestos de los probadores.

En este ejemplo vemos claramente que la probadora tiene dudas al elegir un elemento del menú desplegable.

b. Software para gestionar las sesiones de prueba

Existen varias soluciones para grabar sesiones que dependen esencialmente de su presupuesto y de la cantidad de datos que haya que procesar.

Antes de hablar de software dedicado, veamos algunas soluciones inteligentes si no tiene presupuesto específico para el software.

Adobe XD

Si tienes una suscripción a Creative Cloud de Adobe, XD forma parte del paquete y probablemente ya lo haya utilizado para crear sus prototipos.

En el momento de escribir este libro, Adobe ha anunciado su intención de adquirir el competidor en línea Figma y ya no ofrece XD a los usuarios nuevos. Sin embargo, sigue siendo accesible para los titulares de una cuenta Creative Cloud que lo tenían instalado. Además, hay tres investigaciones de las autoridades estadounidenses, británicas y europeas en curso para determinar si esta adquisición contraviene las leyes antimonopolio. Por lo tanto, el futuro de XD está en el aire.

Para pruebas ocasionales, el software de creación de prototipos Adobe XD puede ser suficiente porque incorpora una función de grabación.

- Inicie la vista previa del prototipo y haga clic en el botón situado en la parte superior de la ventana de vista previa.

- Así podrá grabar la sesión con pruebas visuales de las interacciones.

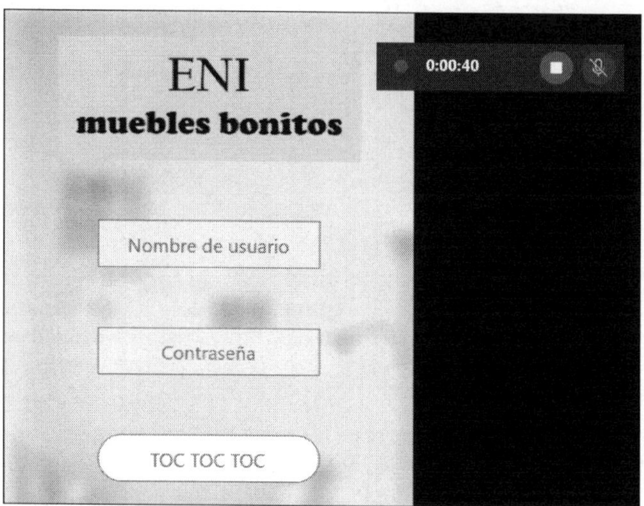

- Sin embargo, esta grabación se limita a lo que ocurre en pantalla, sin grabar los comentarios del probador.

QuickTime

Si utiliza un Mac, puede capturar sesiones con facilidad utilizando **QuickTime**, que forma parte del software instalado por defecto.

- Para guardar solo la pantalla, abra el menú **Archivo - Nueva grabación de pantalla**.
- A continuación, especifique las opciones que desee, como la entrada de sonido para grabar los comentarios del evaluador. A continuación haga clic en **Guardar**.
- Para detener la grabación, haga clic en el botón de paro de la barra de menús.
- Para grabar una sesión en un iPhone o iPad conectado por cable, abra el menú **Archivo - Nueva grabación de vídeo**.
- A continuación, seleccione la entrada de sonido e inicie la grabación pulsando el botón rojo.

Se grabarán todos los movimientos de los probadores en el dispositivo, junto con sus comentarios. Sin embargo, con este dispositivo no podrá grabar en vídeo al probador simultáneamente.

Para detener la grabación pulse el mismo botón, que se vuelve negro durante la grabación.

Puede comprobar que estas soluciones improvisadas permiten grabar sesiones de prueba con poco presupuesto. Sin embargo, a veces merece la pena invertir en software profesional. Los precios de estas herramientas están directamente relacionados con sus capacidades, pero las soluciones básicas como Silverback tienen un coste que las hace accesibles para todo el mundo.

Software de captura: Camtasia y ScreenFlow

Camtasia (https://www.techsmith.es/camtasia/) es un programa de captura de pantalla/cámara en español con funciones de edición y exportación que funciona en Windows y Mac. Diseñado inicialmente para grabar tutoriales educativos, también puede utilizarse para grabar sesiones de pruebas. Sin embargo, tendrá que dedicarle un tiempo de aprendizaje.

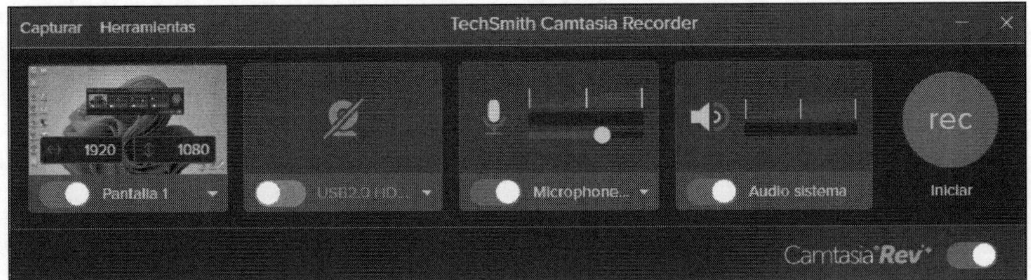

ScreenFlow, solo para Mac, (https://www.telestream.net/screenflow/) ofrece funciones similares a Camtasia con un precio inferior. También es un software de captura dedicado inicialmente a la producción de vídeos educativos.

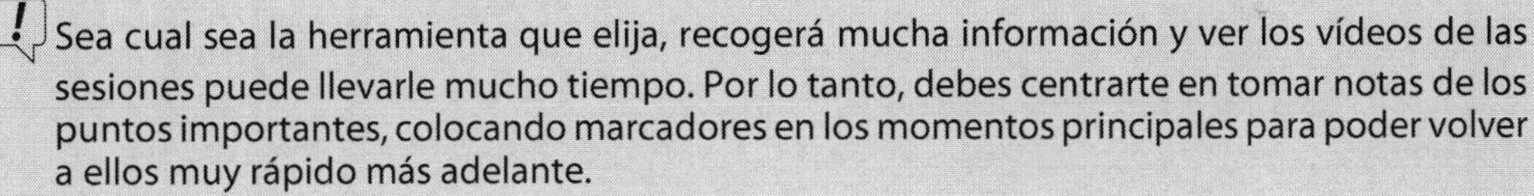
Sea cual sea la herramienta que elija, recogerá mucha información y ver los vídeos de las sesiones puede llevarle mucho tiempo. Por lo tanto, debes centrarte en tomar notas de los puntos importantes, colocando marcadores en los momentos principales para poder volver a ellos muy rápido más adelante.

6. Evaluar los resultados

a. Registrar los resultados con eficacia

La evaluación de los resultados consiste en registrar en cifras los resultados de las sesiones desglosándolos según los segmentos definidos por las personas.

El objetivo principal es conocer los porcentajes de éxito y error. La integración de la toma de notas y el registro de los resultados en una base de datos pueden facilitar considerablemente el uso de la información recopilada.

Si tiene que realizar pruebas periódicas para muchos clientes, es aconsejable crear una solución específica.

Puede diseñarse utilizando un software de gestión de bases de datos como FileMaker Pro, y el coste de desarrollarlo se amortizará con rapidez.

Por otro lado, si no realiza pruebas con regularidad, al menos debería registrar los resultados en una hoja de cálculo como Excel. Así podrá ver los resultados en forma de gráfico y hacer comparaciones a medida que avanza el proceso iterativo.

Todos estos datos pueden exportarse a herramientas de gestión de datos como las que ofrece Google (https://datastudio.google.com/).

b. Cuestionarios posteriores a las pruebas

El análisis cualitativo de las secuencias y el uso de datos numéricos sobre los porcentajes de aciertos y errores no estarían completos sin medir también el nivel de satisfacción o frustración de los usuarios en la situación de prueba.

Planificar un cuestionario posterior a la prueba para cada secuencia, con el objetivo de medir este índice de facilidad que siente el participante.

Hay varios modelos disponibles y recomendamos que no los aplique tal cual, sino que los adapte a las particularidades de la sesión.

Escala SUS (System Usability Scale, Escala de Usabilidad del Sistema)

Se trata de un cuestionario posterior a la prueba diseñado originalmente por Digital Equipment para evaluar sus sistemas informáticos. Su objetivo es ofrecer una visión general de la experiencia global del usuario. No sustituye a las pruebas de recorrido y secuencias basadas en escenarios, sino que las complementa. Suele ser un cuestionario de final de sesión.

Según Digital Equipment, la ergonomía de un sistema se define por:

- la facilidad de uso,
- la facilidad de aprendizaje,
- la eficacia de uso,
- el uso sin errores,
- la satisfacción de los usuarios.

Esto es totalmente coherente con todo lo que hemos visto hasta ahora.

→ Elabore el siguiente cuestionario. El probador puntuará cada afirmación en una escala de 1 (totalmente en desacuerdo) a 5 (totalmente de acuerdo):

1. Creo que me gustaría volver a utilizar este sistema.
2. El sistema me ha parecido innecesariamente complicado.
3. Pensaba que este sistema era fácil de usar.
4. Creo que necesitaré la ayuda de un técnico para utilizar este sistema.
5. Las diferentes funciones del sistema me parecieron bien presentadas.

6. Creo que hay demasiadas incoherencias en las funciones de este sistema.
7. Creo que para la mayoría de la gente debería ser fácil aprender a utilizar este sistema.
8. Este sistema me ha parecido incómodo de utilizar.
9. Me he sentido muy cómodo/a utilizando este sistema.
10. Tengo mucho que aprender antes de poder utilizar este sistema.

Las preguntas y la forma de calcular la puntuación están diseñadas para evitar que los resultados estén sesgados.

➜ Calcule los resultados del siguiente modo:
- Cada pregunta se puntúa del **1** al **5**.
- Para las afirmaciones **2**, **4**, **6**, **8** y **10**, la puntuación es **5 menos la nota**.
- Multiplique el total por **2,5** para obtener una puntuación de 0 a 100.

➜ El punto medio es **68**. Por debajo de este valor, el sistema presenta graves deficiencias en términos de satisfacción/facilidad de uso. Por encima de **68**, se puede considerar que los resultados son satisfactorios.

Ejemplo:

Pregunta	Nota	Cálculo	Puntuación
Pienso utilizar esta aplicación con frecuencia	4	4-1	3
Esta aplicación me parece demasiado complicada	2	5-2	3
Creo que esta aplicación es fácil de usar	5	5-1	4
Creo que necesitaré ayuda para utilizar esta aplicación.	1	5-1	4
Creo que las diferentes funciones de esta aplicación están bien presentadas.	4	4-1	3
Creo que hay demasiadas incoherencias en las funciones de esta aplicación.	2	5-2	3
Creo que para la mayoría de la gente debería ser fácil aprender a usar esta aplicación	5	5-1	4
Creo que esta aplicación es incómoda de usar	1	5-1	4
Me he sentido seguro/a utilizando esta aplicación	4	4-1	3
Tengo mucho que aprender antes de poder utilizar esta aplicación	1	5-1	4

Pregunta	Nota	Cálculo	Puntuación
Total			35
X 2,5	PUNTUACIÓN TOTAL		87,5

La escala SUS le dará una buena idea del índice global de satisfacción con los sistemas propuestos, aunque a cambio tendrá que aplicar un poco de aritmética.

NPS (Net Promoter Score)

El NPS es mucho más sencillo de implantar y manejar. Consiste en determinar cuál es la probabilidad de que un usuario recomiende el sistema propuesto.

Por eso solo hacemos una pregunta: «¿Va a recomendar nuestro dispositivo (aplicación, sitio web, etc.)?». El usuario valorará esta posibilidad en una escala del 1 al 10.

Si se encuentra en una situación en la que no se puede recomendar el sistema, por ejemplo si aún no existe, tendrá que utilizar el condicional: «¿Recomendaría...».

Los resultados se interpretan del siguiente modo:

- **De 1 a 6: Detractores**. El nivel de satisfacción no es suficiente para generar una recomendación. Los usuarios tenderán a denigrar el sistema.
- **7 y 8: Neutrales**. El nivel de satisfacción es correcto.
- **9-10: Recomendadores**. El nivel de satisfacción es excelente. Los usuarios tenderán a recomendar el sistema.

Esta calificación de 1 a 10 también puede utilizarse para evaluar cada secuencia o escenario probado: «Califique su experiencia en una escala de 1 (totalmente insatisfactoria) a 10 (totalmente satisfactoria)». El resto de categorías son de 1 a 6 (experiencia insuficientemente satisfactoria), 7-8 (experiencia satisfactoria) y 9-10 (experiencia excelente).

Cuando se evalúa el NPS periódicamente, es interesante poder seguir su evolución. Aquí vemos cómo se calcula el índice que se recomienda seguir.

Veamos un ejemplo: 60 participantes divididos en:

- 25 detractores
- 30 promotores
- 5 neutrales

Solo se tendrá en cuenta a los detractores y promotores.

En primer lugar, calculemos los porcentajes:

- Detractores: 41 % (redondeado)
- Promotores: 50 %

Luego se define el índice restando el porcentaje de detractores del de promotores:

Promotor 50 % - Detractor 41 % = 9

Este índice de 9 se comparará con los obtenidos en pruebas posteriores. Así podremos seguir la evolución de la percepción de las mejoras de la experiencia del cliente.

A veces se cuestiona el NPS porque para algunos tiene un fallo lógico: se puede obtener una puntuación idéntica en situaciones muy diferentes.

Por ejemplo:

- Un 30 % de promotores y un 0 % de detractores producen un índice 30.

El mismo índice de 30 se obtiene con:

- 60 % de promotores y 30 % de detractores.

Pero la segunda situación no es en absoluto la misma. En el primer caso tenemos una mayoría de usuarios neutrales, es decir, pasivos. No hay detractores y relativamente pocos promotores. En el segundo caso, tenemos muchos promotores, pero también un número significativo de detractores.

Por lo tanto, el NPS debe considerarse con prudencia y no limitarse solo al índice, sino que hay que entender bien sus componentes.

Si retomamos el primer ejemplo, habrá que trabajar duro para convertir a los usuarios pasivos en promotores. También habrá que consolidar a los promotores en su apego a la marca.

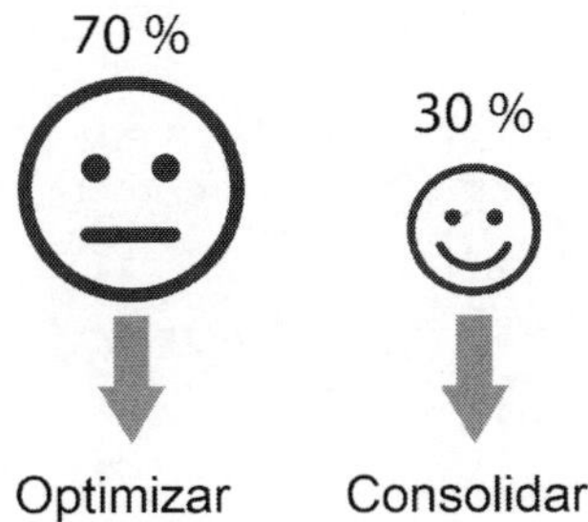

En el segundo caso, hay que actuar en tres frentes:

- identificar los puntos conflictivos y de bloqueo para el 30 % de detractores,
- identificar acciones que animen al 10 % de usuarios pasivos a convertirse en promotores,
- consolidar a los promotores reasegurando su fidelidad a la marca.

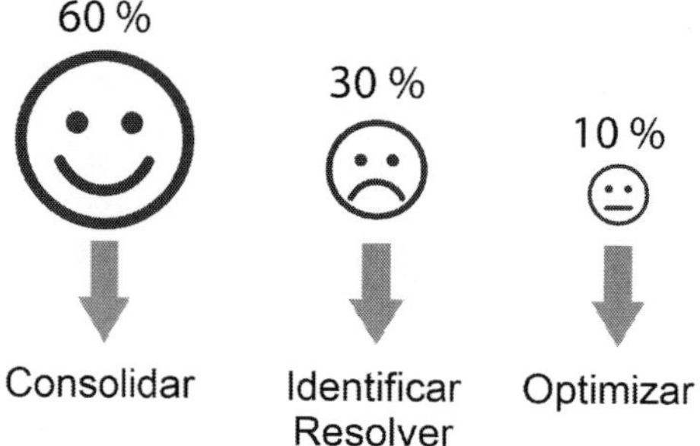

Por último, y esto se aplica en ambos casos, es importante comprender que estos porcentajes no cuantifican los esfuerzos necesarios. De hecho, puede ser más sencillo consolidar al 60 % de los usuarios que identificar y resolver los puntos de bloqueo del 10 % de ellos.

Sin embargo, estas representaciones de la experiencia del usuario nos dan indicaciones valiosas sobre la dirección que debemos tomar en nuestros esfuerzos de marketing.

En resumen, la sencillez del NPS permite desplegarlo de manera rápida y sistemática con un coste menor. Por lo tanto, es una base excelente para profundizar en la investigación de los puntos de fricción o de bloqueo, y optimizar la experiencia del usuario.

c. Mapas de experiencia

Los mapas de experiencia son una forma excelente de resumir las sesiones de prueba. Más allá de los datos numéricos, la visualización inmediata de los procesos permite comprender mejor la experiencia global de una secuencia.

→ Utilizando un sencillo programa ofimático, cree una plantilla de mapa de experiencias que conste de las siguientes líneas:

- **Acciones**: lo que hace el usuario.
- **Pensamientos**: las preguntas que se hace.
- **Experiencia**: cómo se siente el usuario.
- **Oportunidad**: qué podría mejorar la experiencia.

- A continuación, despliegue una línea de tiempo y divídala en etapas, como en el ejemplo siguiente. Esto le mostrará dos tipos de problemas:
  - **Punto de fricción (irritante para el cliente)**: lo que molesta, incomoda o irrita al usuario. En el ejemplo siguiente los puntos de fricción están representados por líneas de puntos.
  - **Punto de bloqueo**: la causa del abandono o lo que hace huir al usuario. En el ejemplo siguiente aparece en negrita.

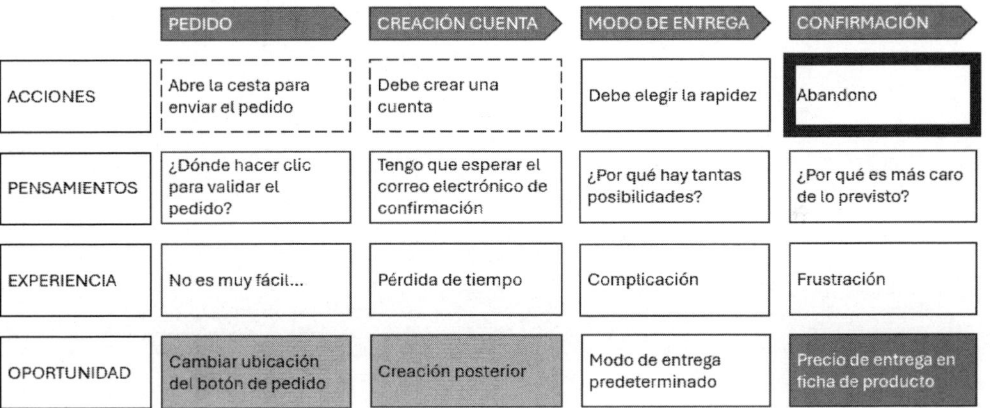

	PEDIDO	CREACIÓN CUENTA	MODO DE ENTREGA	CONFIRMACIÓN
ACCIONES	Abre la cesta para enviar el pedido	Debe crear una cuenta	Debe elegir la rapidez	Abandono
PENSAMIENTOS	¿Dónde hacer clic para validar el pedido?	Tengo que esperar el correo electrónico de confirmación	¿Por qué hay tantas posibilidades?	¿Por qué es más caro de lo previsto?
EXPERIENCIA	No es muy fácil...	Pérdida de tiempo	Complicación	Frustración
OPORTUNIDAD	Cambiar ubicación del botón de pedido	Creación posterior	Modo de entrega predeterminado	Precio de entrega en ficha de producto

Aunque la realización de pruebas parece difícil, con una buena capacidad organizativa es realmente accesible para todos.

En resumen, he aquí una lista de control para garantizar que todo funciona correctamente y que los resultados que aportan enfoques de optimización:

- Los participantes corresponden a las personas del objetivo.
- La recompensa es motivadora.
- Las instalaciones son acogedoras y están bien equipadas.
- Los prototipos se han comprobado y son funcionales.
- Se comprueba el equipo de grabación.
- Se ha calibrado la duración de las sesiones.
- Los asistentes están listos para tomar notas.

Compruebe estos puntos y estará en el camino del éxito.

Capítulo 7: Relaciones con el cliente: pruebas habituales

A. Modelizar las expectativas de los clientes

Modelizar la relación con el cliente para gestionarla más eficazmente contribuirá a poner a la empresa en un estado de alerta constante. Las respuestas de una marca a las expectativas de sus clientes son dinámicas en el sentido más estricto del término. Existen cuatro tipos principales de expectativas de los usuarios:

- **Valor**: ¿es interesante lo que se ofrece? ¿Merece la pena?
- **Uso**: ¿es práctico lo que se ofrece? ¿Es fácil de usar?
- **Adopción**: ¿es accesible lo que se ofrece? ¿Sabré utilizarlo?
- **Deseo**: ¿es atractivo lo que se ofrece? ¿Lo quiero?

Una vez registradas estas expectativas, la marca puede responder a ellas:

- **Valor**: mostrar los beneficios o la diferencia con las propuestas competidoras o anteriores.
- **Uso**: simplificar y demostrarlo.
- **Adopción**: publicar (o poner en línea) instrucciones de uso, asistencia al usuario y trucos de los clientes.
- **Deseo**: quitar el freno del cerebro racional.

Por último, estas respuestas deben traducirse en propuestas concretas, por ejemplo en el caso de los productos domésticos:

- **Valor**: «Olvídese de los productos eficaces pero que no se preocupan por el medioambiente. XXX respeta sus muebles tanto como el planeta».
- **Uso**: «con su cuenta VIP, reciba de manera automática los productos de XXX que necesita».
- **Adopción**: «conozca los tutoriales de XXX en nuestro canal de YouTube».
- **Deseo**: «consiga gratis su primer paquete de prueba de XXX».

B. La experiencia del cliente

En sentido estricto, la experiencia del cliente es diferente de la experiencia del usuario.

Definimos la experiencia del usuario como la experiencia del recorrido entre el contacto con la marca y la conversión, mientras que la experiencia del cliente considera las etapas posteriores, desde la conversión hasta el uso completo del producto o servicio.

En la experiencia del usuario, el recorrido suele ser el siguiente:

- descubrimiento de la marca,
- descubrimiento del producto,
- recepción de una oferta,
- acceso al producto,
- adquisición del producto.

La experiencia del cliente tendrá en cuenta las siguientes etapas:
- espera de la entrega,
- recepción del producto,
- desembalaje del producto,
- consulta de las instrucciones de uso,
- puesta en servicio del producto,
- uso habitual del producto.

Por lo tanto, el seguimiento de la relación con el cliente implica centrarse en las mediciones de satisfacción en estas etapas posteriores a la compra para cuidar los dispositivos que se aportan en respuesta a las expectativas, por ejemplo :
- seguimiento del pedido,
- puntos de recogida alternativos,
- calidad del embalaje,
- instrucciones de uso simplificadas,
- gestión de las devoluciones,
- fidelización, etc.

C. Indicadores

Hay muchos indicadores que pueden utilizarse para medir la experiencia del cliente. Vamos a centrarnos en los más importantes, que podrá adaptar fácilmente a las necesidades específicas de su empresa y sus clientes.

1. NPS: Net Promoter Score

El *Net Promoter Score* o Índice de Promotores Neto mide la probabilidad de que un producto, marca o servicio sea recomendado por sus clientes o usuarios. ¿Hasta qué punto recomendarán nuestros clientes el producto, el servicio o incluso la empresa a sus allegados? Esta evaluación es un indicador claro de la satisfacción y fidelidad de los clientes.

En el capítulo anterior encontrará la metodología completa y detallada; aquí le recordaremos los principios fundamentales.

a. El principio básico

→ Haga la siguiente pregunta **¿Qué probabilidad hay de que recomiende este producto a sus amigos?** Pida a sus clientes que valoren esta probabilidad en una escala del 1 al 10.

→ Considere las respuestas:
- **De 1 a 6 inclusive**: detractores.
- **De 7 a 8 inclusive**: pasivos.

- **De 9 a 10 inclusive**: promotores.

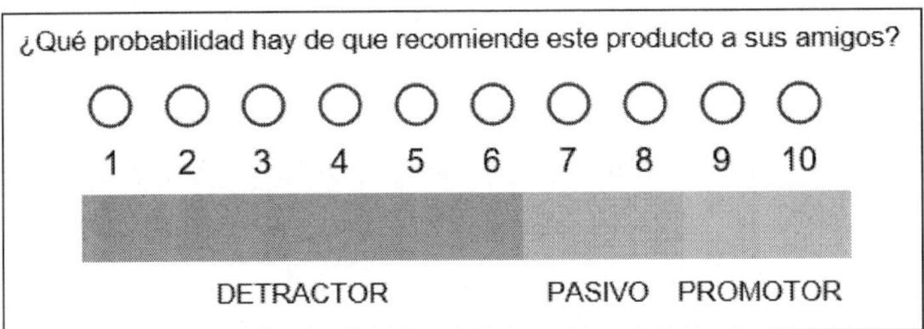

b. Utilización de los resultados

- Obtenga los siguientes valores:
  - Porcentaje de **promotores**
  - Porcentaje de **detractores**
- Realice el siguiente cálculo:

  % de detractores - % de promotores = índice NPS

  Por ejemplo: 30% de promotores - 20% de detractores: NPS = 10.
- Tome las medidas oportunas:
  - **Promotores**: reforzar y recompensar.
  - **Pasivos**: motivar y animar.
  - **Detractores**: identificar y resolver los problemas.

Sin embargo, hay que tener mucho cuidado con los porcentajes que producen el NPS. De hecho, se puede obtener un valor idéntico para situaciones diferentes:

- 30 % de promotores – 20 % de detractores > NPS = 10
- 10 % de promotores – 90 % de pasivos > NPS = 10

Por lo tanto, las medidas a adoptar no serán las mismas...

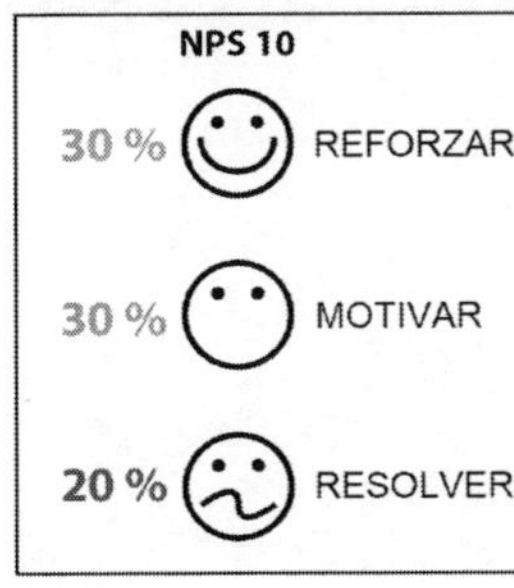

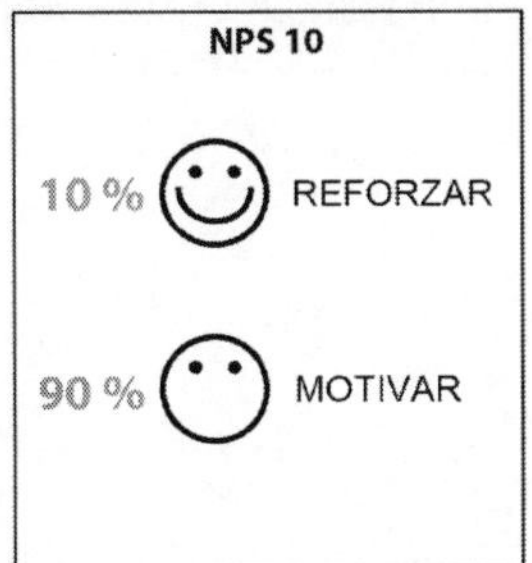

c. Optimizar la encuesta NPS

Hay varios problemas al desplegar una medición de la puntuación NPS:

- Los clientes no entienden la escala.
- Cuando están satisfechos, los clientes tienden a marcar su satisfacción entre 5 y 8 sin distinción.

Sin embargo, las puntuaciones 5 y 6 indican detractores mientras que las 7 y 8 indican pasivos. Por lo tanto, hay que intentar obtener resultados más segmentados sin sesgar los resultados del NPS, por supuesto.

→ Para ello, añada una explicación debajo de la pregunta:

En una escala del 1 al 10, donde «0» significa «No, de ninguna manera» y «10» significa "Sí, sin ninguna duda».

Las puntuaciones intermedias se utilizan para matizar su opinión.

Si explica las opciones, las respuestas tenderán a repartirse entre los dos extremos de la escala.

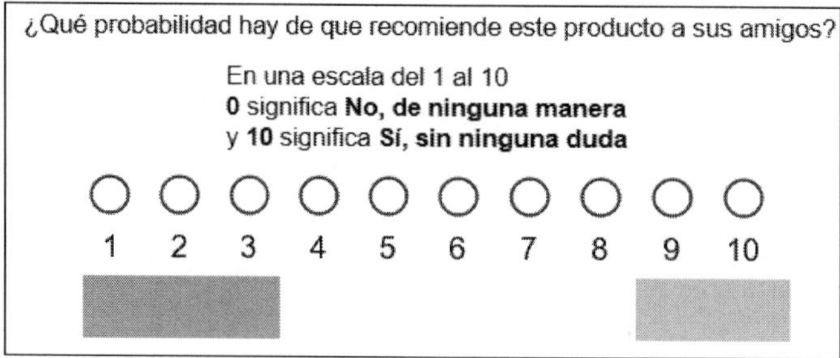

Ampliamente utilizado en actividades digitales y de comercio electrónico, el NPS no solo dibuja el mapa de la experiencia del usuario, sino que también identifica áreas de mejora para enfocar las soluciones propuestas.

2. CES: Customer Effort Score

Inspirado en el NPS, el CES es un indicador de la facilidad de servicio que ofrece una marca, empresa u organización. Evalúa la dificultad de utilizar un servicio o producto, de «**muy difícil**» a «**muy fácil**».

a. El principio

En lugar de utilizar una escala del 1 al 10 como en el caso del NPS, es mucho mejor categorizar previamente las respuestas, de **Muy fácil** a **Muy difícil**.

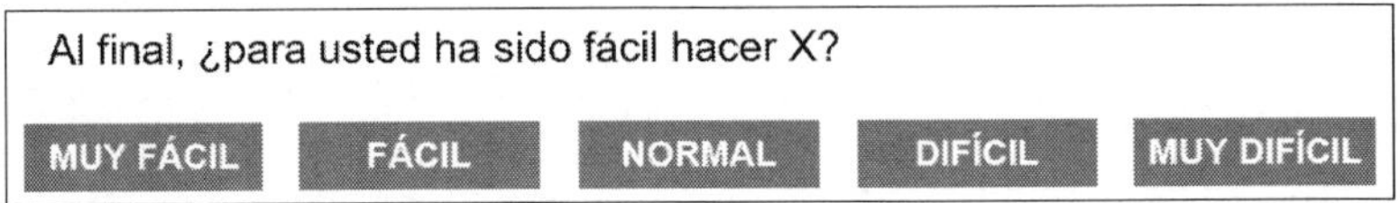

b. Utilizar las respuestas

Para explotar los resultados, en función de su enfoque y sus objetivos, puede limitarse a realizar un cálculo sobre las categorías FÁCIL y DIFÍCIL. También puede agrupar FÁCIL y MUY FÁCIL frente a DIFÍCIL y MUY DIFÍCIL.

- Cuente los porcentajes de **FÁCIL** y **DIFÍCIL**.
- Reste % **FÁCIL** - % **DIFÍCIL** = índice CES.

  Por ejemplo: 30 % **FÁCIL** – 20 % **DIFÍCIL**: **CES = 10**

CES, que indica la satisfacción con el uso, es fácil de aplicar y permite desplegar rápidamente medidas correctoras. Sin embargo, solo proporciona información limitada de un servicio y no indica las razones ni los factores de competencia. Por lo tanto, habrá que completarlo con cuestionarios más detallados.

3. Cuestionarios y encuestas

Los cuestionarios y encuestas deben realizarse con ciertas precauciones. Por un lado, pueden resultar desagradables para nuestros usuarios. Por otro, pueden generar fácilmente una masa de información sin sentido.

a. Precauciones

- Empiece por filtrar a los participantes. Un especialista falseará los resultados de una pregunta destinada a un público no especializado.
- En segundo lugar, hay que limitar el número de preguntas, porque demasiadas pueden provocar abandonos y no tiene sentido perderse en los detalles:
  - Aparte de los filtros, tres preguntas deberían ser suficientes.
  - Es preferible utilizar preguntas cerradas para evitar respuestas dispersas.
- Delimite el tema que va a estudiar, por ejemplo:
  - En su opinión, ¿cuál es la pregunta principal sobre XXX?
  - Evalúe la dificultad de encontrar las respuestas a este problema (tipo CES).
  - ¿Qué le ha motivado a dar estas respuestas?

Por último, necesitamos resultados que sean significativos.

Si, por ejemplo, publica una encuesta en línea para 1.000 contactos con un índice de respuesta del 3 %, eso significa que 30 contactos accederán al cuestionario. Si el índice de formularios completados es del 50 %, obtendrá 15 respuestas, una cifra que no es realmente significativa.

Se necesitaría un mínimo de 50-60 respuestas y lo ideal sería tener entre 100 y 300 para obtener resultados estadísticamente utilizables.

Por lo tanto, hay que motivar a los contactos para que respondan ofreciéndoles una ventaja decisiva.

b. Las herramientas

Google Surveys ha dejado de funcionar, pero existen alternativas.

- Se puede acceder a **Survey Monkey** en esta URL: https://fr.surveymonkey.com/

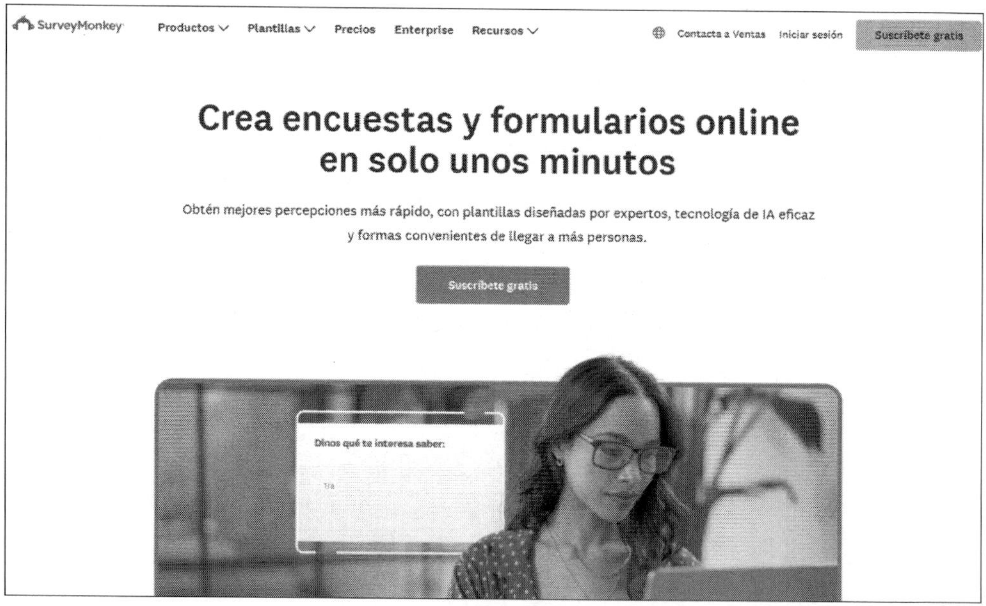

→ Haz clic en el botón **Suscríbete gratis** para crear una cuenta y empezar a crear encuestas en línea.

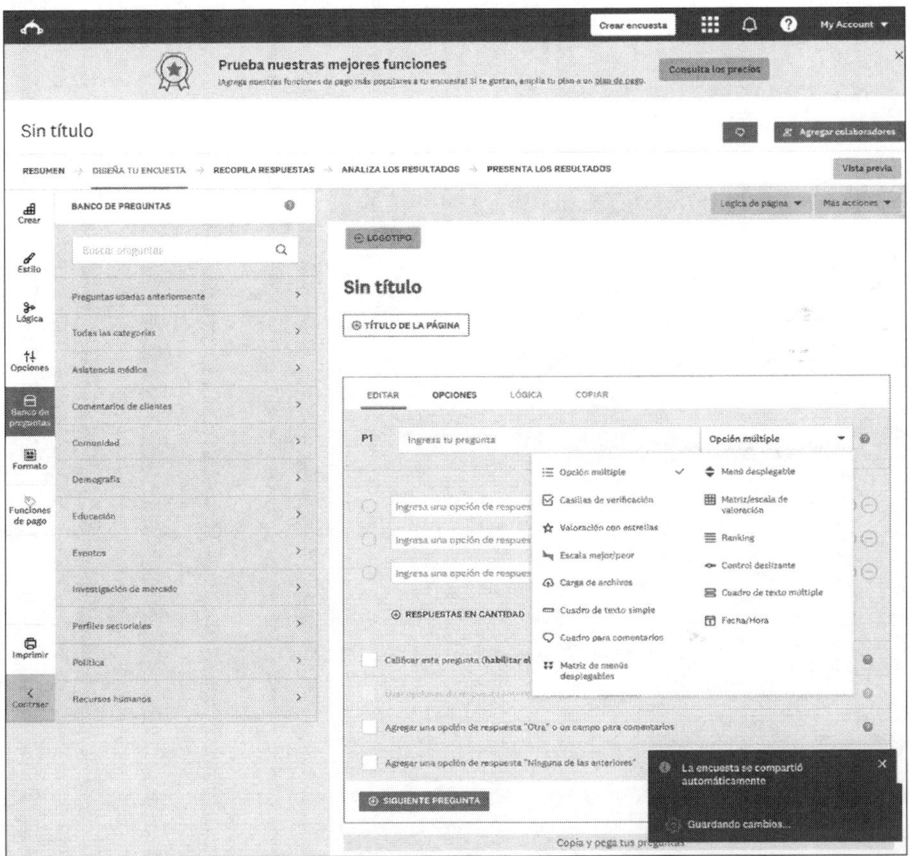

- Si busca una herramienta de encuestas más creativa y fácil de usar, recurra a Typeform: https://www.typeform.com/

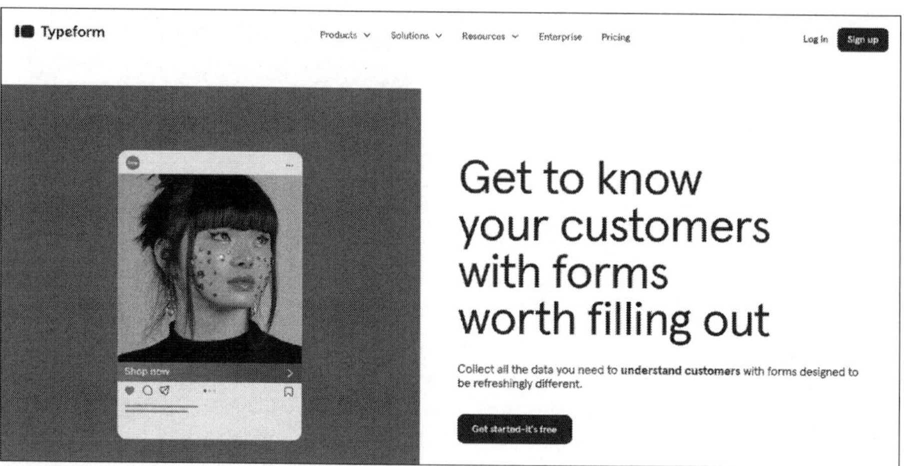

Al igual que Survey Monkey, Typeform ofrece un modelo *freemium* con una suscripción de entrada gratuita y opciones de pago. La interfaz está en inglés, con la opción de cambiar a español, pero sigue siendo fácil de entender.

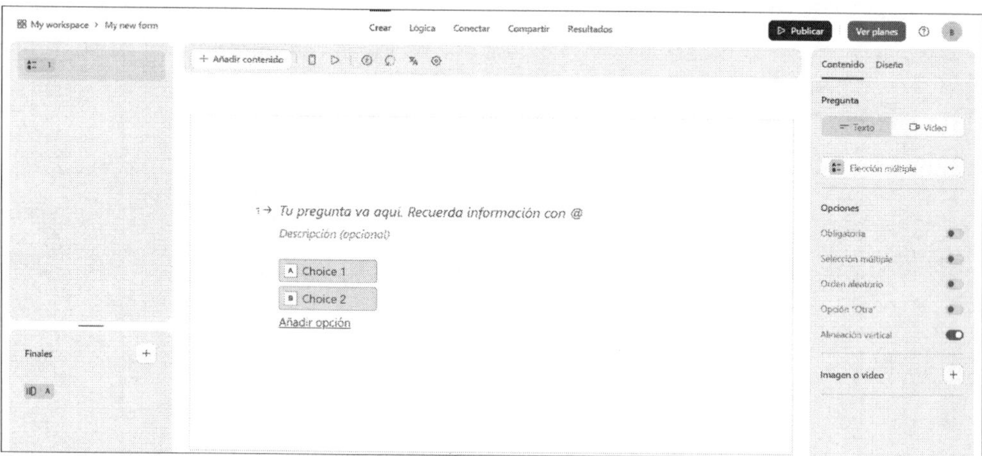

Hay muchas alternativas, por supuesto, pero Survey Monkey y Typeform son los referentes. Si conoce alguna herramienta de encuestas innovadora, ¡no dude en decírmelo!

Hemos llegado al final de nuestro descubrimiento de los métodos UX-UI y las herramientas de creación de prototipos para sitios web y aplicaciones. Habrá podido comprobar que adoptar un enfoque de diseño centrado en el usuario no es solo para grandes organizaciones con grandes presupuestos.

En cada fase del proceso de diseño o rediseño, elaboraremos un prototipo adecuado que nos permitirá explorar ideas, validar las opciones seleccionadas con rapidez y evitar errores que penalizarían la experiencia del usuario.

Desde la expresión de las necesidades del cliente hasta la modelización de soluciones, hemos visto que cada fase se basa en alguna forma de creación de prototipos.

En la fase de diseño, las técnicas de formación de ideas incluyen *brainwriting*, *mind mapping* o mapas mentales y *storyboards*. En la fase de especificación, utilizamos *card sorting*, prototipos en papel y escenarios. Y para los diseñadores de interfaces mapas de experiencia, mapas de empatía y maquetas funcionales.

En producción serán pruebas de estaciones de trabajo, puntuaciones SUS y NPS.

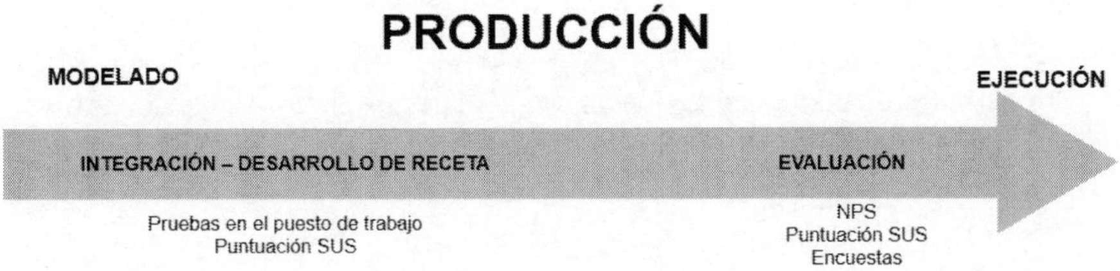

Sin embargo, la creación de prototipos y las pruebas asociadas deben planificarse e integrarse rigurosamente desde el principio de un proyecto.

No se trata de una acción opcional a posteriori, sino de un elemento clave de un método que se ha convertido en esencial en el entorno competitivo actual.

No hay duda de que los clientes buscarán los mejores precios, pero, al igual que nosotros, todos nuestros competidores también ofrecen los mejores precios, porque los usuarios los comparan constantemente. Por tanto, la ventaja competitiva se ha trasladado a la calidad de la experiencia del usuario.

La creación de prototipos es la mejor manera de integrar al usuario en la cocreación de un dispositivo para garantizar que su experiencia será excelente. Los prototipos interactivos darán vida a las interfaces previstas y los usuarios podrán dar su opinión probándolas en el contexto adecuado.

Pero los beneficios de la creación de prototipos van más allá.

Producir prototipos para probar la funcionalidad de un sitio web o una aplicación en desarrollo no solo optimizará el resultado final, sino que también agilizará considerablemente el proceso de diseño y construcción. Al final, obtendrá un producto mejor elaborado en condiciones mucho mejores.

En cuanto la creación de prototipos se integre en todas las fases del proyecto, se reducirá el coste de desarrollo porque las opciones adecuadas para interfaces e interacciones se especificarán antes de escribir el código.

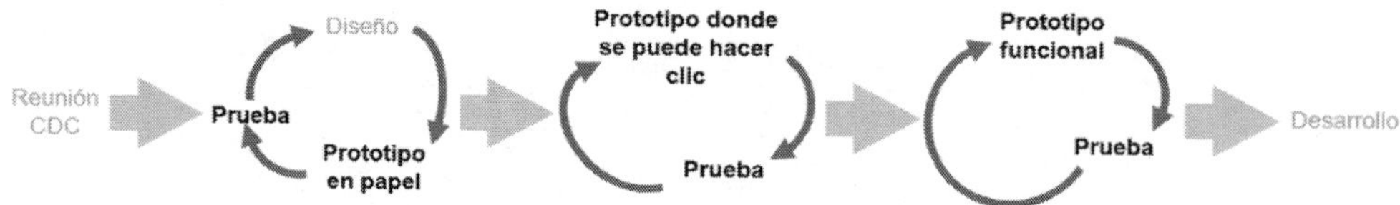

Como resultado, ahorrará una significativa cantidad de tiempo durante el desarrollo del proyecto. Al fin y al cabo, es mucho más fácil hacer cambios después de probar un prototipo que retocar líneas de código de un desarrollo que se considera problemático a posteriori.

Tras un ciclo de pruebas y optimización, el prototipo final servirá de referencia sólida para los desarrolladores.

Y, sobre todo en la fase de puesta en marcha, los prototipos son una forma excelente de obtener fondos de los departamentos financieros que, al no ser ni desarrolladores ni diseñadores, necesitan ver cómo funcionará la aplicación que van a respaldar.

Por último, los prototipos ayudan a unir a los equipos al demostrar los progresos realizados a lo largo del proyecto.

A veces, es necesario demostrar las ventajas de la creación de prototipos de manera práctica para ilustrar a sus clientes, patrocinadores e incluso socios técnicos. Estos son algunos argumentos determinantes para convencer a los más indecisos:

- La creación de prototipos permite explorar ideas y realizar intercambios con el usuario para asegurarse de que la solución hará lo que esperan que haga, y lo hará bien.
- La creación de prototipos elimina ambigüedades y optimiza la comprensión de las expectativas y las funcionalidades requeridas.
- La creación de prototipos nos permite asegurarnos de que la solución que hemos diseñado cumple realmente la función esperada por el usuario y no lo que el desarrollador tenía en mente.
- La creación de prototipos ayuda a identificar, comprender y resolver problemas en una fase muy temprana del proceso.
- La creación de prototipos nos permite proyectar cuál será la solución final antes de tener que desarrollarla.
- La creación de prototipos es una forma de integrar y reunir a todos los participantes en el proyecto.
- La creación de prototipos nos permite estimar los costes de desarrollo, las competencias necesarias y los plazos de fabricación.

En conclusión, es importante recordar que nunca debe detenerse este proceso de optimización continua. Una vez que el sitio o la aplicación estén en línea, tiene derecho a sentir orgulloso y recoger los frutos de su trabajo, pero intente considerar esta versión final como el primer prototipo que hay que mejorar en la versión 2.0.

Les deseo que creen interfaces bonitas y dispositivos eficaces que ofrezcan la mejor experiencia de usuario.

A

ACCESIBILIDAD

ADOBE XD

C

CLASIFICAR TARJETAS

CLASIFICAR TARJETAS EN LÍNEA

COLOR

COMPORTAMIENTO

CONTRASTE

CREACIÓN DE PROTOTIPOS

D

DESIGN CHARRETTE

DESIGN THINKING

DISCAPACIDAD

E

F

G

H

HTML

I

IDEACIÓN

IDENTIDAD

IDENTIFICACIÓN

M

MAQUETAS ALÁMBRICAS

MEDIR CES

MEDIR NPS

MOBILIDAD

MOTIVACIÓN

MÓVIL

O

OBJETIVOS DE LOS PROTOTIPOS

P

R

S

Para poder acceder durante un año
a la versión online de este libro,
envíenos su justificante de compra a

librodigital@ediciones-eni.com

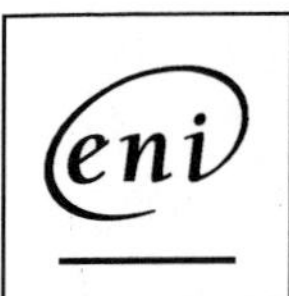